aruco
フィンランド
エストニア
Finland Estonia

憧れのあの国で **あなただけのトクベツ体験してみない?**

ずっと行ってみたかったフィンランド。
どんな出会いが待っているのか、
想像しただけでワクワクしちゃう！

名物料理も食べたいし、テッパン観光名所もおさえなきゃ……。

© Moomin Characters ™ Theme Park created by Dennis Livson

でも、待ちに待ったフィンランド旅行だもん。
せっかくなのに、みんなと同じ定番コースだけじゃ、
もったいなくない？？

『aruco』は、そんなあなたの
「プチぼうけん」ごころを応援します！

★ 女子スタッフ内でヒミツにしておきたかったマル秘スポットや穴場のお店を、
  思いきって、もりもり紹介しちゃいます！

★ 見ておかなきゃやっぱり後悔するテッパン観光名所 etc. は、
  みんなより一枚ウワテの楽しみ方を教えちゃいます！

★ 「フィンランドでこんなコトしてきたんだよ♪」
  帰国後、トモダチに自慢できる体験がいっぱいです。

そう、フィンランドでは、もっともっと、新たな驚きや感動が私たちを待っている！

さあ、"私だけのフィンランド"を見つけに
プチぼうけんに出かけよう！

arucoには、
あなたのプチぼうけんをサポートする
ミニ情報をいっぱいちりばめてあります。

地元の人とのちょっとしたコミュニケーションや、とっさのときに役立つひとこと会話を、各シーンに織り込みました☆

女子ならではの旅アイテムや、トラブル回避のための情報もしっかりカバー☆

知っておくと理解が深まる情報、アドバイスetc.をわかりやすくカンタンにまとめてあります☆

右ページのはみだしには編集部から、左ページのはみだしには旅好き女子の皆さんからのクチコミネタを掲載しています☆

マリメッコ本社に行く TOTAL 約2時間

 オススメ時間 午前中　 予算 €10〜

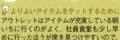 よりよいアイテムをゲットするためにアウトレットはアイテムが充実している朝いちに行くのがよく、社員食堂も少し早めに行ったほうが席を見つけやすいので、全体的に早い時間からの行動がおすすめ。

プチぼうけんプランには、予算や所要時間の目安、アドバイスなどをわかりやすくまとめています。

■発行後の情報の更新と訂正について
発行後に更新された掲載情報は、「地球の歩き方」ホームページ「更新・訂正・サポート情報」で可能なかぎり案内しています。（ホテル、レストラン料金の変更などは除く）。ご旅行の前にお役立てください。
URL book.arukikata.co.jp/support/

物件データのマーク

- 🏠 ……住所
- 📞 ……電話番号
- Free ……フリーダイヤル
- 🕐 ……営業時間、開館時間
- 休 ……休館日、定休日　曜日表記は「曜」を省略しています
- 料 ……予算、入場料、料金　ホテルの料金の（ ）内は、夏季および週末の料金
- Card ……クレジットカード
  A: アメリカン・エキスプレス
  D: ダイナース、J: ジェーシービー
  M: マスター、V:VISA
- 交 ……交通アクセス
- URL ……URL
- ✉ ……E-Mailアドレス
- 予 ……予約の必要性
- Wi-Fi ……Wi-Fi接続可能
- 英 ……英語メニューあり
- 日 ……日本語メニューあり
- 話 ……日本語会話OK
- 室 ……客室数
- 📞日 ……日本での問い合わせ

別冊Mapのおもなマーク

- 🔴 ……見どころ、観光スポット
- ℹ️ ……観光案内所
- R ……レストラン
- C ……カフェ
- S ……ショップ
- H ……ホテル
- M ……地下鉄駅
- E ……劇場、ホール

本書のデータは、2019年5〜6月の取材に基づいていますが、ご旅行の際は必ず現地で最新情報をご確認ください。また掲載情報による損失などの責任を弊社は負いかねますのであらかじめご了承ください。

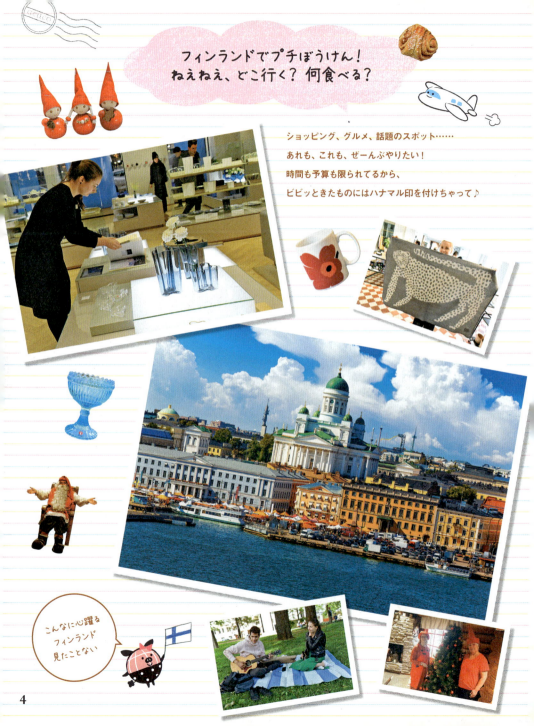

普通の旅とはひと味違う！どっぷりハマるハッピー体験☆

ムーミンキャラクターがいっぱい！
ゆる〜いテーマパークで遊んじゃお♪ P.24
© Moomin Characters ™ Theme Park created by Dennis Livson

ぜーんぶ愛しのマリメッコ！
本社＆社員食堂にGo☆ P.20

最新スポットもしっかりチェックしましょ♪

興味津々！イッタラの工場で大人の社会科見学を楽しんで！ P.28

森林浴でリフレッシュ！
フィンランド流休日の過ごし方 P.34

『かもめ食堂』と『雪の華』のロケ地を巡って素顔のフィンランドを体感 P.30

どこもかしこも美しい！
巨匠に学ぶ、本場の北欧デザイン P.44

かわいい！安い！すぐ行ける！イイことづくしのお向かいの国エストニアへ P.46

5

トナカイもサーモンもベリーも！ デリシャスフードをいただきまーす！

肉も魚もまかせて！
フィンランドのご当地グルメ P.78

定番だけじゃない！
地元っ子イチオシレストラン！ P.84

ヘルシンキのカフェ大集合！
朝から夜までカフェ尽くし♪ P.86

お日さまの下でぬくぬく♪
テラスカフェで至福のひととき P.90

森の恵みたっぷり♪
美容効果も◎のベリースイーツ P.92

フィンランド人が愛するアイス、
パン、コーヒーをチェック！ P.94

ムーミンに会いに地方の町にもお出かけしよ♪

ムーミンワールドがあるのはここ！
美しい港町ナーンタリ P.138

ムーミンの博物館がある
フィンランド第2の都市タンペレ P.146

フィンランドの
魅力は
計り知れない！

6

カラフル＆ラブリー♡
マリメッコはマストバイ！
P.98

全部おうちに連れて帰りた〜い！
アラビア＆イッタラにくびったけ！
P.99

デザインの国だもん、すてきな雑貨が目白押し♡

日本でも人気上昇中な
ファブリックブランド☆
P.112

北欧柄ワンピを着て
フィンランドっ子になりきろう！
P.118

ガラクタもお宝もごちゃまぜ！
何でも揃うフリマに行こう！
P.122

ラップランドでとっておき体験☆

憧れのサンタさんに会いた〜い！
ロヴァニエミで夢をかなえる☆
P.156

映画の舞台にもなったレヴィで
感動のオーロラウオッチング♪
P.166

contents

aruco フィンランド

- 10 ざっくり知りたい！フィンランド基本情報
- 12 ヘルシンキ主要エリア＆フィンランドぼうけん都市案内！
- 14 フィンランド6泊8日 aruco的究極プラン

19 Love♡フィンランド 森と湖の国をとことん楽しむプチぼうけんに出発！

- 20 ①アウトレット＆社員食堂はマストGo！ 現地でしかできない100％マリメッコ体験
- 24 ②最高にカワイイ夢の島♡ ムーミンワールドを遊び尽くす
- 28 ③あの名デザイン誕生の瞬間に出合える イッタラ＆アラビアの製作現場に潜入！
- 30 ④映画『かもめ食堂』と『雪の華』 憧れのロケ地を巡ろう！
- 34 ⑤森と湖へ大人の遠足♪ ヌークシオ国立公園でベリー摘み
- 36 ⑥ヘルシンキっ子御用達！ 屋内・屋外マーケットでお買い物♪
- 40 ⑦心身ともにスッキリ爽快！ 本場のサウナでデトックス
- 44 ⑧北欧デザインの巨匠・アアルトの自宅で インテリアセンスを学ぶ
- 46 ⑨かわいいバルト雑貨と絶景を探しに エストニアの首都タリンへGo！

53 のんびり歩こ♪ ヘルシンキの観光＆おさんぽ案内

- 54 ヘルシンキのテッパン観光スポット
- 56 岩と木と光の教会を訪ねて
- 58 フィンランド流図書館の楽しみ方
- 60 ヘルシンキの公園案内
- 62 冬ならではの過ごし方
- 64 港周辺のシンボル巡り☆
- 66 ヘルシンキ中央駅周辺で建築ウオッチ
- 68 『カレワラ』をちょこっとStudy☆
- 70 今注目のカッリオ地区を探検♪
- 72 スオメンリンナ島で歴史ウオーク
- 74 エスポーへモダンアートを探しに♪

77 海と大地の恵みたっぷり！ とっておきのヘルシンキグルメ

- 78 フィンランドの伝統料理
- 80 aruco調査隊① あったかおいしいスープはいかが？
- 82 aruco調査隊② 魅惑のシナモンロールを食べ比べ！
- 84 地元っ子の"推し"レストラン
- 86 朝から夜までずーっとカフェ三昧♪
- 90 癒やしのテラス席でまったりカフェタイム♡
- 92 ベリーナイスなベリースイーツ大集合！
- 94 アイス、パン、コーヒー大図鑑

97 北欧デザインに恋して♡ ヘルシンキショッピングクルーズ

- 98 マリメッコ イッタラ アラビア☆マストバイ
- 100 マリメッコのおすすめ6選
- 102 まだまだあるイッタラ＆アラビア
- 104 ムーミングッズ総まとめ
- 108 アアルトアイテム大集合！
- 110 北欧デザインの神髄に触れる

112 人気3大ブランドのコレクション
114 こだわりが光るフィンランドブランド
116 注目ショップの北欧デザイン雑貨
118 北欧柄のワンピースをゲットしたい！
120 北欧デザインの眠れる逸品を探せ！
122 フリーマーケットを楽しむ極意3Way
124 地元スーパーで良デザインを探せ

128 ストックマンのフル活用術教えます！
130 お肌が喜ぶナチュラルコスメ
132 キュートなはがき&切手50選
134 ヘルシンキのおすすめホテル
　　インテリア自慢のおしゃれホテル
136 お財布に優しいリーズナブルなホテル

137 ムーミンに会いに フィンランドの地方都市を行ったり来たり！

138 ナーンタリ
140 ナーンタリ・スパ・ホテルで極上の癒やしを
142 トゥルク
144 世界遺産ラウマ旧市街

146 タンペレ
148 ムーミン美術館でムーミンの世界を満喫♡
150 ポルヴォー

153 雪と氷の北極圏 冬のラップランドでオーロラ&サンタに感動☆

154 ラップランドでオーロラ観賞
156 サンタさんに会いにサンタクロース村へGo！
159 「サンタパーク」に潜入！
160 ロヴァニエミ

162 ロヴァニエミのレストラン&ショップ&ホテル
164 サーリセルカ
166 レヴィ
168 aruco調査隊③ 冬の人気アクティビティ体験談

171 安全・快適 旅の基本情報

172 aruco的おすすめ旅グッズ
173 知って楽しい！フィンランドの雑学
174 フィンランド入出国かんたんナビ
176 空港からヘルシンキ市内へ
177 空港からのアクセス
178 ヘルシンキの市内交通
181 フィンランド国内交通ガイド
183 フェリーで行く♪ストックホルム&タリン
184 旅の便利帳
　　お金・クレジットカード・ATM／電話／電圧・プラグ／
　　郵便／インターネット／マナー／トイレ／水／喫煙／チップ
186 旅の安全情報
187 困ったときのイエローページ
188 インデックス

aruco column

76 日常に溶け込むグッドデザイン
96 フィンランドのおいしいチェーン店
152 私のリアル買いアイテムはコレ！
170 フィンランドおもしろQ&A

旅立つ前にまずチェック！

ざっくり知りたい！フィンランド基本情報

お金のコト

通貨・レート €1(ユーロ)＝約118円 (2019年8月現在)
フィンランドの通貨単位は€（ユーロ）、補助通貨単位はCent（セント）。

これだけ知っておけば安心だね

両替 レートは場所によって異なる
円からユーロ現金への両替は、空港、主要鉄道駅、町なかの両替所、一部ホテルで可能。レートや手数料は、場所によって異なる。

チップ 感謝の気持ちとして
料金にはサービス料が含まれているので、原則としてチップは必要ない。ホテルのチェックイン時やタクシーなどで重い荷物を持ってもらったとき、クロークの利用時などに€2程度をチップとして渡すといい。

物価 日本より高い
（例：🍶(500ml)＝€1.50～、🚕初乗り€5.90～、🚆1回乗車券€2.80～、🍴食事＝€15～）

➡ お金について詳細はP.184をチェック！

ベストシーズン 5～9月頃
5～9月頃は日照時間も長く、天気も比較的安定する。フィンランドのバカンスシーズンにあたる7月はホテルも非常に安くなるが、一部レストランなどはクローズしてしまう場合もある。11月の下旬から雪が降り始め、寒さの厳しい冬が訪れる。

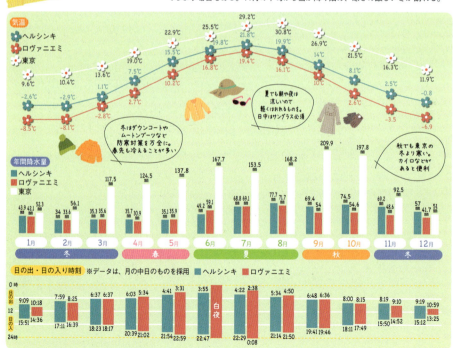

データ：気温は最高気温の月平均値　東京：気象庁、ヘルシンキ＆ロヴァニエミ：フィンランド気象庁 URL ilmatieteenlaitos.fi

日本からの飛行時間
直行便で**9時間30分〜**

ビザ
180日間で90日以内の観光は**必要なし**

パスポートの有効残存期間は、シェンゲン協定加盟国出国予定日から数えて3ヵ月以上必要。

時差
−7時間 (サマータイム実施期間は−6時間。2020年は3/29〜10/25)

日本	8	9	10	11	12	13	14	15	16	17	18	19	20	21	22	23	0	1	2	3	4	5	6	7
フィンランド	1	2	3	4	5	6	7	8	9	10	11	12	13	14	15	16	17	18	19	20	21	22	23	0
フィンランド(サマータイム)	2	3	4	5	6	7	8	9	10	11	12	13	14	15	16	17	18	19	20	21	22	23	0	1

言語
フィンランド語
スウェーデン語

交通情報
ヘルシンキは**トラム、地下鉄**が便利

詳細はP.178〜180

旅行期間
5泊7日以上が望ましい

2019〜20年の祝祭日

日付	祝祭日	備考
1月1日	元旦	
1月6日	公現祭	
4月19日	聖金曜日	※2020年は4月10日
4月21日	イースター	※2020年は4月12日
4月22日	イースターマンデー	※2020年は4月13日
5月1日	メーデー	
5月30日	昇天祭	※2020年は5月21日
6月9日	聖霊降臨祭	※2020年は5月31日
6月21日	夏至祭イブ	※2020年は6月19日
6月22日	夏至祭	※2020年は6月20日
11月2日	諸聖人の日	※2020年は10月31日
12月6日	独立記念日	
12月24日	クリスマスイブ	
12月25日	クリスマス	
12月26日	ボクシングデー	

クリスマスの12/24〜26は、ほとんどの博物館、レストラン、ショップが休みになるので注意！

フィンランドはキリスト教に関する祝日が多く、年によって異なる移動祝祭日（※）がある。移動祝祭日は毎年変わるので注意！

ふーん しらなかったなあ

英語はかなり通じる
フィンランドでは、首都ヘルシンキだけでなく地方都市でも英語の通用度がかなり高い。観光スポットやホテルはもちろん、レストラン、ショップ、タクシーなどでも英語が通じる。ただ、駅名や道路名はフィンランド語とスウェーデン語の2種類の表記があるので、混乱しないように注意したい。

日付の書き方
フィンランドと日本では年月日の書き方が異なるので注意しよう。日本と順番が異なり、「日・月・年」の順で記す。例えば、「2020年6月13日」の場合は、「13/6/2020」と書く。「8/12」などと書いてあると、日本人は8月12日だと思ってしまうが、これは12月8日のこと。

祝祭日の営業
フィンランドでは夏季(7月)に休業するショップやレストランが多い。また祝祭日はすべて休む店もあれば、一部のみ休業という店もある。年中無休とうたっている場合でも、年末年始を休んだりすることもあるので、行きたい店がある人は、旅行期間中の営業日を確認しておくと安心。

フィンランドの詳しいトラベルインフォメーションは、P.172〜をチェック！

ヘルシンキ主要エリア＆
フィンランドぼうけん都市案内！

夢にまで見たヘルシンキの町歩きにショッピング。
ムーミンゆかりの町にオーロラ観賞まで
フィンランドにはぼうけん都市が盛りだくさん！
季節により楽しみが大きく変わるのも、フィンランドならでは。

> **マリメッコの本社へ**
> 日本でも大人気のデザインハウスの本社は、ヘルシンキの郊外にある。アウトレットや社員食堂など、ここでしか楽しめないこと満載！アクセスは地下鉄で。 **マリメッコ本社 → P.20**

ヘルシンキエリアナビ

町の中心は中央駅からエスプラナーディ公園までの一帯で、1時間あれば歩けちゃうほどコンパクト！離れたエリアには、トラムやフェリー、地下鉄でアクセスしましょう。

ヘルシンキ

A 重厚な建築物が集まる
ヘルシンキ中央駅周辺

中央駅周辺で建築ウオッチ → P.66

駅を囲んでホテルやショッピングセンターが並ぶ、町の中心地。トラムや地下鉄の駅もあるので、ここから観光をスタートさせよう。

見どころ
- ヘルシンキ中央駅…P.66
- フィンランディアホール…P.67
- アテネウム美術館…P.66
- 国立現代美術館キアズマ…P.55

B 北欧デザインが集結！
元老院広場、エスプラナーディ公園周辺

港周辺のシンボル巡り☆ → P.64

ヘルシンキ大聖堂、港があるエリア。エスプラナーディ公園の周辺には北欧デザインの有名ブランドのショップが並び、観光客でにぎわう。

見どころ
- ヘルシンキ大聖堂…P.54
- ウスペンスキー寺院…P.54
- エスプラナーディ公園…P.61

C 気軽に島トリップ♪
スオメンリンナ島 世界遺産
Suomenlinna

スオメンリンナ島で歴史ウオーク → P.72

港にあるマーケット広場からフェリーでアクセスできる世界遺産の島。公園になっており、休日にはたくさんのヘルシンキっ子が訪れる。

見どころ
- スオメンリンナ教会…P.72
- スオメンリンナ博物館…P.72
- エーレンスヴァールド博物館…P.73

D ローカルなおしゃれエリア
中心街北部

今注目のカッリオ地区を探索♪ → P.70

トーロ湾を含む中央駅の北側一帯。リンナンマキ遊園地など地元密着のスポットが点在。注目エリア、カッリオもここ。

見どころ
- シベリウス公園…P.60

E 美しい教会がある
中心街西部

岩と木と光の教会 → P.56

中央バスターミナル兼ショッピングセンターのカンピの西。カンピ周辺はにぎやかだが、離れればぐっと落ち着いた雰囲気に。

見どころ
- テンペリアウキオ教会…P.56
- カンピ礼拝堂…P.57

F ハイセンスな店が点在
中心街南部

おしゃれなショップが点在するエリア。近年、新しい店が続々とオープンしている。

見どころ
- デザイン博物館…P.55
- カイヴォプイスト公園…P.61

ムーミンゆかりの地へ

1 ナーンタリ Naantali →P.138
ムーミンに会える！

世界で唯一のムーミンのテーマパーク、ムーミンワールドがある。ムーミンとその仲間たちにハグしたら、かわいい旧市街をさんぽしよ♪

見どころ ●ムーミンワールド…P.24

2 タンペレ Tampere →P.146
ムーミン谷の博物館はここ

フィンランド第2の都市で、川沿いに赤れんがの工場が並ぶ工業都市。トーベ・ヤンソンのムーミン原画やフィギュアを展示する博物館がある。

見どころ ●ムーミン美術館…P.148

3 ポルヴォー Porvoo →P.150
作者がお気に入りの場所

トーベ・ヤンソンが夏になると訪れていたという町。赤い木造家屋が連なる川沿いと、古い町並みが残る旧市街はおさんぽにぴったり！

& more！

4 トゥルク Turku →P.142
フィンランド最古の都市

ヘルシンキからナーンタリへ行く途中にあるゲートタウン。素どおりせず、立ち止まって観光してみて。

5 ラウマ Rauma 世界遺産 →P.144
カラフルなロマンティックタウン

トゥルクからバスで1時間30分ほどの所。フィンランドでは唯一、町並みが世界遺産となっている。ボビンレースも要チェック。

お向かいの国で雑貨ハント

10 タリン Tallinn 世界遺産 →P.46
世界遺産の美しい町並み

バルト3国のひとつ、エストニアの首都。素朴でかわいい雑貨の宝庫で、物価もフィンランドよりも安い。ヘルシンキからは高速艇で1時間40分〜でアクセスでき、日帰りも可能。

ラップランドでサンタ＆オーロラ

6 ロヴァニエミ Rovaniemi →P.160
サンタクロースの故郷

サンタクロースは、フィンランド北部のこの町に住んでいます！ラップランド最大の町だけに、グルメやショッピングも楽しめる。

見どころ ●サンタクロース村…P.156

7 レヴィ Levi →P.166
国内屈指のスキーリゾート！

フィンランド最大のスキー場があり、絶好のオーロラ観測地としても人気。映画『雪の華』の舞台にもなり注目度アップ中！

8 サーリセルカ Saariselkä →P.164
国内随一のオーロララゾート

オーロラが目当てならここへ。オーロラ出現率の高さは、フィンランドでもピカイチ。犬ぞりなどウインターアクティビティも豊富。

北欧デザインの旅

9 エスポー Espoo →P.74
地下鉄延伸でアクセスが便利に！

ヘルシンキのお隣の町、エスポー。アアルト大学やルート・ブリュックの展示が鑑賞できる美術館があり、アートな見どころが充実！

イッタラのアウトレット＆工場見学！
イッタラ Iittala →P.28

冬は雪と氷に覆われます

北欧デザインを極めちゃうぞ☆

ビザはいらないし、通貨€も一緒です！

ムーミンワールドは夏限定！

13

フィンランド6泊8日 aruco的 究極プラン

ヘルシンキでの観光はもちろん、デザイン雑貨のショッピングに、名物グルメ。
ムーミンや、サンタさんにも会いにいきたい!
夏と冬で違った楽しみ方ができるフィンランド、異なるふたつの欲張りプランをご案内。

Summer 夏プラン (6月中旬~8月中旬)

夏旅アドバイス
夜中になっても太陽が沈まない「白夜」と重なる時期。気温は15~25℃ほどと過ごしやすく、観光のベストシーズン。日差しが強いので、日焼け対策を忘れずに。

Day1 ヘルシンキ到着!

鉄道30分

成田からの直行便なら、ヘルシンキに到着するのは同日の午後。初日はゆっくりディナーを楽しもう。

19:30 まずはホテルにチェックイン。ホテル周辺を散策したあとは
ラヴィントラ・スンでディナー! P.81

胃に優しいベジスープ

ヘルシンキの交通 P.178

ヘルシンキではトラム、地下鉄、市バス、フェリーの切符が共通。自動売機やバスの運転手から買えるシングルチケット(1回券)やデイチケット(1日券)のほか、市内交通の乗り放題に加え、博物館や美術館の入館料が無料になるヘルシンキ・カードがある。ヘルシンキ・カードは観光案内所やオンラインで購入可能。

ヘルシンキ中央駅 P.181

1階と地下1階、地下2階の3フロアからなり、1階にはフィンランド鉄道の鉄道駅やキオスク、レストラン、カフェ、両替所、チケット売り場がある。地下1階にはコインロッカーや商店街、トラム・地下鉄・市バス・フェリーを運行するヘルシンキ交通局のインフォメーションセンターがある。ロッカーは小€4、中€6、大€8。ただし、ロッカーの数は限られているので、滞在先のホテルで預かってもらうのも手。

曜日別アレンジのヒント

月曜の過ごし方
ヘルシンキの博物館や美術館は、月曜が休館日となることが多い。そんな日は郊外のスオメンリンナ島へ足を延ばしたり、フェリーに乗ってエストニアのタリンへ行ったりするのがおすすめ。

土・日曜の営業時間に注意!
ショップは日曜が休みのところが多く、デパートやショッピングモールなども土・日曜は営業時間が短縮される。ゆっくりと買い物したいなら、平日を狙おう。

Day2 ヘルシンキの定番見どころを制覇! 憧れの映画のロケ地にも♪

午前中はヘルシンキ大聖堂やウスペンスキー寺院を見学。
午後は映画『かもめ食堂』と『雪の華』のロケ地巡り!

9:00 マーケット広場&オールド・マーケットホールで朝食タイム♪ P.36,38

徒歩5分

朝ごはんはマーケットで

10:00 そのまま歩いて **ヘルシンキ大聖堂&ウスペンスキー寺院へ** P.54

徒歩12分

心奪われる美しさ

11:00 **ヨハンナ・グリセリン**でショッピング P.112

徒歩6分

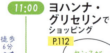

センスが磨かれます

12:00 国内最古のカフェ **エクベリ・カフェ**でランチ P.86

徒歩10分

自家製パンもおいしー♪

13:10 食後は **アーリッカ**でショッピング P.115

徒歩3分

14:00 アアルトデザインに浸りつつ **カフェ・アアルト**で休憩 P.88

徒歩5分

18:00 **カールナ・バーリ&ケイッティオ**でおしゃれディナー P.78

こんなおみやげ買っちゃいました

- ルミのコインケース €25 P.114
- アーリッカのキャンドルホルダー €36.90 P.115
- ラプアン・カンクリのリネンふきん €17.90 P.114
- イッタラのオリゴ €27.90 P.103
- ヘリナ・ティルクのカップ €8とソーサー €6 P.47
- ラウリ・トゥオッティートのリング €15 P.163
- マリメッコのポーチ €18 P.100

Day 3 とっておきのデザイン雑貨を探せ！ショッピング＆フィンランド式サウナ

フィンランドが誇るデザインブランドをチェック。町歩きの最後は、サウナでリラックス☆

Day 4 町歩き＆アアルト建築を堪能したら自然に囲まれたナーンタリへ

日中はヘルシンキをぶらぶら散策。ナーンタリでは極上スパで女磨き！

Day 3
- 10:00 マリメッコ本社でショッピング＆早ランチ P.20 （徒歩10分＋地下鉄6分＋トラム15分）
- 12:30 イッタラ＆アラビア・デザインセンターで買い物 P.28 （トラム15分）
- 14:00 トレンドが集まるエリア カッリオ地区をぐるぐる散策 P.70 （徒歩5分）
- 16:00 ハカニエミ・マーケットホールでショッピング P.39 （トラム6分）
- 17:30 荷物を置きにホテルへ 今夜は早めに ラヴィントラ・コルメ・クルーヌアでディナー P.79 （徒歩12分）
- 19:00 最新スポット！アッラス・シー・プールでサウナ体験 P.41

Day 4
- 10:00 岩の教会 テンペリアウキオ教会を観光 P.56 （市バス6分＋徒歩7分）
- 11:15 シベリウス公園をのんびり散歩 P.60 （徒歩1分）
- 11:45 カフェ・レガッタのテラス席でサンドイッチのランチ P.90 （徒歩12分＋トラム12分）
- 13:00 フィンランドが誇る建築家 アアルト自邸でデザインスタディ☆ P.44 （トラム17分）
- 15:00 カンピ礼拝堂で清らかな気分に…… P.57 （徒歩6分）
- 16:10 ヘルシンキからトゥルクで乗り継ぎ ナーンタリへ移動 P.138 （列車2時間＆バス40分）
- 19:00 ナーンタリに到着 ナーンタリ・スパ・ホテルで贅沢ステイ♡ P.140

15

Day 5 フィンランドの国民的アイドル 憧れのムーミンの世界へ

ナーンタリでムーミンワールドを楽しんだら、夜はヘルシンキに戻って豪華ディナーを味わおう。

© Moomin Characters ™ Theme Park created by Dennis Livson

10:00 夏限定のテーマパーク **ムーミンワールド**で1日遊んじゃおう！ P.24

バス40分 + 列車2時間

16:30 ヘルシンキ到着、**ラヴィントラ・ノッカ**で優雅にディナー P.84

20:00

Day 6 世界遺産の町タリンへ1泊2日ショートトリップ

ヘルシンキからフェリーに乗ってお向かいのエストニアへGo！ 世界遺産

フェリー2時間 + 徒歩30分

10:00 カタヤノッカ・ターミナルから出航 フェリーで**タリン**へ移動

12:00 タリンへ到着 **展望台**から絶景を望む P.49

美しいタリン旧市街を一望！

徒歩10分

13:00 旧市街で**雑貨**ハンティング&ランチ P.46, 50

どれも欲しくなる〜

徒歩10分

15:00 **アレクサンドル・ネフスキー聖堂**をチェック P.49

徒歩7分

16:00 おやつはチョコレート♪ **マイアスモック**でひと休み P.51

徒歩4分

18:00 **ラタスカエヴ・クーステイスト**でディナー&ワインを味わう P.50

徒歩10分

21:00 この日はタリンのホテル**スリー・シスターズ**で1泊 P.51

乙女チックルーム♪

Day 7 フィンランド最終日！ショッピング、ラストスパート

タリンからフェリーでヘルシンキに戻ったら、出発ギリギリまでショッピングを楽しもう！

フェリー2時間

8:00 フェリーで**ヘルシンキへ戻る**

10:00 買い忘れはない？ヘルシンキでお買い物

おみやげラストスパート！

鉄道30分

夕方 ヘルシンキ・ヴァンター国際空港から日本へ（翌日着）

Good bye Finland ビューン

夏 だけのお楽しみ

ヌークシオ国立公園

ヘルシンキ郊外にあるヌークシオ国立公園は、ベリー摘みやキノコ狩りも楽しめる魅力的な森。のんびりとハイキングはいかが？ P.34

ハカニエミ・マーケットホールの野外マーケット

ハカニエミ・マーケットホール前の広場で催される、夏限定の屋外市場。新鮮な野菜や色とりどりの花などが並び、一層にぎわう。 P.39

スオメンリンナ島 世界遺産

フェリーで約15分のスオメンリンナ島は、かつて要塞として利用された島。夏の間は島内でコンサートが開催されることも。 P.72

Winter 冬プラン (12〜3月)

冬旅アドバイス
秋〜冬にかけてはオーロラのシーズン。都心のヘルシンキでも最低気温がマイナス10℃を下回ることがあるため、防寒対策は万全に。雪道を歩く靴も必須。

Day 3 ムーミンのふるさと 森と湖の町タンペレで1日観光

ヘルシンキから列車でタンペレへ。
1日観光を楽しんだら、ロヴァニエミへ寝台列車の旅！

8:27 ヘルシンキ中央駅から **タンペレに移動**
列車1時間30分

10:30 19世紀に建てられたれんが造りの **旧フィンレイソン工場を見学** P.146

徒歩6分

中には博物館もあるよ！

12:00 **バッハディン・タロ**で ハンドメイド雑貨のショッピング P.147

徒歩11分

13:00 **タンペレ・マーケットホール**で スープ&パンのランチ P.146

徒歩15分

14:00 フレスコ画が美しい **タンペレ大聖堂**をチェック P.146

ちょっと変わったフレスコ画

徒歩15分

15:00 **ムーミン美術館**で ムーミンの名シーンを振り返る P.148

ふわふわクリーム

徒歩17分

17:00 **タンペレーン・ヴォフヴェリカハヴィラ**で ひと休み P.147

徒歩10分

22:11 タンペレから寝台列車に乗って **ロヴァニエミへ**

Day 1 夏と同じ

夜もキレイ☆

Day 2 ヘルシンキ町歩き&フィンランド式サウナに挑戦

ショッピングと町歩きを楽しんだらサウナで冷えた体を温めよう！

10:00 おしゃれ女子のマストスポット **マリメッコ本社**で ランチ&ショッピング P.20

地下鉄10分 + 徒歩10分

キラキラキレイ

13:00 壮大な建築美にうっとり **ヘルシンキ大聖堂&ウスペンスキー寺院へ** P.54

ヘルシンキの象徴

徒歩10分

14:30 冬限定のお楽しみ！ **ヤーブイスト**でアイススケート P.62

靴は貸してもらえます

トラム8分

17:00 個性派揃いの**ロカル**で デザイン雑貨をゲット P.116

徒歩5分

18:00 ディナーは **ラヴィントラ・コスモス**でフィンランドの伝統料理 P.79

がっつりいただきます！

徒歩2分

19:00 **ウルヨンカツの公共プール**で サウナ体験 P.62

『かもめ食堂』にも登場

17

Day 4 ロヴァニエミでサンタクロースと Meet & Greet！

朝にロヴァニエミに着いたら、
サンタクロース村とラップランド文化を楽しもう。

バス30分

7:28 ロヴァニエミ到着、ホテルにチェックイン

10:35 サンタさんとご対面！
サンタクロース村&サンタパークで
大はしゃぎ　P.156,159

手紙も出せるよ！

バス20分

14:15 ラップランドの自然を学ぶ
アルクティクム見学　P.161

徒歩8分

15:30 かわいい雑貨がいっぱい！
ラウリ・トゥオッティート
でショッピング　P.163

この看板が目印

徒歩10分

16:00 スイーツに定評アリ！
カフェ&バー21で
ひと休み　P.161

あま〜い時間♥

徒歩10分

16:45 **ラッピアハウス&**
ロヴァニエミ市立図書館
で建築鑑賞　P.160

徒歩10分

18:00 モンテ・ローザでラップランド料理ディナー　P.162

念願のトナカイ肉

徒歩3分

20:30 モイモイ号に乗って**オーロラ観賞**　P.155

わーっ!! 見れたよ

Day 5 日帰りで行く雪と氷のテーマパーク、ルミリンナ

ロヴァニエミからバスに乗ってケミへ。
雪と氷の城ルミリンナを見る。

©KEMI TOURISM Ltd.

9:30 ロヴァニエミからバスで
ケミへ移動
ルミリンナを観覧
砕氷船サンポ号に乗船　P.169

どんどんいけちゃう

雪の女王の気分を満喫

19:30 ロヴァニエミに戻り、
ラヴィントラ・
ニッリでディナー　P.162

Day 6 オーロラを求めて……
ラップランド北部の地レヴィへ

冬に来たからにはもっとオーロラを見たい！
ガラスイグルーに泊まってオーロラウオッチング。

8:00 ロヴァニエミから長距離バスに乗って
レヴィへ移動

午後 スリル満点！
レヴィで犬ぞり体験　P.168

北の寒さは厳しいワン

20:00 寝転んだまま
オーロラ観賞
ガラスイグルーに1泊　P.167

Day 7 いよいよ最終日 フィンランドを出発し日本へ

楽しかったフィンランドの旅も今日で最後！
ヘルシンキ・ヴァンター国際空港乗り継ぎで日本へ

午後 レヴィの南にあるキッティラ空港から
ヘルシンキ経由で、日本へ（翌日着）

Good bye Finland ビューン

18

エストニアの
タリンへもGo！

Love♡フィンランド
森と湖の国をとことん楽しむ
プチぼうけんに出発！

ムーミンや北欧デザイン、ベリー摘みに本場のサウナまで
フィンランドの魅力がぎゅっと詰まった
プチぼうけんプランをラインアップ！
一生の思い出を作りに出かけましょう☆

アウトレット&社員食堂はマストGo！
現地でしかできない100%マリメッコ体験

プチぼうけん ①

フィンランドを代表するライフスタイルブランド、マリメッコ。ヘルシンキでは最新アイテムの購入はもちろん、本社の食堂でおいしい食事を楽しめたり、たっぷりマリメッコづくしのひとときが過ごせるんです。

ブランドを代表するマイヤ・イソラが手がけたウニッコ柄

最新アイテムをチェックしよう♪

かわいいだけじゃない、料理も絶品のマリトリ

カラフルなファッションアイテムが並ぶ

社員の皆さんと一緒にランチタイム☆

マリメッコ本社に行ってみよう！

中央駅から地下鉄で約12分の本社。アウトレットとヘルットニエミ プライム店で買い物を楽しんだら、社員食堂でランチをしよう。

マリメッコ本社に行く
- オススメ時間：午前中
- 予算：€10～
- TOTAL 約2時間

よりよいアイテムをゲットするためにアウトレットはアイテムが充実している朝いちに行くのがよく、社員食堂も少し早めに行ったほうが席を見つけやすいので、全体的に早い時間からの行動がおすすめ。

少し遠いけど行く価値あり！
マリメッコ本社
Marimekko

日本でも大人気のブランド、マリメッコの本社。オフィスは立ち入り禁止だが、1階のショップや社員食堂は旅行者も利用可。

Map 別冊 P.7-D1 郊外

📍 Kirvesmiehenkatu 7
Ⓜ ヘルットニエミ駅 Herttoniemi下車、徒歩10分
URL www.marimekko.com

駅からの行き方
1. キオスクのある出口を出て、高速道路上の橋を渡る
2. 郵便局の前を通る
3. マクドナルドの看板があるガソリンスタンドを左折
4. ボルボ前を道なりに右へ

本社内レイアウト
- アウトレットショップ
- ショップ（ヘルットニエミ プライム店）
- ロビー
- トイレ
- 社員食堂（マリトリ）
- 出入口

20

マリメッコ本社でしたい3つのコト

どこもかしこもマリメッコ〜♪なマリメッコ本社。絶対にやりたい3つのことをラインアップ！

その1 lunch
マリメッコの社員食堂でランチタイム

メインディッシュはオーダーが入ってから盛りつけてくれる

ランチはビュッフェスタイル。メインディッシュは奥のカウンターで注文を

マグカップも食器ももちろんマリメッコ!!

プチぼうけん 1

現地でしかできない100％マリメッコ体験

2019年4月にリニューアルオープン。ビュッフェの種類は、魚や肉料理のメイン付きのフルランチ€13.40、またはスープランチ€11.40から選べる。どちらもサラダバーとデザートが付く。

この日のフルランチ / サラダ / ビーツの野菜スープ / 鱈の長ネギ添え / 自家製パン

今日は野菜をたっぷり食べるの♪

社員から地元っ子までに好評！
マリトリ Maritori
📍Puusepänkatu 4 ☎050-475-9569
🕐10:30〜15:00(ランチ〜14:00) 休土・日
💰€11.40 Card A.D.M.V. URL www.maritori.com

この魚の味付け最高〜！

定番のウニッコ柄の新色ポーチ€50

シーズンを代表するアイテムがディスプレイされている

オイヴァコレクションの10周年を記念した限定プレート€28

吸水性のあるハンドタオル各€8.90

その2 new item
ヘルットニエミプライム店で最新アイテムをチェック

マリトリでも使われているガラスのピッチャー€57

定価の商品を扱っている。最新&定番の中でも、特に人気ある商品やシーズンを代表するアイテムをショーアップして展示&販売。

その3 outlet
アウトレットでお得に買い物

洋服や食器などのB級品や型落ち商品を割引価格で購入できる。

お手頃価格でGetできる！
マリメッコ アウトレット
Marimekko Outlet
☎(09)758-7244 🕐10:00〜18:00(土〜17:00、日12:00〜16:00) 休祝(クリスマスはオープンするがウェブサイトで要確認) Card A.D.M.V.

ヘルットニエミ&アウトレットの入口

最新アイテムをチェックして
マリメッコ ヘルットニエミ プライム店
Marimekko Herttoniemi Prime
☎(09)758-7646 🕐10:00〜18:00(土〜17:00、日12:00〜16:00) 休祝(クリスマスはオープンするがウェブサイトで要確認) Card A.D.M.V.

21

3つのジャンルに注目!

マリメッコが展開する商品は、雑貨、ファッション、ホームアイテムの3つ。それぞれの店舗がこのジャンルごとに分かれてディスプレイされている。

goods 雑貨

ポーチやステーショナリー、トートバッグなどの雑貨はほかのジャンルより比較的リーズナブルなので、おみやげにもぴったり！余った布から作るがま口は、お手頃価格で柄や形の種類が豊富☆

キヴェット柄のシックなファスナー付きポーチ€25

余った布を使ったウニッコ柄のがま口€18

携帯ポーチ付きで収納力抜群のエコバッグ€20

日常使いにもってこいのトートバッグ€27

fashion ファッション

大胆な柄と色使いがひと際目を引くデザインから、時代を超えて愛されるベーシックなアイテムまで展開。店員さんのオシャレな着こなしをヒントに、自分だけのマリメッコスタイルを見つけよう！

シーズンごとにコレクションを展開している

シンプルなスタイルに合わせたい厚底スニーカー€135

home item ホームアイテム

食器やテーブルウエア、寝具などのホームアイテムを展開する。どれも置くだけで一気に華やかな印象になるアイテムばかり！店にディスプレイされているインテリアも参考にしてみて。

シックなインテリアにマッチするクッションカバー€29.50

柔らかなフォルムが華やかさを演出するフラワーベース€42

木製の持ち手とぽてっとした形がキュートなティーポット€82

インテリアとしても活躍しそうなトレイ€39.50

全部欲しくなっちゃう定番のウニッコ柄アイテム

真夏日を表現したシャツ€180はシックな色使いがステキ

大きなウニッコ柄がインパクト大のTシャツ€95

花束をイメージしたデザインのジャケット€250

柄×柄の組み合わせでもおしゃれ！

ヘルシンキのマリメッコショップをチェック

市内にあるマリメッコは場所によってさまざまな特徴があるんです。あっちこっち回ってみるのもよさそう。

プチぼうけん 1

現地でしかできない100％マリメッコ体験

マリメッコ攻略リスト

🌸 **本社** →P.20
ヘルットニエミ プライム店、アウトレット、社員食堂を併設。ヘルシンキ中心地から少し離れているけど、行く価値大！

🌸 **ミコンカツ本店** →P.98
品揃え豊富な本店。洋服のほか食器などのアイテムが充実している。

🌸 **アレクサンテリンカツ店** Map 別冊P.12-A1
本店そばの店舗で、雑貨やファッションアイテムが多い。

🌸 **カンピ店** Map 別冊P.10-B1
地下鉄カンピ駅直結のショッピングセンター内にある。

🌸 **ソコス店** Map 別冊P.11-C1
ヘルシンキ中央駅直結のショッピングセンターに入っている。上層階はホテルになっている。

🌸 **フォーラム店** Map 別冊P.11-C1
ショッピングセンター内にあり、地元の人々も気軽に訪れている。

🌸 **ストックマン店** →P.128
5階に食器類や色とりどりのペーパーナプキンがある。

🌸 **空港店** →P.176
ヘルシンキ・ヴァンター国際空港で最後にまとめ買い！

マリメッコのファッションショー
毎年5月下旬、エスプラナーディ公園でサマーコレクションのファッションショーが開催！目いっぱいおしゃれして見に行っちゃおう！

marimekko

プチぼうけん ②

最高にカワイイ夢の島♡ ムーミンワールドを遊び尽くす

フィンランド南西部海岸線にあるナーンタリの離れ小島にあるムーミンワールド。そこは、夏の約3ヵ月と秋と冬のわずかな期間にしか入ることのできないレアな世界。オトナも虜にするムーミンワールドを、誰よりも楽しむためのとっておきテクを大公開！

ヘルシンキからの行き方

ヘルシンキ中央駅
列車で約2時間。運行は1時間から1本程度。詳しくは→P.142

トゥルク
バスで約40分。バスはマーケット広場から出る。詳しくは→P.138

ナーンタリ
バス停から徒歩約10分。

ムーミンワールド

フィンランドでムーミンを研究する
森下圭子さんが案内するムーミンワールド4つのお楽しみ☆

ムーミンワールドの楽しみ方を、森下さんに直撃☆ ただ見るだけではなく、ムーミン谷の世界にとことん浸り、住民のひとりになりきるのがいいみたい。

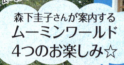

ムーミンワールドを楽しむ
TOTAL 約8時間

オススメ時間：平日の午前中
予算：€31～

💡 **イベントスケジュールに注目！**
キャラクターたちによるイベントは、年により異なる。詳しいスケジュールは、入口でもらえる日本語パンフでチェックして。なるべくたくさんのイベントに参加しよう！

森下圭子 Keiko Morishita
1969年三重県生まれ。1994年にムーミンを研究するためフィンランドへ渡る。現在もヘルシンキを拠点に、ムーミンの研究やフィンランドの絵本の翻訳、各種コーディネートなどで活躍。映画「かもめ食堂」のアソシエイトプロデューサーでもある。

ムーミンのテーマパーク
ムーミンワールド
Muumimaailma

ナーンタリに浮かぶ小さな島を丸ごと使ってムーミン谷の世界観を再現したテーマパーク。子供心をくすぐる見どころやおなじみのキャラクターたちとの触れ合いが楽しめる！ のんびり歩いて、かわいいムーミンの世界を満喫しよう♪

📍 **Map 本誌P.139** ナーンタリ

🏠 Tuulensuunkatu 14　☎(02)511-1111
🕐 6/8～8/11 10:00～18:00、8/12～25：12:00～18:00、8/26～6/7(10月中旬～下旬と2月中旬～下旬も開園) 💴 1日券€31、2日券€39(ウェブサイトから購入すると1日券€29、2日券€37)
🌐 www.muumimaailma.fi

ムーミンニュース！
作者トーベ・ヤンソンの生涯にスポットをあてた映画が2020年秋にフィンランドで公開される予定。ヘルシンキなどトーベ・ヤンソンにゆかりのある地で撮影が行われる予定。

ムーミンについて知っておこう♪
作家トーベ・ヤンソン(→P.148)によって生み出された9作の小説、絵本や絵画などの一連の物語。主人公のムーミントロールは丸くて白い体が特徴のムーミン族の男の子。ムーミン谷にあるムーミンハウスに住んでいる。

秋と冬のムーミンワールド

夏限定のムーミンワールドだが、秋と冬も期間限定でオープン。2019年からスタートする秋は10月の1週間限定、冬は2月の1週間だけ。その季節ならではのイベントやアクティビティが楽しめる。

秋　飛行おに ルビーの王様を探す
The Hobgoblin and the missing King Ruby
🕐 10/12・13、17～20、26・27 ('19) 11:00～16:00 💴 1日券€20、2日券€29 (ウェブサイトから購入すると1日券€20、2日券€27)

冬　ウインター・マジック
Winter Magic
🕐 2/15～23 ('20) 10:00～16:00
※2019年8月現在、料金は未定。ウェブサイトで要確認。

© Moomin Characters ™ Theme Park created by Dennis Livson

お楽しみ 1 びっくりするほどキャラクターと触れ合え、遊べる！

園内は常にキャラクターがたくさん！ここでは、並んで写真を撮るだけじゃなく、触れ合ったり一緒に遊んだりできるんです！

劇場の持ち主、エンマ

ムーミンと念願のハグ♡

キャラクターとおもしろ寸劇

みんなで一緒に遊ぼう♪

ムーミン谷の平和を守る署長さん

もう、びっくりさせないでよ。

スティンキーが驚かしてきた！

わっ！！

輪になって踊ればすぐに仲直り♪

リトルミィと一緒に、ベーっ！

プチぼうけん 2 ムーミンワールドを遊び尽くす

aruco取材班が集めた キャラクターのサインコレクション☆

ムーミントロール Muumipeikko 主人公の男の子	ムーミンパパ Muumipappa ムーミンのお父さん	ムーミンママ Muumimamma ムーミンのお母さん	スノークのおじょうさん Niiskuneiti ムーミンの恋人	ちびのミイ（リトルミイ） Pikku Myy ムーミンの友達	スナフキン Nuuskamuikkunen ムーミンの親友

お願いすればキャラクターからサインがもらえる！

お楽しみ 2 ショーやイベントでムーミンの世界に入り込む！

楽しいショーやキャラクターたちともっと仲よくなれるイベントに参加してみよう！年によってスケジュールは変更する。こちらは2019年のスケジュール。

エンマ劇場
入口すぐの場所にあるエンマ劇場。ムーミンと仲間たちによる劇が上演。

スケジュール
11:00, 15:00 スノークの飛行機大会（スウェーデン語）
12:00, 14:00, 17:00 スノークの飛行機大会（フィンランド語、英語字幕あり）
13:00, 16:00 リトルミイと魔女の鍋、またはリトルミイがいい子になるまで（フィンランド語、英語字幕あり）

スモールステージ
ムーミンハウス横のステージでは、キャラクターたちと一緒に体操やダンスを楽しむイベントが開催。

スケジュール
10:30 リトルミイの朝の体操（フィンランド語）
12:00 スノークのおじょうさんのクルクルダンス（スウェーデン語）
12:30 エンマの妄想旅行（フィンランド語）
14:00 リトルミイの昼の体操（スウェーデン語）
14:30 スノークのおじょうさんのクルクルダンス（フィンランド語）
15:00 リトルミイの昼の体操（英語）
16:30 エンマの妄想旅行（フィンランド語）
17:30 スナフキンの夕方の歌（フィンランド語）

お楽しみ 3 自然の森ならではの小さな"ぼうけん"！

テーマパークは、岩場や森など自然の地形を生かす形で造られている。空想の翼を広げて、物語さながらの冒険を楽しみましょう！

森の中で見つけたチェリーやベリーは自由に取って食べてOK

何かを発見！

甘酸っぱいワイルドチェリー
道は舗装されていて歩きやすい♪

お楽しみ 4 自由に過ごして自分だけの楽しみを探す

笑ってしまう仕掛けからかわいい看板まで、細かい演出がいろんなところに！自由に歩いて、お気に入りの場所を探してみて。

景色のいいところで持ち込んだフードを食べてもOK

ムーミンハウス前のポンプを押して水遊び♪

プロムナードにはゲームコーナーもある

25

1日で回れる！ aruco取材班おすすめ ふたつの散歩コース

ムーミンワールドを回るルートは、ムーミンハウス側とおさびし山のふたつ！ 各ポイントにキャラクターたちがいるので、話しかけてみよう☆

Route1 ムーミンハウスコース
最大の見どころ、ムーミンハウスを巡るコース

ここから Start!

ヘムレンさんの家 ㉔
収集好きのヘムレンさんの家は、昆虫や切手などいろんなコレクションがたくさん！

ムーミンハウスのすぐ横にある。ヘムレンさん自慢のコレクションの数々がずらり

ムーミンハウス ㉑
赤いとんがり屋根と青い円錐型のムーミンハウス。中に入ってムーミンたちの生活をのぞいてみよう！

キャラに会える

ここではトゥーティッキに会える！

スノークの発明公園 ㉒
月のロケットが目印の広場。ワークショップやパペットショーが行われている。
11:30、13:30、15:30にパペットショーが鑑賞できる

4F 屋根裏にはムーミン一家の洗濯物が干してある

3F ムーミンパパの書斎。パパの帽子をかぶってみよう

スナフキンのキャンプ ⑰
丘の上に登っていくと、スナフキンのキャンプを発見！ タイミングが合えばスナフキンに会える♪

キャラに会える

2F 寝室には遊び心をくすぐるしかけも

眠くなったらここでひと眠り

パパズ・フォト ⑭
ムーミンといつでも写真が撮れるフォトスタジオ。アルバム付きで€15

お昼寝広場 ⑮
ハンモックやふかふかのベッドでお昼寝タイム☆ 自然の音に耳を澄ませているうちにあっという間に夢のなか……。

1F 北欧らしさ満点のキッチン&ダイニング

ムーミンハウスの前ではキャラクターと触れ合う子供たちがたくさん

ムーミンをひとり占めできちゃう！

Goal!

旅の思い出にいかがかな？

Goal!

キャラクター同士の交流が楽しめるのも醍醐味

1 旧市街からの橋	13 ミムラねえさんのキャンディ屋さん	25 かぼちゃの家	
2 ゲート	14 パパズ・フォト	26 水浴び小屋	
3 ゲート	15 お昼寝広場	27 スノークのおじょうさんのポテトフライ	
4 エンマ劇場	16 ベアフット・トレイル	28 警察署	
5 ママズ・キッチン (レストラン)	17 スナフキンのキャンプ	29 魔女の家	
6 プロムナード	18 展望台	30 ニョロニョロの洞窟	
7 ママのドーナツ屋さん	19 ロッドユールとソースユールの家	31 迷路	
8 スニフズ・ショップ	20 ムーミンの家	32 モランの家	
9 アイスクリーム・バー	21 ムーミンハウス	33 消防署	
10 ハンバーガー	22 スノークの発明公園	34 つり橋	
11 ムーミ・ポストオフィス&インフォメーション	23 スモールステージ	35 ゲート	
12 ピザ&パスタ	24 ヘムレンさんの家	36 チルドレンズ・ビーチ	
		37 パンケーキカフェ	

26

Route 2 おさびし山コース
道中にワクワクするような演出がある冒険コース

Start! フェアリー・トレイル
キャラに会える！
警察署の横にある、フェアリー・トレイルと書かれた看板をくぐろう！歩いているとキャラクターと遭遇することも！トフスランとビフスランに会える！

小さな魔女の家
キャラに会える！

魔女の家 29
ちょっぴり怪しげな魔女の家におじゃましてみよう。勇気をだして魔女と娘のアリスに話しかけてみて！

ニョロニョロの洞窟 30
ビリビリと電気の音がする洞窟の中に入ると、ニョロニョロがいっぱい！

ビリビリ〜

モランの家 32
暗闇のなかにたたずむ巨大なモランとご対面。響き渡るうなり声がちょっと怖い……。ムーミン谷の住人から怖がられる魔物

川が勢いよく流れる

つり橋 34
つり橋のある広場はアスレチックになっている。童心に戻って遊んじゃおう！

園内イチのオーシャンビュースポット

Goal! 水浴び小屋 26
ムーミンパパが作った水浴び小屋。近くで巨大な生物エドワードがスイミングを楽しんでいる！

キャラクターが遊びにくることも！

ときどきキャラクターがここに遊びにきて、ポーズをとってくれる

プチぼうけん2 ムーミンワールドを遊び尽くす

お腹がすいたらここへGO！
パーク内には、レストランやテイクアウトフード店が充実。

ママズ・キッチン
ビュッフェメニューが楽しめるレストラン

ハンバーガー
さくっと済ませたい人におすすめのハンバーガー店

ママのドーナツ屋さん
おやつタイムにぴったりのドーナツが食べられる

思い出を持ち帰ろう！
パークを楽しんだあとは、ここでしかゲットできない思い出を持ち帰ろう♪

ムーミン・ポストオフィス
ここから手紙を出すと、ムーミンワールド限定のスタンプを押してくれる。ポストカードの種類も充実している。

黄色い建物が目印

スニフズ・ショップ
小物や洋服、食器までムーミングッズがいっぱい！ここだけの限定グッズは要チェック☆

広々とした店内には商品がずらり

タグに注目！
ムーミンワールドコレクションと書かれたタグが限定グッズの目印！

ムーミンワールド限定のポストカードもある

ムーミンワールドのバンダナを巻いたぬいぐるみ €23.50

リトルミイのペンケース €9.90

スニフのコインケース €9.50

ムーミンのフェイスタオル €9.50

リトルミイのマグネット €3.90

© Moomin Characters ™ Theme Park created by Dennis Livson

プチぼうけん ③

あの名デザイン誕生の瞬間に出合える イッタラ&アラビアの製作現場に潜入！

フィンランド人がこよなく愛するテーブルウエアブランド、イッタラ&アラビア。名作が生み出される現場を見に行こう☆

アラビアを代表するヘルヤ・リウッコーネン ドストロム氏のアトリエ

イッタラ&アラビアの2大見どころに行く
TOTAL 3〜7時間
オススメ時間 10:00〜17:00
予算 交通費 €2.80〜

デザイン・センターとガラス・キャピタル見学
デザイン・センターは郊外、ガラス・キャピタルはヘルシンキから北へ130km離れたイッタラにあるため、両方を1日で行くのは厳しい。

ブランドの魅力を伝える
イッタラ&アラビア・デザイン・センター
Iittala & Arabia Design Centre

2016年まで稼働していたアラビアの工場だった建物を利用した、イッタラ&アラビアの新たな観光スポット。8階にアーティストのアトリエと博物館、2階にショップが入っている。

Map 別冊P.7-C1 郊外

🏠Hämeentie 135 A ☎020-439-5326
🚋トラム6、6T、8番⑦Arabiankatu下車、徒歩3分 💻www.designcentrehelsinki.com

デザイン・センターを楽しむ3ステップ

3つすべてを体験すると約2時間くらいかかる。ガイドツアーに参加するとデザインラボ&ミュージアムもガイド付きで見学できる。

1 ガイドツアーに参加する

ブランドの歴史をたどる。ツアー参加者しか見られないアーティストのアトリエやショールームを見学できる。要事前予約。所要約1時間30分。

ガイドツアー
⏰月〜金(7月を除く。ウェブサイトから要予約) 休土・日
💰1グループ9人まで €40

1. 制作途中の作品が見られるチャンス！ 2. 9人のデザイナーのアトリエが入る 3. 廊下にはデザイナーの作品が並んでいる

皆それぞれのアトリエがあるのよ！
国際的に有名なデザイナーのクリスティーナ・リスカさん

2 ブランドの歴史を学ぶ

イッタラとアラビアが誕生してから現在まで生み出されてきたデザインを、時代ごとに展示。無料で見学できる。

アラビアのマグカップで無料のコーヒーが飲める

1. イッタラ&アラビアの歴代の名作が並ぶ展示は圧巻！ 2. レアなムーミンを発見！

デザインラボ&ミュージアム
⏰12:00〜18:00 (土・日10:00〜16:00)
休月 💰無料

3 ショップでレア&限定グッズをゲット！

セカンドハンドコーナーもあり、お手頃価格でゲットできる！

レアカラーのグラス2個€19.12
限定のマグカップ€16.90

イッタラとアラビアのグッズがずらり。レアカラーのアイテムや先行販売の製品がゲットできる。ビンテージもリーズナブルな価格で販売。

建物の入口の左手にある

ショップ
☎020-439-3507 ⏰10:00〜20:00(土〜17:00、日〜16:00) 休無休 Card A.J.M.V.

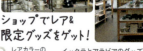

28

1 ガラス工場のガイドツアーに参加

冬季は工場と博物館の営業時間が合わず同時に見学ができないため、両方見学するならツアーに参加するのが◎。所要約2時間。

名作のアアルトベースを作製中！

ガラスができるまで

 →

溶けたガラスを棹の先端に付けて下玉作り。

少し吹いたら機械へ移し、大きくする。

 →

あついぜ！

ウッドブロックでガラスの形状を整えていく。

型に入れ自動で成形し焼成へ。口を切り離して完成。

ガラス工場
🏠 Tehtaantie 3 C
🕐 9:00～20:00（時期によって変動あり）
🚫 土・日
💰 無料

ガイドツアー
☎ 020-439-6230
1グループ10人まで€40、要予約
🌐 iittala.museum@iittala.com

いろんな製品を同時に製作するよ

2 イッタラの歴史をたどる

ブランドの名作の数々が展示されている博物館。実際に使われていた木型もあり、デザインの歴史を見ることができる。

イッタラ・ガラス博物館

🕐 11:00～17:00（7/1～8/2 10:00～）🚫 6～8月の月、9～5月の月～金、夏至祭イブ 💰 €4

もともと納屋だった建物を改装

貴重なガラス製品の展示がある。ポストカードなどちょっとしたアイテムも買える

3 アウトレットでお得にお買い物

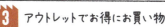

アラビアのパラティッシ€40

イッタラとアラビアのB級品などが手に入るアウトレットショップ。ガイドツアーに参加すると15％のディスカウトチケットがもらえる。

セカンドクラスは黄色の表示

アウトレット
☎ 020-439-3512
🕐 10:00～20:00、9/1～5/15:10:00～18:00
🚫 5/16～8/31、12/25
💳 A.D.M.V.
🌐 www.iittala.com/fi/outlet

イッタラ＆アラビアの製作現場に潜入！

プチぼうけん 3

ガラス・キャピタルはこの3つに注目！

3つ全部を回ると3時間ほどかかる。ガラス工場は個人でも回れるがガイドツアーで行く方が便利。敷地内にあるイッタラ以外の工房も行くなら丸1日必要。

フィンランドを代表するガラス製品を生む

イッタラ・ガラス・キャピタル
（イッタラ・ラーシマキ）
Iittala Glass Capital (Iittala Lasimäki)

自社ガラス製品を手がける直営工場やアウトレット、カフェ、イッタラ以外の小さな工房などが集まる。フィンランドを代表する老舗ブランドで、各家庭にひとつはあると言われるほど。

📍 Map 別冊 P.2-B3 イッタラ

🏠 Könnölänmäentie 2 ☎ 020-439-6230
🚃 ヘルシンキからタンペレ行きの普通列車に乗りイッタラで下車。所要約1時間30分。駅から徒歩15分 🌐 www.iittalalasimaki.fi

職人たちの息の合った作業を見学できる。

映画『かもめ食堂』と『雪の華』憧れのロケ地を巡ろう！

フィンランドを舞台にした映画『かもめ食堂』と『雪の華』。
実際に撮影が行われた場所を訪れて、映画の登場人物になりきろう！

映画のロケ地巡り
TOTAL 約5時間
オススメ時間 午前中〜夕方くらい
予算 €30〜

観光ルートに組み込んで回ろう
どちらの映画もロケ地は町中に点在。ロケ地だけをつないでは効率よく回れないので、観光ルートに組み込もう。

映画『かもめ食堂』©かもめ商会 PHOTO 高橋ヨーコ

マサコ（もたいまさこ） 到着時にスーツケースを紛失し、町をさまよい歩くうち、かもめ食堂へたどり着く。

サチエ（小林聡美） ヘルシンキで日本食堂を経営する女主人。子供の頃から合気道を習っている。

ミドリ（片桐はいり） 観光でヘルシンキを訪れ、アカデミア書店でサチエと知り合う。やがて食堂を手伝うように。

映画『かもめ食堂』のロケ地巡り

劇中に登場するシーンすべてがヘルシンキ市内で撮影された。メインロケセットとなったラヴィントラかもめ（→P.82）は映画を模倣した水色と白の内装。そのほかの代表的なロケ地はこちら！

1 アカデミア書店＆カフェ・アアルト
Akateeminen Kirjakauppa & Café Aalto

ガッチャマンの歌って知ってますか？

アルヴァ・アアルト設計の本屋とカフェ。映画でも同じ施設として登場し、ここでの出会いから物語は発展していく。

DATA → P.88,110

こんな場面に登場！

サチエがミドリにガッチャマンの歌詞を教わるシーン。サチエはキノコ、ミドリがムーミンの本を読んでいた。

インテリアもすべてアアルトデザイン

1. アアルトが手がけた建築にも注目 2. ブルーベリーパイ€8.40とイチゴのタルト€13.60。コーヒー€3.60と一緒に召し上がれ 3. 読書スペースまでおしゃれ！

30

DVD紹介！
映画『かもめ食堂』

ヘルシンキにある日本食のお店、かもめ食堂を舞台に、店主サチエと、ひょんなことから食堂で働くことになったミドリ、マサコの3人が織りなすストーリー。フィンランドの日常や風景を感じられる作品。

『かもめ食堂』Blu-ray 5,800円+税 DVD 4,800円+税 発売中
発売元：バップ ©かもめ商会

映画『かもめ食堂』のロケ地巡り

プチぼうけん

2 マーケット広場
Kauppatori

フィンランドのカモメはでかい！

港に面した野外マーケット。ベリーやキノコ、野菜などを売る屋台からカフェレストラン、みやげ物屋さんなどがひしめき合っている。

港に面した屋外マーケット

こんな場面に登場！
映画のオープニングに登場。ほか、マサコが荷物に関する電話をしたり見知らぬ人から猫を託されたりする港もここ。

映画冒頭のカモメはここで撮影♪

DATA → P.38

3 ハカニエミ・マーケットホール
Hakaniemen Kauppahalli

ミドリがトナカイ肉を購入！

中心街の北部にある、ヘルシンキ最大の屋内マーケット。食品や雑貨が盛りだくさん！野外にも食料品の屋台が出る。

CHECK！ ミドリがトナカイ肉を購入したレイニン・リーハ

屋外マーケットも開催している

DATA → P.39

こんな場面に登場！
サチエが食材を調達するのはここの野外市場。屋内にはミドリがトナカイ肉を購入した店がある。

4 カフェ・ウルスラ
Café Ursula

海に向かってビールを飲もう！

カイヴォプイスト公園（→P.61）内、海に面した絶好のロケーションにある。ここに来たらぜひ、テラス席でビールを飲もう！

海に面した特等席をキープしたい

船のマストのような形をしている

こんな場面に登場！
食堂をのぞいていた謎の女性を加えた4人の休日のシーンで登場。フィンランドらしい柄のワンピースも印象的。

DATA → P.91

エスプラナーディ通り
サチエがガッチャマンの歌を口ずさみながら歩いていた通り

トラム
ミドリが市内観光時に乗っていた。実際に市内を走っている

こんな場面に登場！
何度か、このプールでサチエがスイミングをするが、最も印象的なのはラストシーン。

5 ウルヨンカツの公共プール
Yrjönkadun Uimahalli

かもめ食堂が、ついに満席になりました！

大理石でできた、ゴージャスな屋内市民プール。男性と女性で利用できる曜日が異なる。薪式や電気式などのサウナが併設されている。

DATA → P.62

重厚な雰囲気は映画そのまま！

ruokala lokki
かもめ食堂
ロケ地マップ

① ヘルシンキ中央駅
② ヘルシンキ大聖堂
Mannerheimintie
Kaivokatu
Lönnrotinkatu
Uudenmaankatu
Merikatu
Ehrenströmintie
カイヴォプイスト公園
③
④
⑤

ラヴィントラ かもめ
DATA → P.82

メリカツ通り
緩やかな坂道で、ミドリが自転車で爆走し、男の人を追い抜く場面で登場

まだまだ！

ここも注目！
森へ行ってきます……
ヘルシンキ郊外にある自然豊かな国立公園。マサコが「森へ行ってきます」と言いキノコ狩りに出かけた場所。映画のポスターやDVDの表紙に使われた写真はこの公園の中で撮影された。

ヌークシオ国立公園
Nuuksion kansallispuisto

DATA → P.34

ポスターと同じ場所で記念撮影♪

31

映画『雪の華』のロケ地巡り

ヘルシンキ市内で撮影が行われ、主人公のふたりが行く初めての海外旅行先の舞台となった。ふたりがデートする姿を思い浮かべながら巡ってみよう！

映画『雪の華』
余命宣告を受けた美雪とガラス工芸家を目指す悠輔が織りなすラブストーリー。1ヵ月限定の恋人関係を約束したふたりは、最後の思い出作りとしてヘルシンキを旅する。クライマックスのオーロラの撮影はレヴィで行われた。

DVD紹介！

『雪の華』DVD発売中：3,990円+税
発売・販売元：ワーナー・ブラザース ホームエンターテイメント ©2019映画「雪の華」製作委員会

Scene トラムに乗りヘルシンキの町並みを楽しむふたり。

美雪（中条あやみ） 幼い頃から病気を患いついに余命1年と宣告されてしまう。死ぬ前にフィンランドのオーロラを見るのが夢。すべてを諦めていた頃に悠輔と出会い、「期間限定の恋人」になってくれるように頼む。

悠輔（登坂広臣） ガラス工芸家を目指す青年。両親を亡くしており妹弟の父親代わりとして、カフェで働く。偶然出会った美雪にある条件を引換に恋人になることを迫られ、渋々応じる。

① ふたりの仲のよさにキュン！
カイヴォプイスト公園 Kaivopuisto

フィンランド湾に面したヘルシンキ最古の公園。海が見渡せる丘の上の展望台や海沿いのカフェなどがあり、リラックスした時間を過ごせる。

DATA →P.61

Scene 海沿いにある桟橋で、ふたりのロマンチックなシーンが撮影された。

海をのんびり眺める地元の人がちらほら

ヘルシンキ中央駅 →P.66
ひとりでレヴィに向かった美雪を追いかけるために悠輔が列車に乗るシーンで登場。ヘルシンキ中央駅はフィンランド国内の地方を結んでいる

ヘルシンキ大聖堂 →P.54
ふたりがヘルシンキ市内を観光しているシーンでたびたび登場。ヘルシンキのランドマーク

雪の華 ロケ地マップ

② 市民と一緒に日なたぼっこ
ルットプイスト
Ruttopuisto

バンハ教会の周りに広がる緑地は、ヘルシンキ市民の憩いの場。市内で人気の高いピクニックスポットで、いつも地元っ子でにぎわっている。

Scene 木陰に座り込み、寄り添いながら日なたぼっこを楽しむ。

Map 別冊P.11-C2　中心街南部

🚋 トラム1、3、6、6T番のErottaja下車、徒歩3分

③ ふたりの仲が急接近！？
ソフィア通り
Sofiankatu

元老院広場とマーケット広場を結ぶ通り。ヘルシンキ大聖堂をバックにレストランやショップなどが立ち並び、SNS映えスポットとしても好評！

Scene ふたりが初めて手をつなぐ場所。ヘルシンキ大聖堂を背景に歩くシーンでも登場。

Map 別冊P.12-B1　元老院広場、エスプラナーディ公園周辺

🚋 トラム2、4、5、7番のSenaatintori下車、徒歩1分

ヘルシンキで最も古い地区にある

プチぼうけん　映画『雪の華』のロケ地巡り

④ 実際にホテルに宿泊！
グロ・ホテル・アート
GLO Hotel Art

1903年に建てられたお城をリノベーションしたホテル。石造りの外観やロビー、廊下の内装は中世の雰囲気たっぷり！

Scene ふたりが泊まったホテル。ドレスアップした美雪が登場するシーンが撮影された。

DATA → P.134

⑤ 屋台が並ぶにぎやかなシーン
マーケット広場
Kauppatori

市内屈指の屋外マーケット。果物や野菜、飲食店からおみやげまでジャンルも幅広い。屋台の数は減るが冬も開催している。

Scene 活気あふれる屋台は見ているだけでも楽しい

Scene 色とりどりの果物や野菜などが並ぶ屋台を楽しむふたりの姿が印象的。

DATA → P.38

レヴィでもロケが行われたよ！

クライマックスのオーロラを探しに行くシーンはレヴィで行われた（→P.166）。

オーロラを見るという美雪の夢はかなうのか！？

⑥ 美雪がある告白を……
テルヴァサーリ島
Tervasaari

ヘルシンキ市内東部に浮かぶ小さな島。フィンランド語で「タールの島」という名前で、かつてタールを貯蔵していた倉庫があったことから名づけられた。

Map 別冊P.7-C2　中心街東部

🚋 トラム7番のSnellmaninkatu下車、徒歩12分

Scene 美雪があることを悠幅に告白する切ないシーン。

⑦ ロマンチックなシーンにキュン
トコインランタ
Tokoinranta

カッリオ湾にある公園。エラインタルハ湾の周りには整備された遊歩道があり、散歩やジョギングをする市民の姿が多く見られる。

天気がいいと地元の人が日なたぼっこをしに集まる

Map 別冊P.9-C2　カッリオ地区

🚇 ハカニエミ駅Hakaniemen、またはトラム3、6、6T、7、9番Hakaniemi下車、徒歩7分

Scene ドレスアップしたふたりが水辺を歩くロマンチックな場面。

フィンランドの森をセルフガイドで回る

コースに沿って、レッツハイキング☆ 途中では、ベリー摘みやマッカラ（ソーセージ）を焼いたりして、地元っ子のようにフィンランドの森を楽しんで。

プチぼうけん

ヌークシオ国立公園でベリー摘み

ガイドハットで情報収集

3つのコースの出発点。自然やコースの特色についての情報が揃う。トイレあり。

今日はこのコース！マップで確認

ショートコースで散策を楽しもう。入口のマップでルートチェック。

今日のコースは赤のプナリンタ

『かもめ食堂』風にパシャッと撮影

途中、映画のポスターになったスポットを通る。カメラを忘れずに！

続いてベリーを発見 この場で食べちゃお！

ちょっと酸っぱいけど、これぞ自然の恵みって感じだね♪

ビルベリー！

苔の間にキノコを発見☆

キノコには毒性があるものも！独断で摘むのはやめておこう。

あからさまだよ 毒キノコ

ワンワンベリー！

今日もたくさん採れたわ！

マッカラ（ソーセージ）をジュージュー

湖のそばでBBQタイム♪ 自分で焼いたものは格別。なお、マッカラは持参すること。

いい香りがしてきた〜 腹へった〜

明日もBBQにしましょう♡

えい！

フィンランド人は森との絆が強いのよ☆

トイレ休憩で寄ります

フィンランド・ネイチャー・センター・ハルティア
The Finnish Nature Centre Haltia

2013年にオープンした施設。フィンランドの自然を撮影した写真展示のほか、周辺地域のハイキングについて相談にのってくれる。

Map 本誌P.34外　郊外

🏠 Nuuksiontie 84　☎040-163-6200　🕐5〜9月：10:00〜18:00、10〜4月：10:00〜17:00　🚫10〜4月の月、8/28、9/23、10/10　💰無料（博物館€13）🚌エスポーからヌークシオへ行く途中にある。バスは245、245A、245KでHaltia下車。URL www.haltia.com

ハイキングの服装

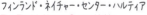

長袖
森の中はひんやりとして涼しいので、夏場でも薄い長袖を持って行くといい。虫対策にも◎。

かばん
両手が使えるよう、ショルダーバッグやリュックなどが望ましい。

靴
散策をするので、履き慣れたスニーカーが望ましい。湖畔はぬかるんでいるので、汚れてもいい靴で。

ハイキングが楽しめるのは5月中旬〜10月頃。

シーズンカレンダー

月		
4		
5	スズラン、ルピナス	コウホネ、ヤナギラン、カルーナ、カモミール、ブルーベリー、クラウドベリー
6		
7		
8		
9		ビルベリー、リンゴンベリー
10	紅葉	

※ベリーとキノコについてはP.38も参照

プチぼうけん 6

ヘルシンキっ子御用達！
屋内・屋外マーケットでお買い物♪

ヘルシンキでは、町のさまざまなところに市場があります。そこは食料品から雑貨、レストランにカフェまでひしめくワンダーランド！必ず行きたい3大マーケットを徹底調査☆

オールド・マーケットホール&マーケット広場　TOTAL 約2時間

オススメ時間 10:00〜12:00　予算 €10〜

冬は規模が縮小
屋外のマーケット広場は、冬になると規模が縮小し、野菜やベリーなどの店はほとんどなくなってしまう。オールド・マーケットホールは冬でも楽しめる。

小さなお店がひしめき合っている

オールド・マーケットホールでグルメを探求

季節の野菜を売る店もある

ヘルシンキ最古の歴史を誇る、オールド・マーケットホール。肉や魚、野菜といった生鮮食品からチョコレートなどのおみやげ、カフェまで揃うグルメの殿堂。地元の人は特別な日の買い物などに訪れる事が多いとか。

魚介類は量り売りもしてくれる

港に面したグルメの殿堂
オールド・マーケットホール
Vanha Kauppahalli

港に面した、れんが造りのキュートな建物。内部には個性豊かな店が25店舗並ぶ。冬は縮小するマーケット広場と違い、通年楽しめる。

Map 別冊P.11-D2
元老院広場、エスプラナーディ公園周辺
🏠 Eteläranta　☎ (09) 3102-3550
🚊 トラム2番のKauppatori下車、徒歩1分
URL vanhakauppahalli.fi

オールド・マーケットホール MAP

マーケット広場 (→P.38)

上部の看板で店名をチェック！

ソッパケイッティオ (→P.80)

大人気のスープ屋さん。ソッパケイッティオ

おなかをすかせてから来てください

食べ物だけじゃない！
買い物も楽しい2大マーケット

オールド・マーケットホールそばのマーケット広場と北部のハカニエミ・マーケットホールは、映画『かもめ食堂』にも登場する人気スポット。グルメだけでなく、雑貨探しも楽しんじゃおう！

海を見ながら市場探検♪
マーケット広場
Kauppatori

Map 別冊 P.11-D2

元老院広場、エスプラナーディ公園周辺

港沿いの青空マーケット。ベリーやキノコ屋台からおみやげ、飲食店までがずらり！冬季は屋台の数が減る。

⏰ 6:00〜18:00（夏季の日 10:00〜17:00） 休冬季の日 交トラム2番のKauppatori下車、徒歩1分

ベリーは6〜8月、キノコは8〜10月頃がシーズン

夏には100を超える店が並ぶ

BUY

木箱入りブローチ

木彫りのクマ

フィンランドらしい手工芸品から素朴なアクセサリーまで、さまざまな店が出る。よく見て回って、かわいい雑貨を発見しちゃおう。

スープ

気軽に話しかけてちょうだい！

EAT

スープやサンドイッチなどの軽食屋台は、朝食やランチに最適。各店に用意されているテーブル席で、海ビューごはんを楽しんで！

サーモンピラフ

WALK

白樺のカゴ

ベリーやエンドウ豆を食べ歩きしながらおみやげ店を物色するのがフィンランド流。数種類のベリーを詰め合わせてもらうこともできる。

マーケットで使えるフィンランド語

トマト	キュウリ	エンドウ豆	キノコ	ベリー	ジャガイモ
Tomaatti	Kurkku	Herne	Sieni	Marja	Peruna
トマティ	クルック	ヘルネ	シエニ	マルヤ	ベルナ

リンゴ	豚肉	牛肉	トナカイ肉	サーモン	ニシン	タラ
Omena	Sianliha	Naudanliha	Poronliha	Lohi	Silli	Turska
オメナ	シアンリハ	ナウダンリハ	ポロンリハ	ロヒ	シッリ	トルスカ

マーケットで見かける ベリー＆キノコカタログ

ラズベリー Vadelma
ビタミンCと葉酸たっぷり。ジュースやサラダ、スイーツに。8月上旬〜9月上旬がシーズン。

ブルーベリー Mustikka
ビタミンC、Eが豊富。そのまま食べるほか、ジュースやジャムも定番。シーズンは7〜9月。

クラウドベリー Lakka(Hilla)
ビタミンCを多く含む。甘酸っぱく、さわやかな味。7月中旬〜8月上旬が収穫時期。

クランベリー Karpalo
ビタミンCたっぷりで、やや酸味あり。お菓子の定番。9月後半〜12月と春先がシーズン。

リンゴンベリー Puolukka
フィンランドでは最も一般的。酸味が強く、肉料理のソースに使う。収穫は8月後半〜10月前半。

カンタレッリ（アンズタケ）**Kantarelli**
黄金のキノコ。スープやサラダ、ソースにも合う。6月下旬〜9月上旬がシーズン。

アカチチタケ **Kangasrousku**
小さめのキノコでやや苦味がある。刻んでサラダに入れたりする。収穫は7〜10月頃。

ポルチーニ **Herkkutatti**
キノコの王様・ポルチーニは南部に多く自生する。香りが強く、味も美味。8〜9月がシーズン。

クロラッパタケ **Mustatorvisieni**
世界中で好まれるキノコだが、収穫される数は少なく貴重。値段も高い。収穫は8〜10月頃。

キンチョウタケモドキ **Lampaankääpä**
肉厚で味がいいキノコで、焼いても食べても、マリネでもおいしい。シーズンは8月〜10月中旬。

ハカニエミ・マーケットホール

TOTAL 約1時間

オススメ時間 12:00～13:00 予算 €10～

建物前の青空市場もチェック！
夏季なら、ホール前の広場で屋外マーケットが開かれる。野菜やベリー、キノコなどを扱う店が軒を連ねる。建物内の店は、冬季でも変わらず営業している。

手になじむ木製カトラリー €4.50～⇒A

屋内・屋外マーケットでお買い物♪

プチぼうけん

赤レンガ造りのマーケット
ハカニエミ・マーケットホール
Hakaniemen Kauppahalli

生鮮食品やカフェ、おみやげ店が入っている

Map 別冊P.9-D2 カッリオ地区

地元の人が多く利用する屋内マーケット。2017年12月から改装のためクローズ中。店は目の前の広場にある仮設建物にて営業中。夏には野外マーケットも開催する。

☎Hakaniemi ☎(09)3102-3560
⏰8:00～20:00(土～18:00) 休日
🚇ハカニエミ駅Hakaniemi、またはトラム3、6、6T、7、9番のHakaniemi下車、徒歩1分
URL www.hakaniemenkauppahalli.fi

目の前にも頭上にもアイテムの嵐⇒A

実際にトナカイ肉も売ってます⇒B

《 おすすめSHOP 》

A フィンランドのカトラリー
エロカウノッキ
Elokaunokki

木製カトラリーならおまかせ。ホーローマグなども販売している。

☎(09)712-811 ⏰8:00～18:00(土～16:00) Card A.D.M.V.

B ヘルシンキいちのお肉やさん
レイニン・リーハ
Reinin Liha

映画『かもめ食堂』でミドリがトナカイの肉を買った、人気のお肉屋さん。

☎(09)753-8378 ⏰10:00～20:00(全8:00～、土8:00～18:00) 休日、イースター、夏至祭、12/25・26 Card M.V. URL www.reininliha.fi

地元客に人気のレイニン・リーハ

サーモンやエビのオープンサンドが人気⇒C

手づくりのファッジ €4.50⇒D

オープンサンドがいっぱい⇒C

C 豊富なオープンサンド
マルヤ・ナッティ
Marja Nätti

種類豊富なオープンサンドが評判。サーモンサンドイッチ€8.50もおすすめ。

☎(09)712-136 ⏰8:00～20:00(土～18:00) 休日 €2～ Card A.D.J.M.V.

こちらもオススメ
フリーマーケットが有名
ヒエタラハティのフリーマーケット(→P.122)が開かれる広場にある屋内マーケット。フリマのついでに訪れてみて。

ヒエタラハティ・マーケットホール
Hietalahden kauppahalli

Map 別冊P.10-B3 中心街西部

📍Lönnrotinkatu 34 ⏰8:00～18:00(水～土～22:00、夏季の月10:00～16:00) 休夏季以外の日 🚇トラム6、6T番のHietalahdentori下車、徒歩1分
URL www.hietalahdenkauppahalli.fi

ラズベリーとブルーベリー味のリコリス 各€3⇒D

オリジナルブレンドのコーヒー €9⇒D

D 老舗コーヒー&ティーショップ
モカ・メイト
Mocca mate

コーヒーや紅茶など60種類ほどが揃う。昔ながらのお菓子もたくさん！

☎(09)753-3900 ⏰9:00～19:00(夏季は～18:00、土～17:00) 休日 Card M.V.

ここも注目！ ソッパ ケイッティオ⇒P.80

小腹を満たすのにちょうどいいお菓子がずらり⇒D

心身ともにスッキリ爽快！本場のサウナでデトックス

プチぼうけん 7

サウナに行く TOTAL 約1時間
オススメ時間：午前中or夕方
予算：€6〜

持って行くと便利なもの
海や湖、共同の屋内プールで着る水着は必ず持って行こう。シャンプーや石鹸はない場合もあるので注意。海や湖畔のサウナの場合はビーチサンダルがあると便利。

日本でもなじみの深いサウナ、実はフィンランド発祥って知ってた？フィンランド流はサウナの後に海や湖に飛び込んだり、プールで泳いだりとなかなかアクティブ。そんな楽しみ方ができるサウナはこの3つ。

海？湖？それともプール？楽しみ方いろいろ☆

これぞフィンランドのサウナ、といえる本場の楽しいサウナを厳選。シャイなフィンランド人も、サウナではみんなオープン！みんなでワイワイ楽しんじゃおう☆

このサウナでは水着を着てね

天気がいい時はテラス席もオープン

まわりにひと声かけてから水をかけよう

サウナは貸切と公共のサウナ（薪ストーブ、スモーク）の3つ。サウナストーンに柄杓で水をかけ、温度を上げる

1. 独特の香りがするスモークサウナはフィンランド人にとても人気
2. フィンランド料理をアレンジしたメニューが食べられるレストランを併設

ジンをグレープフルーツソーダで割ったお酒のロンケロや、水などを販売してるので、こまめに水分補給をしながらゆっくりサウナを楽しんでくださいね。

海に飛び込んで火照った体を冷やすのがフィンランド流

ゆったり派向け ラグジュアリーなサウナ

LÖYLY ロウリュ
薪ストーブサウナ
スモークサウナ

都心にいながら本格的なサウナが楽しめる。暖炉のある共有スペースや海への飛び込み台、海に面したレストランがある。サウナはウェブサイトから要予約。

Map 別冊P.6-B3 郊外

🏠 Hernesaarenranta 4 ☎ (09)6128-6550
🕐 夏季：13:00〜22:00(月16:00〜)、金・土〜23:00、日〜21:00、水・土は朝サウナ8:00〜10:00あり、冬季：16:00〜22:00(木13:00〜、金・土13:00〜23:00、日13:00〜21:00、水・土は朝サウナ8:00〜10:00あり)、レストラン11:00〜23:00(金・土〜24:00、日13:00〜21:00、夏季は延長)※営業時間の詳細はウェブサイトで要確認
休12/24・25 料€19(2時間制、タオルとサウナシート含む)、1時間延長€10、貸切€300〜
🚌 カンピから市バス14番で約12分、Henry Fordinkatu下車、徒歩1分
URL www.loylyhelsinki.fi

フィンランドでは直接座るのはタブー。サウナシートを忘れずに敷いて

電気式サウナSähkosaunatは男女別にふたつずつある

プチぼうけん

本場のサウナでデトックス

ワイルド派向け

湖に飛び込める快感！

KUUSIJÄRVI
クーシヤルヴィ

電気式サウナ 🚻 👕 🛀
スモークサウナ 🚻 👕

ヘルシンキからのアクセスもいい、森に囲まれた湖畔にある。体が温まったら目の前の湖へダイブ！冬でも極寒の湖に飛びこむワイルドな体験ができる。

Map 別冊P.2-B3 郊外

🏠Kuusijärventie 3 ☎010-322-7090
🕐9:00〜20:30（スモークサウナは13:00〜）、カフェは9:00〜21:00 🚫12/24・25 💴電気式サウナ€6、スモークサウナ€12、タオル・水着各€4 🚌ヘルシンキ中央駅から市バス738K、739番で約40分、Kuusijärvi下車、徒歩1分
🌐 www.cafekuusijarvi.fi

水着を忘れずに!

湖にダイブすると爽快感が味わえます

1.カフェを併設 2.サウナのあとはロンケロ！ジンをグレープフルーツソーダで割ったお酒だが、アルコール度数が低いので飲みやすい

サウナの後はカフェでおしゃべりに決まりだね！

25mプールや海水プールなど3つのプールを完備

シティ派向け

アクセス至便なプール付きサウナ

ALLAS SEA POOL
アッラス・シー・プール

電気式サウナ 🚻 👕 🛀

マーケット広場そばにあるサウナ。クールダウンには温水と海水プールが利用できる。眺めのよいテラスカフェを併設。男女共同のサウナもある。

Map 別冊P.11-D2 元老院広場、エスプラナーディ公園周辺

🏠Katajanokanlaituri 2a ☎040-565-6582
🕐6:30〜21:00（金〜22:00、土9:00〜22:00、日9:00〜）、カフェは8:00〜23:00（月・火〜21:00、金〜24:00、土9:00〜24:00、日10:00〜21:00）🚫ウェブサイトで要確認 💴€14（10時間制、サウナシート含む）、タオル、水着持参を推奨 🚌トラム4、5番のRitarihuone下車、徒歩5分 🌐 www.allasseapool.fi

屋外プールサイコー☆

時期によってさまざまなイベントが開催されている

サウナが好きすぎて、観覧車にも作っちゃいました！

スカイウィール・ヘルシンキ（→P.65）の茶色のゴンドラは、なんと驚きのサウナ仕様！上空でサウナに入り、地上のジャクージで汗を流すスペシャルな体験ができる。タオル、ドリンク付き。

Map 別冊P.11-D2 元老院広場、エスプラナーディ公園周辺

☎040-480-4604 💴要予約、所要1時間〜 €240〜（1〜4人用、タオルとドリンク含む）🚌トラム4、5番のTove Janssonin puisto下車、徒歩3分 🌐 skysauna.fi

 …男女別　 …男女共同
…水着着用可　…タオル着用可

41

> サウナを制するものは、フィンランドを制す!?

サウナの入り方 A to Z

フィンランド人の3人に1人はプライベートサウナを持っているといわれるほど、大事な習慣のサウナ。フィンランドではほとんどのホテルにサウナが付いているので、ぜひトライしてみましょう。

1

はじめに

まずシャワーで体をキレイに洗ってから、水を入れた桶と柄杓を持ってサウナへ。お尻の下にタオルかサウナシートを敷いて座るのがマナーです。

※桶と柄杓はサウナ内にある場合も

2

入ったら……

サウナストーンに水をかけて、温度調整をしましょう。水をかけると蒸気(ロウリュ)が広がり、サウナの温度が上がります。立ち上る熱気は高温なので、手は石の真上に近づけないで。水をかける際は周りの人にひと声かけましょう。

おすすめ サウナ&バスグッズ

サウナ+αでも〜っとキレイに生まれ変わる!

汗をたっぷりかけるサウナは美容にも効果的。こだわりのサウナ用品をはじめ、オイルやサウナハニーを使ってさらに贅沢なリラックスタイムを楽しみましょう。

ハニーグッズ HONEYGOODS
保湿・美容成分配合のハチミツクリームでしっとりモチ肌に!

サウナハニーの使い方
サウナに入る前に体にすり込み、サウナの熱でお肌に吸収させた後、流す。

エメンドのサウナハニー
各 €8.50
肌を柔らかくするエッセンシャルオイルがたっぷり♡イランイランの香りなど、全4種ある。

バスグッズ BATHGOODS
優秀アイテムで余分な汚れを落としてもっとキレイに変身♡

ピートの石鹸
€9.50
フィンランドのピートを固めて作った石鹸。洗ったあとは、吸いつくようなモッチモチの肌に♡

ボディソープ
各 €15
石鹸やキャンドルの会社オスミアのボディソープ。白樺やピートなど、フィンランドらしいふんわりとした香り。

ボディスクラブ
€17.50
オスミアのボディスクラブ。ベルガモットの香りのほか、ココナッツ、ローズなど全3種。うれしい大容量!

© Moomin Characters ™

サウナグッズ SAUNAGOODS
サウナタイムをも〜っと楽しむための、すてきな小道具大集合!

サウナシート
各 €32
エコを愛する人に使ってほしい、洗って何度も使えるサウナシート。ムーミンの柄がたまらなくキュート!

ヴィヒタ
€8
体をたたくと代謝がグンと上がる!広がる白樺の豊かな香りもいい感じ〜♪日本への持ち込みには、検疫が必要。

ボディタオル
€26
サウナグッズの刺繍が入ったリネンのボディタオルで、少し固めの作り。両端にヒモがあり、吊るせて便利。

本場のサウナでデトックス

プチぼうけん⑦

3

サウナ中
フィンランド人にとってサウナは会話を楽しむ憩いの場。心地よい蒸気に包まれながら、心も体もリラックス。サウナ内は下から上にかけて温度が高くなるので、無理せず自分に合った位置で楽しみましょう。

5

おわりに
十分に体が温まったら外へ出てシャワーで汗を流し休憩。アルコールが飲めるなら、フィンランド風にロンケロで水分補給をするのも◎。

4

ヴィヒタにトライ
白樺の小枝を束ねたヴィヒタで体を叩くと、新陳代謝がよくなり体の芯からポカポカします。

自分のペースで②〜⑤を繰り返す。プール付きや湖があるサウナの場合は水着を着用してクールダウンを。

メリスのサウナクリーム
各€12
保湿しながら、肌自体の免疫を高めてくれる。ピート(泥炭)などフィンランドらしい素材が◎。

コルピアホンのサウナハニー
各€9.90
蜂蜜食品会社が作ったサウナハニー。天然ハチミツにアーモンドオイルが入っており、肌を柔らかく保つ。香り付き。

サウナフレグランス
SAUNA FREGRANCE
サウナタイムを盛り上げる、フィンランドならではのアイテムはコレ！

エメンドのサウナフレグランス
€7
サウナストーン用の水に2〜6滴ドロップすると、森の中にいるような新鮮な香りがふわっと広がる。

オスミアのサウナオイル
€8.50
こちらもサウナストーン用の水に混ぜるオイル。水3リットルに1キャップがベスト。店員イチオシ！

サウナ時計もいっぱい！

サウナグッズの専門店
サウナ・マーケット
Sauna Market
キレイになれるバスグッズが豊富に揃うショップ。特にサウナグッズの種類はピカイチで、赤ちゃん肌に生まれ変われるアイテムがところ狭しと並ぶ。

Map 別冊 P.12-B1
元老院広場、エスプラナーディ公園周辺
📍Unioninkatu 32 ☎040-224-3015
🕐10:00〜19:00 (7・8月の日〜20:00) 休無休
Card A.J.M.V. 🚋トラム2、4、5、7番のSenaatintori下車、徒歩1分

サウナ用の柄杓と桶
€14〜、€29〜
木製の柄杓はサウナストーンに水をかけるときに大活躍。どこまでもナチュラル派な女子に贈りたい一品。

サウナハット
€38
サウナの熱から頭皮や髪を守るためにかぶる。かわいい猫柄のものやバイキングなどさまざま。

美人はサウナで作られます

プチぼうけん ⑧

北欧デザインの巨匠・アアルトの自宅で インテリアセンスを学ぶ

アルヴァ・アアルトの自宅に潜入！
どの部屋も洗練された空間で、インテリアの勉強はもちろん、
買ったばかりの雑貨を使うアイデア探しにもなるのです。

アアルト自邸を見学
TOTAL 約1時間
オススメ時間：午後　予算：€20

● 内部見学はガイドツアーで
ガイドツアーは毎時ちょうど発で、所要約1時間。通常は英語ガイドだが、参加者がすべて日本人の場合、日本語のガイドが受けられることも。

ステキ〜♪

iving

家の中で最も大きい部屋です。家族団らんを大切にしていたんですね

ソファやチェア、テーブルなど無造作だが抜群の統一感！ カラーリングもシンプルで、飽きのこない空間。

巨匠の自宅におじゃましま〜す♪

見て！ このおっしゃれ〜な空間☆
巨匠プロデュースの自宅には、暮らしを快適に過ごすヒントが隠れています！

アアルトって、誰？
1898年生まれ。モダニズム建築の第一人者であり、現在のフィンランドデザインの礎を築いた。かつての通貨であるマルカ紙幣に、彼の肖像画が使われていたほどポピュラー。

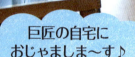

※写真提供Copyright:
アルヴァ・アアルト博物館
Alvar Aalto Museo

窓側の暖房の上に観葉植物が。北国ならではの知恵

ピアノの上にはシェードランプを置いてアクセントに

ここに注目！

照明はすべて間接照明。部屋の大きさに応じてサイズを変えている

ガイドのハンナさん

アアルト名作、アームチェアはソファの横にある

北欧デザインに触れる
アアルト自邸　The Aalto House
1936年に作られた自宅兼事務所。内部はアアルトが暮らした当時のままに保存されており、ガイドツアーで見学できる。事前に必ず予約しておくこと。

Map 別冊P.6-A1　郊外
Riihitie 20　☎(09)481-350　● 1・12月：13:00（土・日〜15:00）、2〜4月、10〜11月：13:00〜15:00、5〜9月：12:00〜16:00 ※毎時ちょうど発　● 9〜7月の月　● €20　● トラム4番のLaajalahden aukio下車、徒歩5分
(URL) www.alvaraalto.fi

1F　アトリエ／ダイニング／中庭／リビング／キッチン／入口／ライブラリー／寝室
2F　テラス

Atelier & Library

縦長につながったアトリエとライブラリー。2階まで吹き抜けになっており、天窓からも光が降り注ぐ。

アトリエからライブラリーには敷居がなく開放的だが、段差で区切りを

自身の絵が壁際に飾られている

ここに注目!

仕事用デスク。外を見ながら作業できるようになっている

アアルトの逃げ道?!
ライブラリーの隅の扉は2階のテラスに直結。気分転換用とか。

ライブラリーからリビングまで、L字形になっているんです

アアルトの自宅でインテリアセンスを学ぶ

プチぼうけん 8

Dining

アイノの考えた機能主義がそこかしこに感じられます!

ダイニングの設計は、アアルトの妻で同じくデザイナーだったアイノが担当。使いやすさを考えたアイデアがいたるところに。

引き戸の戸棚。ダイニングの家具はほとんどがアイノのデザイン

ここに注目!

モダニズム家具のなか、古典主義な椅子が。これはアアルト夫妻が新婚旅行でイタリアへ行った際に購入したもの

キッチンとの間にある棚。奥の小さい引き出しは、どちらのサイドからも引き出せるようになっている

Bedroom

ここに注目!

寝室にある照明は、ここだけのオリジナル

クロゼットの中にも、絵があったりと手抜きなし

寝室があるのは2階。ほかの部屋よりもさらにシンプルなインテリアで、何より居心地を重視したのが見て取れる。

寝室はメインのほかゲスト用、子供用など4つもあるんです

アシンメトリーな外観もすてきです
玄関から見た姿と、中庭から見た姿はまったく違う。アシンメトリーな形は、アアルトデザインの真骨頂!

中庭側

表と裏は違う顔

玄関側

プチぼうけん 9

ヘルシンキから船で2時間〜

かわいいバルト雑貨と絶景を探しに エストニアの首都 世界遺産 タリンへGo!

フィンランド湾を挟んだお向かいの国エストニアは、中世のたたずまいを残したバルト3国のひとつ。石畳連なる美しい首都タリンには愛らしい雑貨がたくさん♡ しかも北欧に比べてずっとリーズナブルと聞けば、もう行くしかないよね！

バルト雑貨と絶景探し TOTAL 約6時間

- オススメ時間 10:00〜夕方くらい
- 予算 €60〜
- ショッピングと市内観光
英語が通じるのでショッピングはスムーズにできる。観光にお得なタリンカード（24時間€36、48時間€49、72時間€58）を使って見どころを楽しむのもおすすめ。ヘルシンキからの日帰りも可能。

伝統×モダンな雑貨ハンティングを楽しんで！

伝統柄やハンドメイドのほっこり系から、ローカルアーティスト発信のおしゃれ系まで、新旧かわいい雑貨に出合えるのがタリンのいいところ。価格も安くて思わず買い過ぎちゃう〜！

D 旧市街の町並みを描いたオーナメント 各€6

A 持ち手付きの便利なクラッチバッグ 各€80

C ランチョンマット 各€7は柄やカラーのバリエーションが豊富！

A エストニアがテーマのポストカード 各€1.50

いつも人でにぎわうラエコヤ広場

どのお店もかわい過ぎて買いまくり！

B エストニアの伝統的な模様がプリントされた美しいマグカップ €7

B エストニアの伝統衣装を着た手のひらサイズの人形 各€8.30

A エストニアのデザイナーが手がけたコンクリートのピアス €28

E ハンドメイドの木彫りのヒツジ。大 €12、小 €11

SHOP LIST

A おしゃれエストニアっ子御用達
オマ・アシ Oma Asi

約70人のエストニアン・アーティストのアイテムを中心に扱うショップ。モダンと伝統が絶妙にミックスされた雑貨は、かわい過ぎて思わずオトナ買い！

Map 別冊 P.13-D2

旧市街にも店があります♪

🏠 Viru 21　☎ なし　⏰ 10:00〜21:00（冬季〜19:00）　休 無休　Card M.V.
URL omaasi.com
🚇 Saiakang 4　Map 別冊 P.13-D2

B 伝統工芸を現代風にアレンジ
エスティ・カシトゥー・コドゥ Eesti Käsitöö Kodu

エストニアの民芸組合の店。本格的な伝統刺繍から、現代風にアレンジしたアイテムまで種類豊富。フェルト製品やブランケットもある。

Map 別冊 P.13-D2

🏠 Vene 12　☎ 6448873
⏰ 10:00〜18:00（日〜17:00）
休 冬季の日　Card M.V.

46

タリン

エストニアの首都タリンへGo!

タリンへの行き方
ヘルシンキからフェリーが運航。所要2時間〜3時間30分。片道€25〜。詳しくはP.183。エストニアはシェンゲン条約加盟国なので入国・出国の手続きはないが、パスポートは持参しよう。

Map 別冊P.2-B3

ハニーキャンドル€2〜とキャンドルホルダー€30はセットで欲しい **E**

エストニアの伝統刺繍のブックマーク€5.50 **B**

ファッション感覚で身につけられるリフレクター€12 **A**

塔の広場から見た聖オレフ教会

伝統衣装のスカートに使われるストライプ柄のポーチ€11 **D**

タリンの町並みが描かれた陶器もある。こちらはバターケース€24 **D**

スズランが描かれた見た目も涼しいワイングラス€8 **D**

指先が少し尖っているのが特徴の手編みミトン€20 **D**

個性的なネコのイラストが描かれたソルト&ペッパー入れ各€7 **D**

木の皮で作った手提げ€24.90。軽くて丈夫 **B**

部屋の印象がパッと明るくなるクッションカバー。50×50cm €17 **C**

エストニア基本情報
バルト3国のなかで最も北に位置するエストニア。13世紀以降、長らく他国からの支配を受けていたが、1991年にソ連から独立した。

首都：タリン　通貨：€(ユーロ)、補助通貨Cent(セント)　為替レート：€1=118円 (2019年8月現在)
言語：エストニア語　時差：ヘルシンキと同じ(日本との時差はマイナス7時間/サマータイム時はマイナス6時間)　国番号：372 (市外局番なし)

持ち手のカラフルな柄がかわいい木製のフォーク2個セット€22.95 **B**

C 質のよいリネン製品
ジジ Zizi

原材料から縫製まで、すべて国内で作ったリネン製品を販売。丈夫でしっかりとした100%リネンの生地はデザインも豊富。エプロンやバッグも人気！

Map 別冊P.13-D2　エコバッグは€13

☎ Vene 12　📞 6441222
🕐 10:00〜18:00 (日〜16:00)　🚫 無休　💳 M.V.
🌐 www.zizi.ee

D 愛くるしいイラストに注目
ヘリナ・ティルク Helina Tilk

ヘリナさんがデザインする、ゆる〜いイラストにキュン♡ 表情豊かな動物がカラフルに描かれた皿やグラス、タイルを販売。お店は地下にある。

Map 別冊P.13-D2

☎ Pikk 41　📞 6414515
🕐 9:00〜18:00 (土10:00〜17:00、日〜16:00、冬季は10:00〜)　🚫 無休　💳 A.M.V.
🌐 www.helinatilk.eu

E 鍛冶細工とかわいいエストニア製品
ラウドランマス Raudlammas

オーナー夫妻が作る、質の高い鉄細工のアイテムと、エストニアの小さな農場で作るキャンドルや羊毛製品を扱う。階段を下りた地下にある。

Map 別冊P.13-D2

☎ Vene 6　📞 5046113
🕐 10:00〜18:00 (冬季は11:00〜17:00)　🚫 1〜3月の水・木　💳 A.M.V.
🌐 www.hoov.ee

47

C 旧市庁舎 & ラエコヤ広場
市民の憩いの場
Raekoda & Raekoja Plats

旧市庁舎は塔に上がったり、今も使われる来賓用の「市民の間」を見学できる。旧市街の中心、ラエコヤ広場はいつも人でにぎやか！

Map 別冊 P.13-C2

旧市庁舎 ▲Raekoja plats 1
☎6457900 ◉10:00〜16:00 ㊡日、9/1〜6/24
㊎€5 [URL]raekoda.tallinn.ee
塔 ◉11:00〜17:30最終入場 ㊡9/16〜5/14 ㊎€3

1. ゴシック様式の建物 2. 塔の上からの眺めもキレイ！ 3. 広場にはカフェやレストランがある

D ネイツィトルン・コーヒー
塔併設の絶景カフェ
Neitsitorni Kohvik

15世紀末に造られた塔に併設するカフェ。城壁の上にあるテラス席がおすすめ！利用するには入場料€10が必要。

Map 別冊 P.13-C3

▲Lossi plats 11
☎なし
◉10:00〜18:00（10〜4月は〜17:00）
㊡10〜4月の月、祝
㊎€2〜 [Card]M.V. 英
[URL]linnamuuseum.ee

歴史ある城壁で召し上がれ♪

1. レモンアイスとキャラメルソースのパフェ€7 2. 入場料は塔と隣接する博物館の料金込み 3. 隣接する博物館では武器などが展示されている

タリン
プチぼうけん♪
エストニアの首都タリンへGo！

E コフトゥ通り展望台
旧市街がぐるっと見える☆
Kohtuotsa Vaateplats

聖オレフ教会、旧市庁舎、聖ニコラス教会など旧市街を眼下に、遠くに新市街を望む展望台。新旧の景色が一度に楽しめる♪

Map 別冊 P.13-C2

冬の夜もステキ

幻想的に浮かび上がる聖オレフ教会をパシャ！

海が見えるんですよ！

キレイな眺め〜

展望台対決！
どっちの眺めが好み？

F パットクリ展望台
城壁がバッチリ見える
Patkuli Vaateplats

海をバックに、塔の広場の間にそびえる聖オレフ教会の塔が印象的。より中世らしい風景を楽しむならこっち♪

Map 別冊 P.13-C2

夕暮れの美しさに泣けてくる……

ここも必見！忘れずに訪れて

G ふとっちょマルガレータ
旧市街を守る砲台
Paks Margareeta

1529年築の砲台で、昔監獄として使われた太った女性がこの名の由来。現在は海洋博物館になっている。

夏季はテラスカフェがオープン！

Map 別冊 P.13-D1

海洋博物館Meremuuseum
▲Pikk 70 ☎6411408
※2019年8月現在、改装のためクローズ中。2019年11月に再オープン予定

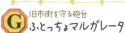

海洋博物館では1920年代に作られた潜伏服を展示

H トームペア城
13世紀に建てられた騎士団の城
Toompea Loss

13世紀前半に建てられ、支配者が変わるたびに改築されてきた城。南側に高さ50.2mの塔「のっぽのヘルマン」がある。

Map 別冊 P.13-C3

▲Lossi plats 1a
☎6316345（ガイドツアー予約）
[URL]www.riigikogu.ee

内部はガイドツアーで見学可。要予約

のっぽのヘルマンPikk Hermannはエストニアの象徴

I アレクサンドル・ネフスキー聖堂
帝政ロシア時代のロシア正教会
Aleksander Nevski katedraal

帝政ロシアによって建てられたロシア正教会。内部は豪華な装飾で、日露戦争で沈没したロシア艦隊のプレートがある。

Map 別冊 P.13-C3

▲Lossi plats 10 ☎6443484
◉8:00〜18:00 ㊡無休 ㊎寄付程度

おなかもお財布も大満足！
タリンで行きたい人気のグルメスポット

ヘルシンキに比べると、リーズナブルな価格で食べられるタリンのレストラン。選ぶ決め手はその特徴にあり。おしゃれ、コスプレ、老舗、チョコレート。あなたの心をわしづかみにする4つのお店はコチラです。

エストニア料理って？
ビールを使った比較的カロリー高めの料理が多く、魚も肉もよく食べられる。主食はライ麦の黒パンで、ポテトやピクルスが付け合わせの定番。

Restaurant レストラン

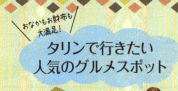

ハチミツとマスタードのドレッシングがかかったサーモンのマリネ€8.70（手前）、ニンジンと生姜のスープ€5.90（奥）、開業当時からの看板メニューのエルク肉の煮込み€19.80（左）

黒パンはうちの祖母のレシピだよ

国産の食材を使ったおしゃれレストラン
ラタスカエヴ・クーステイスト
Rataskaevu 16

シンプルかつ家庭的な料理をモットーに、エストニア産の素材を使ったインターナショナルな料理が楽しめる。ゴルゴンゾーラのチーズケーキ€5.80も人気！

エストニアのクラフトビール 各€6

Map 別冊P.13-C2

- Rataskaevu 16　☎6424025
- 12:00〜22:00LO（金・土〜23:00LO）
- 12/24　€12〜　Card M.V.　要予約
- Wi-Fi　URL rataskaevu16.ee

1. 14世紀に建てられた民家を利用。支店もある　2. 外はカリカリ、中はとろ〜りの食感がたまらないブレッドプディング€4.90

中世の強気な女性に注目!?
コルマス・ドラーコン　3 draakon

中世のコスプレをした女性が切り盛りする。人気は、エルク肉や野菜が入ったスープ。スプーンは出されないので、豪快にガブ飲みして！ピクルスはフリーサービス♪

Map 別冊P.13-C2

- Raekoja plats 1
- 9:00〜24:00　無休
- €3〜　Card M.V.
- URL www.kolmasdraakon.ee

旧市舎舎の中にある

シュナップスと呼ばれる蒸留酒€3.50

エルクのスープ€2.50、パイ€1.50、ソーセージ€3.50など驚愕の安さ

私アレキサンドラ 中世に生まれて今705歳よ

こちらもコスプレレストラン

日本語のメニューもあるよ！

旧市庁舎の裏で中世の格好をした人がいたら、きっとこのレストラン！15世紀の料理を再現したメニューが食べられる。メイン€16.70〜、ビール€6.90〜。

オルデ・ハンザ
Olde Hansa

Map 別冊P.13-D2・3

- Vana turg 1　☎6279020　夏季：10:00〜23:00（土・日〜24:00）、冬季：11:00〜23:00（土・日〜24:00）　無休
- €20〜　Card M.V.　URL www.oldehansa.ee

お客さんに悪態をつくこともある。雰囲気を楽しんで！

50

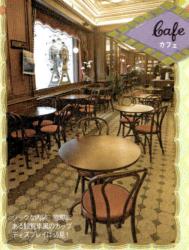

cafe カフェ

タリンの老舗カフェ
マイアスモック
Maiasmokk

1806年創業のタリン最古のカフェで、1864年に現在の地へ。クラシカルな店内は、レトロな雰囲気でうっとり♡ かわいらしいマジパン作りも行っている。

Map 別冊P.13-C2

↑Pikk 16 ☎6464079 ◎8:00～21:00（土・日9:00～）、マジパン博物館 10:00～21:00 ㊡無休 €4～ Card A.M.V.
URL www.kohvikmaiasmokk.ee

1. ブランデーが効いたチョコケーキ€4とエストニアのお酒を使ったバナタリンコーヒー€6
2. ハム&チーズクロワッサン€4はランチにおすすめ

マジパン €6～

マジパンの実演もしています

タリン
プチぼうけん⑨
エストニアの首都タリンへGo！

テラス自慢のチョコレートカフェ
ピエール・ショコラテリエ
Pierre Chocolaterie

職人の中庭と呼ばれる一角にあり、あま～いスイーツやドリンクのほか、自家製チョコレート1粒€1.80～も販売。夜遅くまでオープンの便利なカフェ。

Map 別冊P.13-D2

↑Vene 6 ☎6418061 ◎夏季:8:00～23:00頃、冬季:10:00～22:00頃 ㊡無休 €4～ Card A.M.V.
URL www.pierre.ee

ホットチョコレート€4はこってり濃厚。グラスで提供される

イケ女イケ男が待ってます！

1. 秋は紅葉、冬はクリスマスツリーが飾られるなど四季折々の風景が楽しめる 2. チョコレートケーキのデュッセルドルフ€5やハムとチーズのキッシュ€5がおすすめ

タリンのおすすめホテル

伝統ある建物に入った乙女心くすぐられるホテル
スリー・シスターズ
The Three Sisters Hotel

天皇陛下も宿泊されたことのある、中世の邸宅「三人姉妹」を改装した高級ホテル。充実の朝食やサービスが人気。レストランあり。

スタンダードルームでも十分な広さ

Map 別冊P.13-D1

↑Pikk 71/Tolli 2 ☎6306300 ◎シングル€160(180)～、ダブル€240(220)～ 朝食付き Card A.M.V.
23 WiFi URL www.3s.ee

ピンク色のネオ・クラシックな建物
セント・オラフ
St.Olav

中世からの建物を利用したホテルで、家具はアンティークだが、館内の設備は近代的。サウナ付きのスイートなどもある。

どの客室も清潔感がある

Map 別冊P.13-C2

↑Lai 5 ☎6161180 ◎シングル€80～、ダブル€90～ 朝食付き Card M.V. 118 WiFi
URL www.tallinnhistoricalhotels.com

タリン新市街の New Spot☆

旧市街を一歩出ると石畳の町並みとはうって変わって、倉庫をリノベしたショッピングモールやリニューアルオープンした市場が並ぶ、近代的な新市街が広がる。気になる2大ニュースポットへ行ってみよう！

新鮮な旬の食材がたくさん揃っているよ！

モダンな市場に変身！
Balti Jaama Turg
バルト駅市場

旧市街から徒歩10分ほどの場所にあるバルト駅前の市場。近年改装した2階建ての建物内には、食料品や洋服、テイクアウトフードなどバラエティに富んだ店がいくつも入る。

Map 別冊P.13-C2

🏠Kopli 1 ☎5157211
⏰9:00〜19:00(日〜17:00)
休無休 Card店舗により異なる
URL astri.ee/bjt

おすすめShop 1F 話題沸騰中の黒パン
ムフ・パガリー Muhu Pagarid

エストニア人の主食、ライ麦から作る黒パンの専門店。酸味のある味がクセになる！

☎なし ⏰9:00〜19:00(日〜17:00)
休無休 Card M.V.

黒パン1斤€3.50。ハーフサイズ€1.80もある

毎朝店内で手作りしている。日持ちするのでおみやげにもいい

どんどん試食していってね！

おすすめShop 1F ラトビアフード専門店
ラトゴリ・ゴールド Latgolys Golds

古代ラトビアの伝統的なベーコンやパンなどを販売。試食できるので気軽に声をかけてみよう。

☎27169111 ⏰9:00〜19:00(日〜17:00) 休無休
Card M.V.

古代のラトビアを再現した屋台

おすすめShop 2F お宝の宝庫！
アンティーク Antiik

2階奥のフロアにアンティークショップが集まる。エストニアのほか、北欧のアンティークもある。

旧ソ連時代に生産された木製人形

⏰店舗により異なる ⏰9:00〜19:00(日〜17:00) 休無休 Card店舗により異なる

バルト駅市場から徒歩5分ほどの場所にある

こだわりのショップが大集結
Telliskivi Loomelinnak
テリスキヴィ・クリエイティブシティ

倉庫をリノベーションした商業施設でおしゃれな若者に人気のショッピングスポット。雑貨やファッション、カフェなどの個性的な店が6つの建物に分かれて入っている。

バルトデザインだって負けてないわ！

建物に描かれたおしゃれなアートにも注目！

Map 別冊P.12-A2

☎Telliskivi 60A ☎6560920
⏰11:00〜19:00(土・日〜17:00) 休無休 Card店舗により異なる
URL telliskivi.cc

おすすめShop タリン発のレザーブランド
モココ Mokoko

ファッショナブルかつ実用的なレザーグッズを販売。カラーバリエーションも豊富☆

☎なし ⏰11:00〜19:00(土・日〜17:00) 休無休 Card M.V.
URL mokoko.ee

イニシャルを刻印してくれる（€5）

コードクリップ各€5
2連ブレスレット€15

ショルダーバッグ€150

おすすめShop バルトデザイン雑貨が充実！

バルティ・ディザイニ・ポード Balti Disaini Pood

バルト3国のコスメや食器、洋服、アクセサリーなどを揃える、女性に人気のショップ。

☎6555357 ⏰11:00〜19:00(土・日〜17:00) 休無休 Card M.V.
URL lespetites.ee

オーガニックのフェイシャルクリーム€22

ブレスレット€16

キッチンツール各€24

おすすめShop エストニア名物のコーヒーチェーン
リヴァル・カフェ Reval Café

イチゴタルト€2.60、カプチーノ€2.80

エストニア全土に展開するコーヒーチェーン店。スイーツのほか、食事メニューも充実。

☎6001215 ⏰8:00〜21:00(土・日9:00〜)
休無休 €3〜 Card M.V. Wi-Fi
URL revalcafe.ee

エストニアでとれたての魚などを食べる

入口には野菜や果物が並ぶ屋台が集まる

TURG

これでカンペキ！

のんびり歩こ♪ ヘルシンキの 観光＆おさんぽ案内

澄んだ空気が心地いい、緑あふれるヘルシンキ。
コンパクトな町だけど、意外と見るべきスポットは多いんです！
不思議なカタチの教会やおしゃれなデザインミュージアム、
クリエイターが集まるエリアに世界遺産の島まで、
地元っ子気分でおさんぽしましょ☆

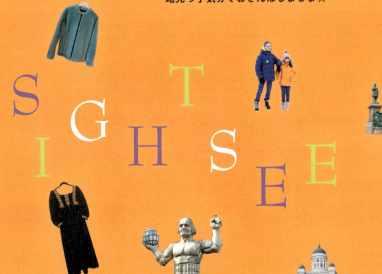

SIGHTSEEING

教会からデザインまで ヘルシンキのテッパン観光

港を見下ろすランドマーク
Tuomiokirkko ヘルシンキ大聖堂

白亜の大聖堂は、ヘルシンキのシンボル的存在。建造は1852年で、当時の人気建築家カール・エンゲルの手によるもの。ちなみに、元老院広場周囲の建物も彼の設計。美しく統一された空間はお見事！

Map 別冊P.11-D1　元老院広場、エスプラナーディ公園周辺

🏠 Unioninkatu 29　☎ (09)2340-6120
🕘 6〜8月:9:00〜24:00、9〜5月:9:00〜18:00　休 無休　料 無料
🚋 トラム2、4、5、7番のSenaatintori下車、徒歩1分
URL www.helsingintuomiokirkko.fi

元老院広場へ下る大階段

ここも注目
下に広がる元老院広場のすがすがしい眺め！

5つのドームを持つ、ルーテル派の総本山

必見！
外観とは裏腹に、内装はかなり質素。これぞギャップ萌え。

ミニヘルシンキ大聖堂？
カール・エンゲルによる1826年築のバンハ教会は、地元の人に「ミニ大聖堂」と呼ばれるほど、外観も祭壇もそっくり！

バンハ教会 Vanha kirkko
Map 別冊P.11-C2　中心街南部

🏠 Lönnrotinkatu 6　☎ (09)2340-6128　🕘 12:00〜15:00（木〜20:00）　休 土・日　料 無料　🚋 トラム1、3、6、6T番のErottaja下車、徒歩3分　URL helsinginseurakunnat.fi

フィンランド最大のロシア正教寺院
Uspenskin katedraali ウスペンスキー寺院

Map 別冊P.11-D2　元老院広場、エスプラナーディ公園周辺

ヘルシンキ大聖堂がルーテル派なら、こちらはロシア正教の総本山。1868年建造の赤れんが造りの建物は、青い空の下でぜひ見てみて。青と赤のコントラストが感動の美しさ！

🏠 Kanavakatu 1　☎ (09)8564-6200　🕘 夏季:9:30〜18:00（土10:00〜15:00、日12:00〜15:00）、冬季:9:30〜16:00（土10:00〜15:00、日12:00〜15:00）　休 月　料 無料　🚋 トラム4、5番のTove Janssonin puisto下車、徒歩1分　URL www.hos.fi

キリストと12使徒が描かれたテンペラ画

必見！
金の祭壇やシャンデリアなどがゴージャス！

こちらも丘の上に位置している

ここも注目
金色のタマネギの上に、正教独特のクロスが。

教会前から大聖堂を見る！

ヘルシンキ大聖堂の階段に座って、人々や町並みを眺めてみました。地元っ子の気分が味わえます！（東京都・ゆい）

スポット

ヘルシンキで必ず訪れたい観光スポットを、4ヵ所ピックアップ！
ラインアップしたのは、美しい教会とデザインの美術館。
どちらもフィンランドならではの見どころです。

フィンランドデザインの殿堂
Designmuseo デザイン博物館

デザインに関して学べる博物館。1階にはフィンランドデザインの名作が一堂に会する常設展がある。見学中、物欲を激しく刺激されること間違いなし。おしゃれなカフェを併設。

Map 別冊P.11-C2 中心街南部

🏠 Korkeavuorenkatu 23　☎(09) 622-0540
🕐 6〜8月：11:00〜18:00、9〜5月：11:00〜18:00（火〜20:00）　🍴9〜5月の月、夏至祭、12/24〜26　€12（毎月最終火曜の17:00〜は無料）（ヘルシンキ・カードで入場可）　🚋トラム10番のJohanneksenkirkko下車、徒歩1分
URL www.designmuseum.fi

必見！
アアルトをはじめとする家具コレクション。陶器にも注目。

ここも注目
カフェのおしゃれっぷりは、ヘルシンキでも指折り！

1. 1階の入口付近。ツートーンの床が美しい　2. カフェでひと息入れよう。デザインショップも併設している　3. 1階の常設展示

アメリカ人デザイナーのスティーブン・ホールが設計を手がけた

必見！
入口側と裏側、まったく形が異なるのがおもしろい。

モダンアートならここへ
Nykytaiteen museo Kiasma
国立現代美術館キアズマ

国内屈指の現代アート美術館。国内外のアーティストの作品を随時入れ替えながら展示。モダンな内装のなか、ゆっくりとアート鑑賞を楽しもう。

Map 別冊P.11-C1 ヘルシンキ中央駅周辺

🏠 Mannerheiminaukio 2　☎0294-500-501　🕐10:00〜20:30（火・土〜18:00、日〜17:00）　🍴月、聖金曜日、イースターマンデー、メーデー、夏至祭、独立記念日、12/23〜25、1/1　€15（第1金曜は無料）（ヘルシンキ・カードで入場可）　🚋ヘルシンキ中央駅から徒歩2分　URL kiasma.fi

ここも注目
美術館の一部にあるカフェ。地元の利用客も多い。

パスタなどがある日替わりランチ€10.90　　ケーキ€6.50は季節ごとに変わる

待ち合わせにぴったり☆
ヘルシンキの銅像ウオッチ

ヘルシンキには、町のイメージから偉人まで銅像がた〜くさん！

イメージ系

町イチバンの働き者

Map 別冊P.11-C1

三人の鍛冶屋像
ストックマン前にある。労働讃美をイメージ。ひとりは彫刻家自身がモデル。

公園の端っこにあります

Map 別冊P.12-B1

バルト海の乙女像
「バルト海の乙女」と呼ばれるヘルシンキを象徴する像。港のすぐそば。

偉人系

建国の父です

Map 別冊P.11-C1

マンネルヘイム元帥像
ロシアからの独立後に起こったフィンランド内戦の司令官。キアズマの前。

ロシア統治時代の英雄さ

アレクサンドル2世像
元老院広場に立つ。元ロシアの皇帝で、農奴解放令などの大改革を行った。

Map 別冊P.12-B1

お菓子の名前にもなってます

ルーネベリの像
フィンランドの国民的詩人。国歌も作詞。エスプラナーディ公園内にある。

Map 別冊P.12-A1

ヘルシンキのテッパン観光スポット

上記ふたつの博物館のショップには、デザイン雑貨がたくさん！必見です。　55

ROCK

もとのデザインはこうだった！
教会の入口そばで見つけた、1930年当時のデザイン画。今とはまったく違う姿をしているのにびっくり！

教会の壁は自然のままの岩を利用している

北欧デザインが生きた岩と木と光の教会を訪ねて

岩をくりぬいた洞窟教会

Temppeliaukion kirkko
テンペリアウキオ教会

Map 別冊P.10-B1 中心街西部

岩をくりぬいて造った教会で、別名「ロックチャーチ」と呼ばれる。1930年に建設が決まったが、第2次世界大戦で頓挫し、1969年に新しいデザインで造られた。世界でも類を見ない、斬新なデザイン。

♠Lutherinkatu 3　☎(09)2340-6320　④4〜10月:10:00〜18:00 (日12:00〜17:00)、5・9月:9:30〜19:00(日12:00〜17:00)、6〜8月:9:30〜20:00 (月〜17:00、日12:00〜18:00)、11〜3月:10:00〜17:00 (日12:00〜) (土・日曜は行事が多く見学できる時間が変更されることもあるので電話にて要確認。☎(09)2340-6320)　⊕無休　圏€3 ヘルシンキ・カードで入場可　❿トラム1、2番のKauppakorkeakoulu下車、徒歩5分
URL www.temppeliaukion kirkko.fi

Designer
ティモ&トゥオモ・スオマライネン兄弟
Timo&Tuomo Suomalainen

兄弟で活躍したデザイナーユニット。1961年に行われた教会のデザインコンペで優勝し、設計を担当した。

円盤のような銅板の屋根は、どこか近未来的

屋根を支える柱の間にはガラスが張られ、光が内部に差し込む

教会内のパイプオルガン。自然の岩だけに音響効果も抜群

外から見ると、とても教会とは思えない

◀OUTSIDE

上にも登れるのよ！

6〜8月の月〜金10:00〜12:00と13:00〜15:00 (土10:00〜12:00)には、ピアノ演奏が行われる

小さな祭壇には、これまた小さな十字架が置かれている

テンペリアウキオ教会は、2階からのほうが全体が見渡せます。写真撮影はそちらがおすすめ。(沖縄県・ゆうこ)

56

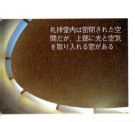

礼拝堂内は密閉された空間だが、上部に光と空気を取り入れる窓がある

Designer
ミッコ・スマネン
Mikko Summonen

礼拝堂を設計したフィンランド人デザイナー。この礼拝堂のデザインにより、シカゴの建築賞を受賞した。

別名「静寂の教会」と呼ばれる

礼拝堂のテーマは、"静寂"で、ミサなどは一切行われない。さっと来て祈りをささげるだけ。内部は撮影禁止。

1. 片隅には岩をイメージしたクッションが。 2. シンプルな祭壇。置かれているのは十字架と聖書のみ。 3. 片隅にさりげなく燭台が置かれている

もみの木でできたぬくもりある礼拝堂

Kampin kappeli カンピ礼拝堂

2012年に世界デザイン首都に選ばれたのをきっかけに建てられた、木の礼拝堂。日本の伝統工芸である曲げわっぱのように、木を曲げ、それを何十にも折り重ねて造っている。

Map 別冊P.11-C1
中心街西部
⌂ Simonkatu 7
☎ (050) 578-1136
🕐 8:00～20:00（土・日10:00～18:00）
🚫 無休 💰 無料 🚋 トラム7、9番のSimonkatu下車、徒歩1分
🌐 www.kampinkappeli.fi

内部の木はセイヨウヤマハンノキが使われている

岩と木と光の教会

WOOD

バスターミナルのカンピ前の広場にたたずむ、妙な建物

◀ OUTSIDE

教会といえば、大きな尖塔を持つ重厚な建物ばかりと思っていませんか？
デザインの国フィンランドでは、だいぶ違います。自然の素材を生かした、ユニークな教会へご案内しましょう。

陽光が降り注ぐ光の教会

Myyrmäen kirkko ミュールマキ教会

空港のあるヴァンター市にある教会。真っ白な内陣は、天井やサイドから太陽が降り注ぐ光の世界。等間隔に並んだ柱やたがい違いのランプなど、フィンランドデザインの粋を感じて。

Map 別冊P.6-B1外
郊外
⌂ Uomatie 1
☎ 050-409-0497
🚆 ヘルシンキ中央駅から近郊列車のPに乗り、ロウヘラ駅Louhela下車、徒歩1分
※2019年8月現在、改修のため閉鎖中

ロウヘラ駅のすぐ横にある

◀ OUTSIDE

1. ランプの高さは細かに計算されている 2. パイプオルガンはアンシンメトリーで、モダンなデザイン 3. 祭壇の横で見つけた木のオブジェ 4. 祭壇の裏にはフィンランドの自然を思わせるファブリックが吊られている

天井と側面に大きな窓がとられており、立体感のある光が館内に入り込む

白樺のなかにひっそり佇む

教会の周囲には、フィンランドらしい白樺の木々が。木の間から建物を覗き込むように撮影するのも◎。

Designer
ユハ・レイヴィスカ
Juha Leiviskä

フィンランド人建築家。光にこだわった建築で知られ、ミュールマキ以外にもいくつかの教会のデザインを担当した。

LIGHT

カンピ礼拝堂では、私語は厳禁。静かに見学すること。

57

観光客の利用もウエルカム！
フィンランド流図書館の楽しみ方

国民の図書館の利用率が高いフィンランド。本を借りるだけでなく、国民が自由に使える設備を整えた所もある。見学するだけでも楽しめる観光名所的図書館へ行ってみよう！

3F 書物が並ぶ3階の図書フロア。本物のブラックオリーブツリーが置かれ、波を打つような天井の曲線が印象的。

日本語の本もあるよ！

2F 勉強や会議、技術的な作業をするための設備が充実。印刷機やパソコン、3Dゲームやキッチンなどが利用できる（一部、国民のみ対象）。

1F 国民だけでなく観光客でも気軽に利用できるよう、観光案内所やカフェが入る。柱がひとつもない美しい建築にも注目！

国際的に活躍するヘルシンキの建築会社ALAが設計。

国民のために建てられた次世代図書館
Oodi Helsingin keskustakirjasto
オーディ ヘルシンキ中央図書館

2018年12月にフィンランドの建国100周年を記念して建てられた。政府から国民へのプレゼントとして造られた図書館は、無料で使える設備の充実度や建築のユニークさが話題となり、新たな観光名所として注目を集めている。

Map 別冊P.11-C1 ヘルシンキ中央駅周辺
📍Töölönlahdenkatu 4
☎(09)3108-5000　⏰8:00〜22:00（土・日10:00〜20:00）
休無休　ヘルシンキ中央駅から徒歩5分　URL www.oodihelsinki.fi

このベストがスタッフの目印よ！

《楽しみ方》1　建物のこだわりに注目！

3階にあるテラス席。目の前の国会議事堂と高さが同じになるよう設計されており、国民と政府が同じ目線であることを表しているんだとか！

その形状からDNA階段と呼ばれている。内側に「このオーディは誰のもの？」という問いに対して国民が回答した言葉が書かれている。

《楽しみ方》2　SNS映えな撮影スポット

3階にはフィンランドの著名人をデザインした7つのアートマットが置かれている。写真はキッズコーナーにあるトーベ・ヤンソンのマット。

3階フロアの両端は斜めになっており、フロア全体が見渡せる造りになっている。特に南側の斜面は自撮りするのに絶好のポイント！

ハイ☆チーズ！

《楽しみ方》3　3Dプリンターを体験！

国民以外でも利用できる3Dプリンターを使ってみよう！事前にウェブサイトから予約が必要。プリンターの利用は無料だが、材料費（1回につき€0.70）がかかる。

①データを準備
3Dデータを用意。データを持っていない場合は、図書館が提供する3Dデータをダウンロードすることもできる。

②ダウンロード
プリンター横にあるパソコンを使いデータを読み込む。パソコンに所要時間とイメージが表示される。

③プリントスタート
色を選んだら、プリンターのスイッチをON！2色使いすることも可能。

④できあがりまで待つ
大きさによって完成までの時間が異なる。写真のクマ（タテ×ヨコ＝35×30mm）は所要12分。

完成！

オーディの2階にはコンセントが自由に使える休憩スペースがあり、スマホの充電ができて便利です。（大阪府・りな）

宮殿並の美しさを誇る
Kansalliskirjasto
フィンランド国立図書館

1840年にカール・エンゲルが設計した、フィンランドで最も歴史ある学術図書館。300万冊もの書籍があり、なかには貴重なコレクションも保存されている。館内は荷物を持ち込めないので、入口のロッカーに預けよう。

Map 別冊 P.11-D1
元老院広場、エスプラナーディ公園周辺

- Unioninkatu 36　☎(02)9412-3196
- 9:00〜18:00（祝前日〜16:00）❌土・日・祝、夏季を除く4日間　Ⓜヘルシンキ大学駅Helsingin yliopistoから徒歩2分、またはトラム2、4、5、7番のSenaatintori下車、徒歩3分
- URL www.kansalliskirjasto.fi

美しさナンバーワン！

見どころは、入口すぐのメインホール

ドームに本棚が収納されているフロア　　ヘルシンキ大聖堂の向かいに位置する

《楽しみ方》
宮殿のような美しい館内
美しい天井画が描かれた内観に圧倒される！ローマ皇帝の浴場からインスパイアされた、古典的な神殿建築様式。

フィンランド流図書館の楽しみ方

美術館みたい！

細部までこだわるデザイン性の高さ
Helsingin yliopiston pääkirjasto
ヘルシンキ大学中央図書館

ヘルシンキ大学の図書館。自然の光をうまく取り入れ、デザイン性に優れた建築で数々の賞を受賞している。重厚なレンガ造りの外観とは裏腹に、館内はモダンなインテリアでまとめられている。

Map 別冊 P.11-C1
ヘルシンキ中央駅周辺

- Fabianinkatu 30　☎(02)9412-3920
- 8:00〜20:00（土・日11:00〜17:00）（夏季は短縮）❌夏季の土、3/3〜4/28と9/15〜12/1以外の日　Ⓜヘルシンキ大学駅Helsingin yliopistoから徒歩1分、またはトラム3、6、6T、9番のKaisaniemenkatu下車、徒歩3分
- URL www.helsinki.fi/kirjasto

開放的でモダンな造りのロビー

《楽しみ方》
テラス席からヘルシンキ大聖堂を望む
テラス席はヘルシンキ大聖堂を一望できる隠れたビュースポット！観光の足休めに立ち寄ってみよう☆

ひと息つけるスペースもある

学習スペースが充実している

ヘルシンキ大学中央図書館は地下鉄Helsingin yliopisto駅と直結している。

24番バスで目指せ！ヘルシンキの公園案内

24番バススケジュールについて
市バス24番は毎日6:00頃～24:00頃の1時間に1～3便程度運行。北のSeurasaariから南のMerikatuまでは所要約30分。

フィンランドの名建築がずらり
Seurasaaren ulkomuseo
セウラサーリ野外博物館

自然の森が茂る島の中に、フィンランドのさまざまな時代の建築物を集めた野外博物館。建物ウオッチ＆散策だけなら無料。

Map 別冊P.6-A2 郊外

⚑ Seurasaari ☎0295-336-912
🕐 5/15～31・9/1～15：9:00～15:00（土・日11:00～17:00）、6～8月11:00～17:00 ❌9/16～5/14（敷地内には入れる）、夏至祭イブ 💰建物内は€10（5/15～31と9/1～15は€7、ヘルシンキ・カードで入場可、敷地内に入るだけなら無料）🚌スウェーデン劇場前などから市バス24番で約20分、終点Seurasaari下車、徒歩5分 URL www.kansallismuseo.fi/fi/seurasaarenulkomuseo/etusivu

1. 1685年に建てられた木造教会を移築したカルーナ教会（No.8）
2. アアルトが「模範的建物」と評した農家（No.7）
3. 島へは長い橋を歩いて渡る

有名作曲家のモニュメントで知られる
Sibeliuksen puisto
シベリウス公園

シベリウスの名を冠した公園。敷地は広くないものの、白樺林や子供向け遊具などがあり、たくさんのファミリーが訪れる。

Map 別冊P.8-A2 中心街北部

⚑ Mechelininkatu 🚌スウェーデン劇場前などから市バス24番で約15分、Rajasaarentie下車、徒歩1分

☕ カフェ・レガッタ →P.90

1. 海沿いの遊歩道は夕日スポットとしても人気
2. パイプオルガンをイメージしたシベリウスのモニュメント
3. 園内にあるシベリウスのマスク

仲間で集まってまったりしてます
姉兄でピクニック☆

外で弾くギターは最高！

キバナフジを見にきました！

多くの地元の人々が公園で、読書や日光浴など自然体でのんびりと過ごしていました。（長崎県・めるちゃん）

夏の休日ともなると、市内の公園はどこも人でいっぱい。
フィンランド人みたいに芝生にゴロンとしてみちゃう?
有名な4つの公園を結ぶ市バス24番を、
パークシャトルと勝手に命名☆

市バスの乗り方 → P.180

町の中心にあるオアシス
Esplanadin puisto
エスプラナーディ公園

東西約500mの公園。敷地内には劇場やカフェ、レストラン、キオスクなどバラエティに富んだ施設が並び、1日中にぎわう。

Map 別冊 P.11-C・D2, P.12-A・B1
元老院広場、エスプラナーディ公園周辺

🚌市バス24番でErottaja下車、徒歩3分、またはトラム1、2、3、4、5、6、6T、10番のYlioppilastalo、またはトラム2番のKauppatori下車、徒歩すぐ

1. 東の端にある野外劇場では、コンサートなどを行っていることも 2. 公園のほぼ中央に立つルーネベリの像 3. 夏の芝生はいつも満員! 4. キオスクもかわいい

カッペリ → P.91

ワタシたちピクニッカーズ

冷たくておいしっ☆
トーベ・ヤンソンの父が娘をモデルに造った像

ヘルシンキの公園案内

Erottaja
スウェーデン劇場
Merikatu

おやつにアイスはいかが?

さわやかな海ビューパーク
Kaivopuisto カイヴォプイスト公園

町の南にある。海に向かって緩やかな斜面になっており、眺めがいい。岩場でくつろいだり、カフェ・ウルスラに行くのがツウ。

Map 別冊 P.7-C3
中心街南部

🚌スウェーデン劇場前などから市バス24番で約10分、Merikatu下車、徒歩1分、またはトラム3番のKaivopuisto下車、徒歩1分

1. フィンランドの独立宣言の記念碑 2. 高台にある岩場は、海を見渡すベストスポット 3. 海沿いの遊歩道をのんびりと歩いてみよう

カフェ・ウルスラ → P.91

海釣りで大物ゲット!

ガールズトーク中♡

最高の日光浴日和ね♪

ドッグショー。みんな真剣よ

深夜の公園は、たまにドラッグをやっているグループも。気をつけて。

Cocktails

夜景編

キラキラ輝く町を眺望
スカイ・ルーム
Sky Room

高層ホテルに併設するヘルシンキで1番高い場所にあるバー。眼下には港や近郊の町エスポーまで見渡せる。人気ドリンクはヘルシンキをイメージしたカクテルで、ノンアルにも変更可。

Map 別冊P.10-A3 中心街南部

🏠Tyynenmerenkatu 2 ☎010-850-3820 ⏰16:00〜翌1:00（金・土15:00〜翌2:00、日18:00〜24:00）無休 €12〜 Card A.D.M.V. 英 Wi-Fi トラム6T、7、9番のHuutokonttori下車、徒歩1分
URL www.nordicchoicehotels.com

太陽の沈まない夏には見られない景色

アルテックなど、北欧らしい家具が使われた店内

夜景が見られる部屋に泊まろう

スカイ・ルームがある高層ホテルは、宿泊しながら眺望が楽しめる！北欧デザインのインテリアに囲まれた客室でゆったりステイを。

クラリオン・ホテル・ヘルシンキ
Clarion Hotel Helsinki

Map 別冊P.10-A3 中心街南部

シングル€140〜、ダブル€160〜（朝食付き）
Card A.D.M.V. 425 Wi-Fi

ドリンク片手に景色を楽しんでくださいね

ヘルシンキの有名スポットをイメージして作られたカクテルなどが楽しめる

き飛ばす
の過ごし方

冬は、どう過ごしたらいいの？
編集部からの提案！
に挑戦してみよう。

冬ならではの過ごし方

グロッギ（ホットワイン）や雑貨などさまざまなものが売られている

ライトアップされ一段とにぎわう夜

12月限定のスペシャルイベント
番外編
クリスマスマーケット
Tuomaan Markkinat

12月に訪れるなら、クリスマスマーケットは絶対行きたいイベント。雑貨や軽食が販売され、ワクワクした高揚感と熱気がムンムン♪

Map 別冊P.12-B1 元老院広場、エスプラナーディ公園周辺

🏠Senaatintori ☎050-339-7761 ⏰12/6〜22 11:00〜20:00（土・日10:00〜）(19) 無料 URL tuomaanmarkkinat.fi

ジンジャーブレッドもあるよ！

Tervetuloa!
冬のマメ知識

寒さに立ち向かえ！
半袖普通ですから！

歩幅は狭く！
路面は滑りやすいのでペンギン歩きで
一見雪でも、下の地面が凍ってるってことはよくある。かかとではなく足の真下に体重をかけながら、小股で歩こう。

温度調整しやすい服装を
ときにマイナス20度になることもあるが、室内は暖房が入っていてとても暖かい。脱ぎ着しやすい服装で行くのがおすすめ。

盛り上がる女子会もお外で

ちょっとでも日に当たりたい……
暗い冬が続く分、少しでも晴れたら外に出るのがフィンランド人。天候により冬でもテラス席がオープンする。

白夜の夏は太陽がなかなか沈まないので、夜景を見ながらのおしゃべりは冬だけの楽しみ方なのだ。

心地よい海風を感じながら
港周辺のシンボル巡り☆

船が行き交う港周辺にはにぎやかなマーケット広場や大聖堂など必訪スポットがいっぱい。
隠れた雑貨ショップにも立ち寄りながら、歩いてみましょう。

港周辺おさんぽ
TOTAL 約5.5時間
TIME TABLE

- 13:30 マーケット広場＆オールド・マーケットホール
  ↓ 徒歩8分
- 14:30 ウスペンスキー寺院
  ↓ 徒歩5分
- 14:55 ヨハン＆ニュストレム
  ↓ 徒歩10分
- 15:45 ヘルシンキ大聖堂
  ↓ 徒歩2分
- 16:20 ヘルシンキ市立博物館
  ↓ 徒歩1分
- 17:20 メイドバイ・ヘルシンキ
  ↓ 徒歩1分
- 17:45 ブリュッゲリ・ヘルシンキ

1 マーケット広場＆オールド・マーケットホール 13:30
いつも人でワイワイ☆
Kauppatori & Vanha Kauppahalli
DATA→P.36,38

おさんぽ前のランチは屋外のマーケット広場か屋内のホールで。軽食や新鮮なフルーツ、加工品、スムージーなどさまざまなメニューがあるので気分に合わせて選んでみて。

1. マーケット広場ではその場で食べられる新鮮な野菜やフルーツを販売　2. オールド・マーケットホール内にはデリもある

2 ウスペンスキー寺院 14:30
広場から見える立派な教会
Uspenskin katedraali
DATA→P.54

入口からヘルシンキ大聖堂も望めます

1868年に建てられた北欧最大級のロシア正教会は、青空に映える赤れんが造りが特徴的。小高い岩の上に位置し、中にはきらびやかなテンペラ画がある。

寺院のそばに……
2014年、トーベ・ヤンソンの生誕100周年を記念してカタヤノッカ公園の名前がトーベ・ヤンソン公園に変更された。

トーベ・ヤンソン公園
Tove Janssonin puisto
Map 別冊P.11-D2

🚋トラム4、5番のTove Janssonin puisto下車、徒歩すぐ

3 ヨハン＆ニュストレム 14:55
シックなムードに包まれてひと休み
Johan & Nyström

約4種類の豆をご用意しています！

港沿いにあるレンガ造りのカフェ。店内はおしゃれなソファや照明が飾られ、落ち着いた雰囲気が漂う。スイーツやサンドイッチのほか、朝食メニューもある。

シナモンロール€4、ヨーグルト＆グラノーラ€4.50、コーヒー€4.50～

ソファ席が多くリラックスできる雰囲気

Map 別冊P.11-D1
📍Kanavaranta 7C-D
☎040-562-5775
🕐夏季:7:30～20:00(土8:00～、日9:00～19:00) 冬季:8:00～19:00(日～18:00)
休12/24・25、1/1　€3～
Card A.M.V.　英　Wi-Fi　🚋トラム4、5番のTove Janssonin puisto下車、徒歩5分
URL johanochnystrom.fi

4 ヘルシンキ大聖堂 15:45
ヘルシンキのランドマーク
Tuomiokirkko
DATA→P.54

真っ白な大聖堂！まぶしぃ～

ヘルシンキのランドマークにふさわしい、堂々とした白亜の大聖堂。1852年に完成したが、設計者カール・エンゲルの死後、中央ドームの周りに小さなドームが加えられた。

夏季限定！
歩くインフォメーション
5月下旬～8月下旬の間、緑色のベストを着たヘルシンキ・ヘルパーズと呼ばれる巡回スタッフが中心部に出現。観光に関する質問に応じてくれるので、見かけたら声をかけてみて。通年オープンの観光案内所はヘルシンキ駅内。

観光案内所
Map 別冊P.11-C1

☎(09)3101-3300
🕐6/3～9/15:9:00～19:00(土・日10:00～17:00)、9/16～6/2:9:00～18:00 (土・日10:00～17:00)
休無休　📍ヘルシンキ中央駅内
URL www.myhelsinki.fi
www.myhelsinki.fi/ja(日本語)

なんでも答えます☆

 「メイドバイ・ヘルシンキ」には、かわいいアイテムがいっぱいでした！(愛知県・りえこ)

1950年代のフラットの展示も

5 ヘルシンキの歴史を展示 16:20
ヘルシンキ市立博物館
Helsingin Kaupunginmuseo

ヘルシンキの歴史が学べる常設展や企画展のほか、最新のバーチャル技術を駆使した展示「タイムマシーン」など見どころ満載！無料の休憩スペースやショップもある。

Map 別冊P.11-D1

▲Aleksanterinkatu 16　☎(09)3103-6630
⏰9:00～19:00(土・日11:00～17:00)　㊡聖金曜日、イースター、メーデー、夏至祭、独立記念日、12/23～26　￥無料　🚋トラム2、4、5、7番のSenaatintori下車、徒歩2分　🌐www.helsinginkaupunginmuseo.fi

港周辺

1757年に建てられた建物を利用している

6 フィンランド生まれのおしゃれアイテム 17:20
メイドバイ・ヘルシンキ
MadeBy Helsinki

10人ほどのデザイナーにより運営されている雑貨ショップ。フィンランドで生まれたセンスのいいハンドメイド製品やオリジナルのアクセサリーを販売している。

Map 別冊P.12-B1

▲Katariinankatu 4　☎045-319-6171　⏰10:00～18:00(土～17:00、日11:00～16:00)　㊡無休　Card M.V.　🚋トラム2、4、5、7番のSenaatintori下車、徒歩2分　🌐madeby.fi/info/madebyhelsinki

モダンなヒンメリ各€15.50

1. 動物のリフレクター€17.50(上)、€16.50(下)　2. レトロな木材のコースター各€5.50

イケメンと飲みましょう！

7 自家製ビールでカンパイ☆ 17:45
ブリュッゲリ・ヘルシンキ
Bryggeri Helsinki

おさんぽの最後は、クラフトビールとモダンなスカンジナビア料理が楽しめるブリュワリーで。すっきりとした味わいで飲みやすいビールはピルスナー300mℓ€5.90～。

1. ブリュッゲリバーガー€19.50。フライドポテト付き
2. レストランは地下にある
3. ビールが買えるショップもある

Map 別冊P.12-B1

▲Sofiankatu 2　☎010-235-2500　⏰11:00～24:00(土12:00～、日13:00～21:00)　㊡8月以外の日　￥€6～　Card A.D.M.V.　英　WiFi　🚋トラム2番のKauppatori下車、徒歩2分　🌐bryggeri.fi

新たな展望スポット！

スカイウィール・ヘルシンキ
Skywheel Helsinki

Map 別冊P.11-D2

カタヤノッカ地区にある観覧車。エアコン付きの室内からヘルシンキ大聖堂やウスペンスキー寺院が望め、眺望がいい。事前予約でシャンパン付きのVIPサービスが付けられるスペシャルなサウナ(→P.41)に入れる。1回の入場で3～4周する。所要10～15分。

▲Katajanokanlaituri 2　☎040-480-4604　夏季:10:00～20:00頃、冬季:11:00～17:00頃　事前要確認　￥€13(ヘルシンキカードで€10に割引)　🚋トラム4、5番のTove Janssonin puisto下車、徒歩3分　🌐www.skywheel.fi

「ブリュッゲリ・ヘルシンキ」は1階はバーになっており、気軽に利用できる。

建築美にうっとり♥
ヘルシンキ中央駅周辺で
レトロ&モダン建築ウオッチ

アールヌーヴォーからモダニズム、近代建築まで、中央駅周辺には、この100年で流行した建築物がずらりと並び、まるで建築の博物館☆ 2017年に再オープンしたラシパラツィも忘れずにチェックして!

ヘルシンキ中央駅周辺おさんぽ
TOTAL 約6.5時間

TIME TABLE
- 12:30 ヘルシンキ中央駅
  ↓ 徒歩1分
- 12:45 国立劇場
  ↓ 徒歩3分
- 13:00 アテネウム美術館
  ↓ 徒歩7分
- 14:00 アモス・レックス
  ↓ 徒歩2分
- 15:00 国立現代美術館キアズマ
  ↓ 徒歩5分
- 16:00 ヘルシンキ・ミュージックセンター
  ↓ 徒歩6分
- 16:50 国立博物館
  ↓ 徒歩3分
- 17:30 フィンランディアホール
  ↓ 徒歩10分
- 18:00 ラヴィントラ・ラシパラツィ

開放感のある天井

1 ヘルシンキの玄関口 12:30
ヘルシンキ中央駅
Helsingin rautatieasema

ナショナル・ロマンティシズムと呼ばれるスタイルの重厚な建物は、フィンランド人のエリエル・サーリネンよる設計。駅舎は1919年に、時計台は1922年に完成した。

Map 別冊P.11-C1

▲ Kaivokatu 1

2 お城のような重厚な建物
国立劇場 12:45
Suomen Kansallisteatteri

1902年に完成した国立劇場は、オンニ・タルヤネンによって設計されたフィンランドのアールヌーヴォーを象徴する建物のひとつ。現在はフィンランド語のみの演劇を上演。

Map 別冊P.11-C1

▲ Läntinen Teatterikuja 1 ☎010-733-1331
⊗ヘルシンキ中央駅から徒歩1分
URL kansallisteatteri.fi

駅前広場の前に立つ

3 国内最大規模の美術館 13:00
アテネウム美術館
Ateneumin taidemuseo

民族意識高揚運動の最中、カール・テオドール・ホイヤー設計により1887年に造られた美術館。『カレワラ』(→P.68)を題材にしたコレクションは忘れずにチェックして。

絵画のコレクションが充実している

Map 別冊P.11-C1

▲ Kaivokatu 2 ☎0294-500-401 ⏰10:00〜18:00(水・木〜20:00、土・日〜17:00) 休月、聖金曜日、イースターマンデー、メーデー、夏至祭、独立記念日、12/24・25 €17(ヘルシンキ・カードで入場可)
⊗ヘルシンキ中央駅から徒歩2分 URL ateneum.fi

4 独特な建物が話題! 14:00
アモス・レックス
Amos Rex Map 別冊P.11-C1

1936年に建てられた複合施設ラシパラツィに、2018年にオープンした美術館。20世紀前半の実業家アモス・アンダーソン氏のアートコレクションをはじめ、幅広いジャンルの作品を展示。

建物の裏に不思議な物体がある広場。地下が展示室になっている

博物館の入口はこちら

▲ Mannerheimintie 22-24 ☎090-684-4460 ⏰11:00〜18:00(水・木〜20:00、土・日〜17:00) 休火(展示の入れ替えにより閉館の場合あり) €15(ヘルシンキ・カードで入場可) ⊗トラム1、2、4、10番のLasipalatsi下車、徒歩1分 URL amosrex.fi

地図:
国会議事堂 Eduskuntatalo
マンネルヘイム元帥像
Mannerheimintie / Kansallismuseo
Aurorankatu
Arkadiankatu
Pohjoinen Rautatiekatu / Eteläinen Rautatiekatu
Jaakonkatu / Salomonkatu
ヘルシンキ市立美術館
Kamppi / 中央バスターミナル / Simonkatu
Lasipalatsi
歴史を感じるのじゃ!

66　アモス・レックスの裏にできた新しい広場は、ちょっとひと休みするのにちょうどいい場所でした。(神奈川県・北欧ラバー)

Map 別冊P.6-B2

6 ガラス張りの外観が目を引く 16:00
ヘルシンキ・ミュージックセンター
Helsingin Musiikkitalo

「開放性」がテーマの建物は、陽光を全面に取り入れた明るい雰囲気で、2011年にオープン。日本人の音響設計家・豊田泰久氏が大ホールを設計したことでも有名。

1.マンネルヘイミン通りから見たヘルシンキ・ミュージックセンター 2.天井の装飾もアーティスティック

Map 別冊P.10-B・C1

▲Mannerheimintie 13 A ☎020-707-0400 夏季：10:00～19:00（木・金8:00～22:00、土～22:00、日～20:00）、冬季8:00～22:00（土・日10:00～20:00） 聖金曜日、イースター 英語ガイドツアー€10.50（夏季のみ） トラム4、10番のKansallismuseo下車、徒歩3分 URL www.musiikkitalo.fi

8 巨匠アアルトのデザイン 17:30
フィンランディアホール
Finlandiatalo

白亜の外観が印象的なコンサートホール兼会議場は、アルヴァ・アアルトの設計。マンネルヘイミン通りと裏のトーロ湾からの外観のデザインに違いが！（→P.110）

Map 別冊P.8-B3

▲Mannerheimintie 13E ☎(09)40-241 9:00～19:00 土・日 €16（ガイドツアー） トラム4、10番のKansallismuseo下車、徒歩2分 URL www.finlandiatalo.fi

町に溶け込む美しいデザイン

5 モダンな外観が特徴的 15:00
国立現代美術館キアズマ
Nykytaiteen museo Kiasma

アメリカの建築家スティーブン・ホール設計のモダンな外観は、カーブと直線が見事に合わさった空間が特徴的。1998年の開館以来、心引かれる企画展を常時開催している。

入ってすぐのスロープも美しい

DATA→P.55

ヘルシンキ中央駅周辺

7 石造りの尖塔が目印 16:50
国立博物館
Suomen kansallismuseo

多くの人々が訪れる博物館

中央駅を設計したサーリネンを含む3人の共同設計により、1916年に建てられた博物館。エントランスホールにあるガッレン・カッレラ作の『カレワラ』のフレスコ画は必見。

Map 別冊P.8-B3

▲Mannerheimintie 34 ☎(02)-9533-6000 11:00～18:00（水～20:00） 9～4月の月、聖金曜日、イースター、メーデー、6/4、夏至祭イブ、夏至祭、12/24・25、1/1 €12（金曜の16:00～は無料）（ヘルシンキカードで入場可） トラム4、10番のKansallismuseo下車、徒歩2分 URL www.kansallismuseo.fi

1.ビジネスシーンでも多く利用される 2.カリフラワーとカンタレッリのリゾット€27.50。メニューは季節ごとに変わる

9 レトロなフィンランド料理レストラン
ラヴィントラ・ラシパラツィ 18:00
Ravintola Lasipalatsi

ラシパラツィの2階にあるレストラン。伝統的なフィンランド料理や創作西洋料理を提供しており、ワインの種類も豊富。高級感があり、ちょっぴり贅沢したいときにおすすめ。

Map 別冊P.11-C1

▲Mannerheimintie 22-24 ☎020-742-4290 7/1～8/11:18:00～22:00、8/12～6/30:11:00～24:00（日～23:00、土14:00～23:00） 日、7/1～8/11の土 ランチ€15～、ディナー€30～ Card A.D.M.V. トラム1、2、4、10番のLasipalatsi下車、徒歩1分 URL www.ravintolalasipalatsi.fi

ヘルシンキ中央駅に立つ銅像は、フィンランド鉄道の広告に出演したり、パロディにされたりと、愛されまくり！

ギリシア神話のフィンランド版？！
『カレワラ』をちょこっとStudy☆

フィンランドの民族叙事詩『カレワラ』。難しそうだけど、少し知っておくだけで町歩きはもっと楽しい！ 暮らしのあちこちに潜む、カレワラをお勉強。

わしの華麗な活躍を見よ！

僕イルマリネン鍛冶屋だよ！

女大好き、レンミンカイネン

Kalevala

Q1 そもそも、カレワラって何？

医師エリアス・リョンロートによって編纂された叙事詩のこと。元ネタとなったのはフィンランドの各地に伝わる古い伝説や歌で、リョンロートは各地方を回りながら神話や詩歌、民話を収集し、それらに独自の解釈やストーリーを加え、50章にもおよぶ壮大な物語としたのです。

Q2 いつ頃できたものなの？

1833年に最初の『原カレワラ』が、その後1849年に『新カレワラ』が出版されました。当時、フィンランドはロシアの支配を受けていた頃で、自分たちのアイデンティティを失っていました。しかしカレワラの出版により自国のすばらしさに気がつき、後の独立運動へとつながっていったのです。

Q3 主人公は誰ですか？

長く白い髭をもつ老人・ワイナミョイネンが主人公。生まれたときからすでに老人で、知恵があり魔法をよく使います。神ではなく、あくまでも超人的な力を持った人間です。そのほか、イケメンで武術と魔法の達人でもある、レンミンカイネンと凄腕の鍛冶屋イルマリネンを加えた3人がおもな登場人物です。

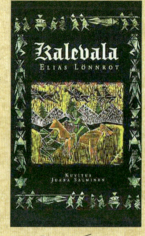

日本語訳はコレ！
『フィンランド叙事詩カレワラ』上・下巻 エリアス・リョンロート編纂／小泉 保 訳 岩波文庫

Q4 カレワラを題材とした芸術作品は？

最も有名なものは、画家ガッレン・カッレラが描いた『カレワラ』の名場面をテーマにした絵画です。油彩や版画、フレスコ、本の挿絵などさまざまな形で今も残っています。また、フィンランドの誇る作曲家・シベリウスは『ワイナミョイネンの歌』や『レンミンカイネン組曲』など登場人物の名を冠した楽曲を作っています。

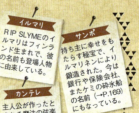

国立博物館（→P.67）の天井にあるカレワラをモチーフとしたフレスコ画

Q5 今のフィンランドとカレワラのつながりを教えて！

現代とのつながりが最もよくわかるのが、名前です。イルマリ（男性）やアイノ（女性）は登場人物の名前を由来としており、今でも一般的な名前です。さらに、サンポやポホヨラなどは会社名としても使われています。また、2月28日はフィンランド文化の日で、別名「カレワラの日」と呼ばれています。

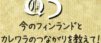

カレワラの日
毎年2月28日。公共施設では国旗が掲揚される。ちなみに祝日ではない。

イルマリ
RIP SLYMEのイルマリはフィンランド生まれで、彼の名前も登場人物に由来している。

サンポ
持ち主に幸せをもたらす秘宝で、イルマリネンにより鍛造された。今は銀行や保険会社、またケミの砕氷船の名前（→P.169）にもなっている。

ポホヨラ
サーメ人の住む地で、現在のラップランド。こちらも会社名となっている。

カンテレ
主人公が作ったとされる魔法の弦楽器で、今もカレリア地方に残る。

フリーマーケットで、アラビア製作のカレワラのイヤープレートを購入。絵画とは違うかわいい絵柄にひとめ惚れでした。（埼玉県・ヨーコ）

カレワラのあらすじ

ワイナミョイネンを主人公に進む物語は、いわば冒険活劇！世界に幸せをもたらす秘宝サンポを巡り、北の大地ポホヨラの魔女と戦い、世界を平和にする。ざっくりそんなお話。
おもしろいのが、壮大なラブストーリーでもあるところ。女性に振られ、傷心旅行に出かけるワイナミョイネン、浮気の果てに体をバラバラにされるレンミンカイネン、ワイナミョイネンと女性を争うイルマリネン。怒濤のストーリーをダイジェストで紹介！

第1章 天地創造とワイナミョイネンの誕生
大気の乙女が、海で処女懐胎する。身ごもったまま700年（！）も波間を漂う乙女のひざの上に、小鳥が卵を産むが、すぐにひざから落ちれて割れてしまう。ところが、割れた殻から大地と空が誕生し、白身は月に、黄身は太陽となり、世界が形成される。そして9年後、乙女はワイナミョイネンを産み落とす。乙女の腹に700年以上いたワイナミョイネンは、生まれたときから老人だった。

第2〜6章 アイノへの求愛
カレワラという地の賢者として尊敬されていたワイナミョイネンのもとに、ひとりの青年が訪れ決闘を仕掛ける。あっけなく敗れた青年は自分の妹（アイノ）を嫁として差し出すことに。アイノは「老人なんて絶対イヤ！」と言い湖に身を投げる。落ち込んだワイナミョイネンは北の地（ポホヨラ）へ旅立つ。

第7〜10章 サンポの誕生
ポホヨラにたどり着いたワイナミョイネンは、宿敵となる魔女のロウヒと出会う。ロウヒの娘にひとめ惚れした彼は、結婚と引き換えに秘宝サンポを作ると約束しカレワラへ帰る。ワイナミョイネンは鍛冶屋のイルマリネンをだまし、魔法でポホヨラへ送る。そしてイルマリネンによりサンポが完成した。

第11〜15章 レンミンカイネンの蘇生
女たらしのレンミンカイネンは女性を誘拐し結婚するが、すぐに捨ててポホヨラの女性に口説く。怒ったポホヨラの男に毒殺され、八つ裂きにされてしまうが、その後、母により蘇生する。

第16〜25章 ワイナミョイネンとイルマリネンの争い
ワイナミョイネンは約束どおり娘と結婚しようとポホヨラを訪れようとするが、すでに彼女はイルマリネンと恋仲に！ふたりはポホヨラまで競争し娘を奪い合う。先に到着したのはワイナミョイネンだが振られ、彼女はイルマリネンと結婚する。

第26〜30章 レンミンカイネンの逃亡
イルマリネンとポホヨラの婚礼の宴に、レンミンカイネンが乱入。ロウヒとの戦いの末レンミンカイネンは逃亡。近くにある島で女性に囲まれながらウハウハの逃亡生活を続ける。

第31〜36章 ウンタモとカレルヴォ兄弟
いがみ合うウンタモとカレルヴォの兄弟のサイドストーリー。とばっちりのようにイルマリネンの妻が殺されてしまう。

第37〜43章 サンポの奪還
一向に女性にもてないワイナミョイネンと、妻を亡くしたイルマリネンは、サンポのおかげでいい生活をするポホヨラに嫉妬し、サンポの奪還を思いつく。途中、ロウヒへの復讐に燃えるレンミンカイネンを仲間にし、ポホヨラ侵攻。軍勢をカンテレの音色で眠らせた隙にサンポを持ち出す。

第44〜49章 サンポ戦争
サンポを奪われたロウヒは軍勢を仕向けるが、魔法により撃退される。最後は自身が猛禽類に姿を変え襲いかかるが、たたき落とされてしまう。しかしそのとき、サンポも海に落ちバラバラになってしまった。その後もロウヒは疫病を送ったり、太陽と月を隠すなど嫌がらせを続けるが、そのつど退けられる。

第50章 フィナーレ
カレワラの王を指名した後、ワイナミョイネンは海のかなたへと旅立つ。民のため、新しいサンポを作るために。

『ワイナミョイネンとアイノ』　アイノ　ワイナミョイネン
第2〜6章、アイノへの求愛のシーン。ワイナミョイネンは魚になったアイノを探し、釣ることに成功するが結局逃げられてしまう。

レンミンカイネン　ウンタモ　カレルヴォ
『兄弟殺し』
第31〜36章、ウンタモとカレルヴォ兄弟。ふとしたことからいがみ合うようになり、やがて殺し合う運命のふたり。

レンミンカイネンの母
『レンミンカイネンの母』
第11〜15章、レンミンカイネンの再生。バラバラになり川に沈められた息子の破片を、川底をさらって拾い集め、蘇生させた。

ロウヒ　ワイナミョイネン
『サンポの奪還』
第37〜49章、サンポ戦争。猛禽類に姿を変えたロウヒが船を襲うシーン。最後は船の櫂でたたきつけられ、海中へと落とされる。

クレルヴォ
『クレルヴォの呪い』
第31〜36章、ウンタモとカレルヴォ兄弟。宿敵ウンタモに復讐しようと誓う、カレルヴォの息子・クレルヴォ。ワイナミョイネンはこのことを聞き、子供の育て方について話した。

絵画作品はここで！

カレワラ作品を常設！
アテネウム美術館
Ateneumin taidemuseo

常設展会場に、ガッレン・カッレラの作品を数点展示・収蔵。特に『ワイナミョイネンとアイノ』は必見。

DATA→P.66

常設展があるのは美術館の1階

画家の名を冠した美術館
ガッレン・カッレラ美術館
Gallen-Kallelan Museo

絵画のほか画材兼道具なども展示。建物は自宅兼アトリエとして実際に使用していた。

Map 別冊 P.6-A1外　郊外

🏠 Gallen-Kallelan tie 27　☎ 010-406-8840
🕐 5/15〜8/31：11:00〜18:00、9/1〜5/14：11:00〜16:00（日〜17:00）
🚫 9/1〜5/14の月、夏至祭イブ、12/24、25
（展示の入れ替えにより閉館の場合あり）
💰 €9　🚋 トラム4番のLaajalahden aukio下車、徒歩30分
URL www.gallen-kallela.fi

アテネウム美術館では偶数週の土・日に無料の英語ガイドツアーを行っている。

リベラルな空気が漂う
今注目の カッリオ地区 を探検♪

かつては労働者階級の人々が生活していたカッリオ地区。
現在は移り住んだ若手アーティストによるリアルカルチャーの発信地として
注目されるように！ 地元っ子に交じって遊んじゃおう。

TOTAL 約4時間

カッリオ地区
おさんぽ
TIME TABLE

- 11:00 エコロ
  ↓ 徒歩15分
- 12:00 ファファズ・カッリオ
  ↓ 徒歩12分
- 13:00 アンサ・セカンド・ハンド
  ↓ 徒歩2分
- 13:45 クマ公園
  ↓ 徒歩5分
- 14:00 フードゥ
  ↓ 徒歩1分
- 14:30 グッド・ライフ・コーヒー

1 オーガニックショップ 11:00
エコロ Ekolo

ボディケアやコスメ、食品、ライフスタイルグッズにいたるまで幅広いジャンルのオーガニック商品を揃えている。ほとんどがフィンランド産かつ小規模なブランド中心。オーガニックコーヒーのテイクアウト€1.50～もある。

Map 別冊P.9-D2

🏠 Toinen linja 5　📞050-345-8779
🕙 10:00～19:00(土～17:00)　休 日
Card M.V.　🚋トラム3、6、6T、7、9番のKallion virastotalo下車、徒歩1分
URL www.ekolo.fi

1. 国産のビーガン石鹸€8.90　2. 国産の植物性オイルをベースにしたハンドソープ€12.90　3. ローチョコレートのミント味とシーソルト味各€5.90　4. ビーガンのアイスクリーム€3.90　5. 合成材料やプラスチック不使用のエコなスポンジ各€9.90

ストリートフードは手軽さがいいのだ！

2 イスラエル料理を手軽に 12:00
ファファズ・カッリオ Fafa's Kallio

ボリュームたっぷりだよ！

1日1000食以上売れるという手作りのファラフェル（ひよこ豆で作るコロッケのようなもの）が食べられる。ファラフェル5個€4.90やピタパンなど、パッと注文できてサッと食べられる手軽さが評判。

Map 別冊P.7-C2

🏠 Vilhonvuorenkatu 10　🕙 11:00～22:30(土12:00～22:00、日12:00～21:00)
無休　Card A.M.V.　🚇 ソルナイネン駅Sörnäinenから徒歩3分　URL fafas.fi

1. 明るい雰囲気の店内は活気がある　2. 人気のファラフェル入りピタパン€8.90はオーガニックジュース€2.70～やスイートポテト€4.90と一緒に

かわいいお店を巡ろう

Kallion virastotalo ①
ハカニエミ・マーケットホール
DATA→P.39
Ⓜ Hakaniemi

70　カッリオ地区は小さなカフェやビンテージショップが点在。散策するだけでも十分楽しめます。(岐阜県・ちえり)

Map 別冊P.7-C2

4 クマ公園 13:45
Karhupuisto

カッリオピープルの憩いの場

その名のとおり、クマのオブジェが目印の公園。園内のベンチでくつろぐ人に交じって、のんびりしてみよう。

Map 別冊P.9-D2

♠ Viides linja ⓣトラム3、6、6T、7、9番のKarhupuisto下車、徒歩すぐ

ショッピング中のひと休みに寄っていって！

3 13:00
アンサ・セカンド・ハンド Ansa Second Hand

乙女ちっくなビンテージが推し☆

気軽に入ってね！

オーナーのリンダさんが選び抜いたものや、お客さんが持ち寄った国内外のビンテージを販売。1920〜80年代のメルヘンチックなレディスものが中心で、クラシックなイヤリングなどもチェックしたい。

カッリオ地区

Map 別冊P.9-D2

♠ Agricolankatu 5 ☎050-599-7283
⏰12:00〜18:00（土〜16:00）休日・祝
Card M.V. ⓣトラム3、6、6T、7、9番のKarhupuisto下車、徒歩3分

1. レトロなピアス€15〜は種類豊富！
2. パラグアイのレザーハンドバッグ€26
3. 50年代のフランスのワンピース€70

5 14:00
フードゥ Hood

個性的な小物が見つかる！

ユニークなアイテムが自慢なの☆

スカーフをリメイクしたバンダナや電子配線をピアスにしたり、廃棄された材料をおしゃれなファッションアイテムにリサイクルしたオリジナルグッズを販売。セカンドハンドの洋服も揃う。

Map 別冊P.9-C2

♠ Kolmas linja 12 ☎なし ⏰12:00〜18:00(日によって異なる)休日月、祝不定休 Card M.V. ⓣトラム3、6、6T、7、9番のKallion virastotalo下車、徒歩2分

1. 電子配線がカラフルなブレスレット€16に変身！
2. クリスマスツリーの電飾がピアスに！€16 3. スプーンをリメイクしたビンテージ風ピアス€32 4. バンダナ€79。色や柄の種類が豊富

アーティストが住むエリアだよ

6 14:30
グッド・ライフ・コーヒー Good Life Coffee

こだわりのおいしいコーヒーを

おいしいコーヒーが飲めると評判のカフェ。純粋にテイストを味わってほしいと語るオーナーのラウリさん。オープン当時はメニューにコーヒーしか置かなかったほどのこだわりよう。コーヒー€3〜。

Map 別冊P.9-C2

♠ Kolmas linja 17 ⏰8:00〜18:00（土9:00〜16:00）休日・祝、夏至祭、12/24〜26 Card M.V. ⓣトラム3、6、6T、7、9番のKallion virastotalo下車、徒歩3分 URL goodlifecoffee.fi

1. コーヒー€3、クッキー€2.80 2. オリジナルのアイテムを販売

ヘルシンキいちのコーヒーをぜひ

ショップは午後からオープンするところが多いので、カフェでまったりしてから回るのがおすすめ。

71

海に浮かぶ世界遺産の島
スオメンリンナ島で歴史ウオーク

独立前から、幾たびの戦争の舞台となったスオメンリンナで
フィンランドの歴史を感じてみましょう。おしゃれなカフェや
ローカルアーティストのショップにも立ち寄って。

スオメンリンナおさんぽ TIME TABLE TOTAL 約5.5時間

- 10:00 スオメンリンナ教会
  ↓ 徒歩5分
- 10:30 スオメンリンナ博物館
  ↓ 徒歩2分
- 11:00 エーレンスヴァールド博物館
  ↓ 徒歩5分
- 11:30 カフェ・パイパー
  ↓ 徒歩15分
- 12:30 島南部の展望スポット〜キングス・ゲート・キーまでぶらぶら
  ↓ 徒歩20分
- 12:50 潜水艦ヴェシッコ号
  ↓ 徒歩5分
- 13:15 ビー・34
  ↓ 徒歩10分
- 14:30 ヴィアポリン・デリ&カフェ

1 島唯一の教会　10:00
スオメンリンナ教会
Suomenlinnan kirkko

要塞の建設とともに造られた教会。支配した国が変わるたびにカトリック、ロシア正教と改宗&改装され、フィンランド独立後に福音ルーテル派の教会となった。

周りの鎖と柱は昔の砲台をリメイク！

Map 本誌P.72

- Suomenlinna C 43　☎(09)2340-6126
- 6〜8月：10:00〜16:00、9〜5月：12:00〜16:00(水11:30〜13:30)　休9〜5月の月・火　無料
- URL www.helsinginseurakunnat.fi

2 島の歴史を映像で学ぶ　10:30
スオメンリンナ博物館
Suomenlinnamuseo

ビジターセンターに併設した博物館で、島の歴史を25分のショートフィルムで学べる。解説には日本語もあるのでわかりやすい。

Map 本誌P.72

- Suomenlinna C 40　☎0295-338-410
- 5〜9月 10:00〜18:00、10〜4月 10:30〜16:30　休無休　€8(ヘルシンキ・カードで入場可)　URL www.suomenlinna.fi

砦の歴史を駆け足で学びましょう

1. 赤れんがの建物　2. 上映は30分ごとに開始　3. 昔の日用品などを展示

スオメンリンナ島の歴史

島に砦が建造されたのは、スウェーデン支配時代の1748年。1808年に勃発したフィンランド戦争でスウェーデンが敗れると、島はロシアにより占領され、その後110年間海軍基地となる。
1917年にフィンランドが独立。翌年、島もフィンランド領となりフィンランド(スオミ)の城(リンナ)ということでスオメンリンナと名づけられた。1973年以降は公園として開放され、市民の憩いの場となっている。1991年に世界遺産に登録された。

地図

- ① スオメンリンナ教会 P.72　Suomenlinnan kirkko
- ② ビジターセンター P.72 (スオメンリンナ博物館)　Suomenlinnamuseo / スオメンリンナおもちゃ博物館　Suomenlinnan lelumuseo
- ③ エーレンスヴァールド博物館 Ehrensvärdmuseo P.73
- ④ カフェパイパー P.73
- ⑤ 潜水艦ヴェシッコ号 P.73 Sukellusvene Vesikko
- ⑥ ビー34 P.73
- ⑦ ヴィアポリン・デリ&カフェ P.73
- ビジターセンター・キー Visitor Center's Quay
- キングス・ゲート・キー King's Gate Quay
- 公共フェリーの発着場所はここ
- マーケット広場へ
- メインポート
- ホステルスオメンリンナ
- ビーチ
- 海と島が一望できる展望スポット。下にはビーチがある

ガイドツアーで島を回る

ビジターセンターでは、スオメンリンナの歴史を学ぶガイドツアーを開催。6〜8月は毎日11:00、13:00、14:30発、9〜5月は土・日曜の13:30発(英語)。所要約1時間。料金は€11(ヘルシンキ・カードで無料)。

英語ツアーもOKって！

島南部にあるフェリー乗り場。壁の向こうにフェリーが停まる

72　砦の城壁は今も残っていて、一部の城壁は内部に入ることもできます。(埼玉県・さくら)

Map 別冊P.7-C3
[URL] www.suomenlinna.fi

スオメンリンナ島への行き方
島へ渡るフェリーは、マーケット広場 **Map** 別冊P.11-D2 から出る。所要約15分。公共のフェリーとJTライン社の2種類があり、公共フェリーはメインポートへ、JTライン社のフェリーはビジターセンター・キーとキングス・ゲート・キーに着く。詳しくは(→P.180)へ。

3 中世セレブの暮らしを垣間見る
エーレンスヴァールド博物館 11:00
Ehrensvärdmuseo

島の初代総督、エーレンスヴァールドの屋敷を利用した博物館。館内に置かれたインテリアから、当時の支配者階級の優雅な暮らしぶりがわかる。

Map 本誌P.72

⌂ Suomenlinna B40 ☎ (09) 684-1850 ⏰ 4月上旬～下旬、9月上旬～下旬：11:00～16:00、5月上旬～末：10:00～16:00、6～8月：10:00～17:00 ⏰ 9月下旬～4月上旬、4月下旬～5月上旬 ￥ €5(ヘルシンキ・カードで入場可)
[URL] www.suomenlinnatours.com/portfolio/ehrensvard-museo

石造りの堅牢な建物

名物モニュメント！

4 絶景のテラスでランチ
カフェ・パイパー 11:30
Café Piper

いらっしゃ〜い

1928年にオープンした、スオメンリンナ島の名物カフェ。サンドイッチやスープなどの軽食とスイーツがメイン。テラス席は、海が一望できる特等席。

Map 本誌P.72

☎ (09) 668-447 ⏰ 5・9月：10:30～16:30、6～8月：10:00～19:00 ⏰ 10～4月 **Card** A.D.M.V. Wi-Fi

スオメンリンナ島

1. 席は空いていたらすぐにキープ☆ 2. 日替わりスープは€9。こちらはサーモンスープ、ストロベリーケーキ€5

5 潜水艦のミュージアム
潜水艦ヴェシッコ号 12:50
Sukellusvene Vesikko

第2次世界大戦時に活躍した潜水艦を利用した博物館。内部ではフィンランドの国防の歴史を展示している。狭い艦内には当時20人の乗組員が暮らしていたという。

Map 本誌P.72

☎ 0299-530-261 ⏰ 5/7～9/30：11:00～18:00 ⏰ 10/1～5/6 ￥ €7(ヘルシンキ・カードで入場可)

潜水艦は全長40m

6 島のアーティストの雑貨を販売
ビー・34 13:15
B 34

スオメンリンナ島は、アーティストビレッジとしても有名。作家たちは島でオリジナリティあふれるアイテムを作っている。とっておきのアイテムを購入しよう！

Map 本誌P.72

☎ 050-408-2902 ⏰ 6～9月：11:00～17:30 ⏰ 10～5月 **Card** A.M.V.

レアな一点物もたくさんあります！

1. 雑貨のほかファッションなども扱う 2. フィンランドの自然や風景をモチーフにしたピアス各€22 3. シンプルな陶器のカップ€32〜 4. ガラスのコップ€24〜

7 ローカル御用達のデリカフェ
ヴィアポリン・デリ&カフェ 14:30
Viaporin Deli & Café

キュートなピンクの外観が目印。サンドイッチやサラダバーなどが人気のデリで、ここでお弁当をゲットしてピクニックするのもおすすめ。カフェとしての利用も◎。

Map 本誌P.72

☎ 020-742-5307 ⏰ 11:00～18:00 ⏰ 無休 **Card** A.D.M.V. Wi-Fi [URL] viaporindeli.fi

1. 島では珍しく缶ビールなどのアルコールも販売
2. アイスクリームのエスプレットがけ€5〜

ゆっくりしてね〜

おもちゃ博物館のムーミンのレアフィギュア
古い人形やトイハウスなどが大集合！展示室の奥のほうに、アンティークショップでもめったに見ないムーミンのフィギュアがある。ムーミンファンなら必見。

スオメンリンナおもちゃ博物館
Suomenlinnan lelumuseo **Map** 本誌P.72

☎ 040-500-6607 ⏰ 1/1～6/23、8/19～10/31：11:00～17:00、6/24～8/18：11:00～18:00、11/30～1/8：11:00～16:00 ⏰ 3/1～5/3と9/30～10/31の月～金、11/1～29、12/23～25、1/9～2/28 ￥ €7(ヘルシンキ・カードで€5に割引) [URL] www.lelumuseo.fi

1. 邸宅のような外観 2. 1940年代製のムーミンフィギュア

© Moomin Characters ™

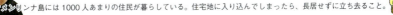

スオメンリンナ島には1000人あまりの住民が暮らしている。住宅地に入り込んでしまったら、長居せずに立ち去ること。

地下鉄開通で注目度アップ☆
エスポーへモダンアートを探しに♪

ヘルシンキの西にある隣町、エスポー。2017年11月に地下鉄が開通しヘルシンキからのアクセスがより便利に！アルヴァ・アアルトゆかりの大学やルート・ブリュックの作品を展示する美術館もあるアートな町なのです。

TOTAL 約4.5時間

エスポーおさんぽ TIME TABLE

- 10:30 アアルト大学
  ↓ 徒歩5分
- 11:30 トゥアス
  ↓ 地下鉄2分
- 12:15 タピオラ駅
  ↓ 徒歩10分
- 12:40 タピオラ教会
  ↓ 徒歩15分
- 13:15 エスポー近代美術館
  ↓ 徒歩1分
- 14:00 ルミエル・ウィージー
  ↓ 徒歩1分
- 14:30 エマ・ショップ

1 アアルトデザインが随所に光る
アアルト大学 10:30
Aalto-yliopisto

アルヴァ・アアルト（→P.44）の名を冠した大学。メインの講堂をはじめ、キャンパス内のほとんどの建築をデザイン。使われている机や椅子などもアアルトデザイン。

さりげなく置かれた椅子もアアルトだ！

1. アアルトが設計したメインの講堂。この角度からの写真を撮影するには裏手に回る　2. メイン講堂の内部は、講堂内の受付で見学したいと申し出て、開いていたら見学できる　3. アアルトが手がけた構内の図書館は、モダンでおしゃれ！　4. メイン講堂のロビー。ユニークな曲線を描いた造り

Map 本誌P.75

🏠Otaniementie 9 ☎(09)47001 ⏰8:00～15:30（夏季は短縮）🚫6/20 💰無料 🚇アアルト大学駅Aalto-yliopistoから徒歩6分 🔗aalto.fi

2 アアルト大学の人気食堂
トゥアス Tuas 11:30

チョコで有名なファッツェル社が経営する食堂。ランチは10:30～14:00、アラカルトは11:00～14:00。日替わりのビュッフェは、肉や魚、サラダなどが揃う。お菓子なども販売している。

Map 本誌P.75

🏠Maarintie 8 ☎050-345-6598 ⏰7:45～15:00(金、5月下旬～7月上旬、8/2～6～14:00) 🚫土、7月上旬～8/1 💰€12～ 💳M.V. 🍴 📶 🚇アアルト大学駅Aalto-yliopistoから徒歩5分 🔗www.fazerfoodco.fi/en/restaurants/Ravintolat-kaupungeittain/espoo/aalto-yliopisto-tuas

1. メニューは日替わり。ウェブサイトでチェックできる　2. ビュッフェ€11.50～。パンとドリンクが付く　3. 混雑時は相席になることもしばしば

3 巨大な女の子がシンボル
タピオラ駅 Tapiola 12:15

地下鉄タピオラ駅のホームに巨大な女の子が立つ。キム・シモンソン氏のアート作品で名前はエスポー近代美術館の略称、EMMA。手には絵の具がべったり！

Map 本誌P.75

🏠02100 Espoo

駅構内に女の子が落書きしたような跡を発見！

巨大な女の子の像がインパクト大！

4 コンクリートがインパクト大
タピオラ教会 Tapiola Church 12:40

神秘的♪

1965年にアアルト大学出身のアールノ・ルースヴォリによって建てられた。無機質な黒い壁と祭壇の後ろに配されたガラス窓から差し込む光とのコントラストが美しい。

Map 本誌P.75

🏠Kirkkopolku 6 ☎(09)8050-4460 ⏰8:00～21:00(夏季の金～日～17:00、冬季の土・日～18:00) 🚫無休 💰無料 🚇タピオラ駅Tapiolaから徒歩10分 🔗www.esboforsamlingar.fi/kyrkor-och-lokaler/hagalunds-kyrka

1. 飾りが一切ないシンプルな内部　2. 祭壇の向かいに光を取り込む大きな窓が配されている　3. 無機質なコンクリートの外観が特徴

トゥアスでランチをしようと思ったら、11時なのにあっという間に学生や教授で席がいっぱいになりました。（愛知県・モモ）

Map 別冊P.2-B3

UFOじゃなくて
コテージだよ！

5 13:15
モダンアートが集結
エスポー近代美術館 Espoo Museum of Modern Art

文化施設WeeGee Exhibition Centreの2階にある。フィンランドを代表する陶板デザイナーのルート・ブリュックと夫のタピオ・ヴィルカラ（→P.103）の作品を常時展示している。ほか、国内外のアーティスト作品の企画展も開催。

Map 本誌P.75

🏠Ahertajantie 5 ☎(09)8163-1818
⏰11:00〜19:00（火・土・日〜17:00、第1金〜21:00）🚫月、独立記念日、12/24・25・31、1/1 💴€12（金曜の17:00以降は無料）（ヘルシンキ・カードで入場可）🚇Mタピオラ駅Tapiolaから徒歩15分 🌐emmamuseum.fi

1. 2階の端にルート・ブリュックとタピオ・ヴィルカラの展示コーナーがある 2.別名EMMAと呼ばれている

モダンアートって
おもしろい……！

6
ニューオープンのミュージアムカフェ
ルミエル・ウィージー 14:00
Lumière WeeGee

WeeGee Exhibition Centreの1階にあるカフェ。おしゃれなインテリアに囲まれて、手作りのパンやケーキが堪能できる。日替わりのランチメニューやアルコールも揃う。

Map 本誌P.75

🏠Ahertajantie 5 ☎050-465-5313 ⏰11:00〜19:00（火・土・日〜17:00、ランチ〜14:00）🚫月、独立記念日、12/24・25・31、1/1 💴€3〜 Card M.V. 英 Wi-Fi 🚇Mタピオラ駅Tapiolaから徒歩15分 🌐www.lumierewg.fi

1. グルテンフリーのマーマレードケーキ€5とコーヒー€2.50
2. 美術館を利用しないでカフェだけの利用もOK 3. メイン、サイド、デザートが付いたランチセット€11

7 14:30
モダンアートをおみやげに☆
エマ・ショップ Emma Shop

美術館で展示されている作品からインスパイアされたオリジナルグッズを販売。アートブックやポストカード、アクセサリーなどを揃えている。

Map 本誌P.75

🏠Ahertajantie 5 ☎(04)3825-4972 ⏰11:00〜19:00（火・土・日〜17:00）🚫月、独立記念日、12/24・25・31、1/1 Card M.V. 🚇Mタピオラ駅Tapiolaから徒歩15分

1. ルート・ブリュックのアートが描かれたノート€12 2.表と裏に異なるルート・ブリュックの作品がプリントされているファイル€6 3.UFOの形に似たコテージのマグカップ€20

オリジナル
グッズを
Getしよう！

アアルト大学のキャンパスはかなり広いのでメインの講堂の受付で地図をもらって回ろう。

あっちにもこっちにも！ 日常に溶け込むグッドデザイン

町なかの何気ない風景にも、フィンランドらしいほっこりデザインがいっぱい隠れています。目にも心にも優しいデザインは、フィンランド人の穏やかな気質を表しているのかもしれません。

丸みを帯びた
シルエットにキュン♡

1. 自転車スタンド。あえて車をかたどっているところにグッとくる 2. スーパーマーケットに貼られたステッカー 3. ショップのウインドウも美しい。こちらはビサッリ（→P.121） 4. 地下鉄の優先席マーク 5. バス停の表示もわかりやすい。黄色は市バス、青色は長距離バス 6. ホーローポットなどで有名なアンティ・ヌルメスニエミがデザインした地下鉄 7. オレンジ色のポップな車体 8. 工事中の注意書きもキュート♡ 9. フリーダ・マリーナ（→P.118）のディスプレイ。洋服とカフェが融合したマークがいい 10. 番地が取っ手に！

動物に気をつけてね

サーモンだけじゃありません

海と大地の恵みたっぷり！とっておきのヘルシンキグルメ

フィンランドでは、伝統料理も最旬の料理にも
素材の味が生きています。
おしゃれなカフェがたくさんあるのも
こだわり女子にはうれしいところ♡

GOURMET

肉はベリー、魚はディルがパートナー♪
フィンランドの伝統料理

ベリーソースやハーブのディルと一緒に食べるフィンランド料理。日本人にはなじみの薄いこの組み合わせ、一体どんな味？そんな不安を期待に変える猛烈プッシュメニューはコチラ！

ベリーソース

A 定番を召し上がれ
ミートボール
Lihapullat
素朴な味わいのミートボールは、家庭料理の代表。クリーミーソースとジャガイモと一緒に食べるのが主流。€20.90

ミートボール
しっかりとした食感。グルテンフリーで◎

ベリーソース
肉料理はなぜかベリーソースをかけて食べる。甘酸っぱいソース×お肉は意外にも好相性！

マッシュポテト
付け合わせの定番。店により味が微妙に異なる

マッシュポテト

ベリーソース

ピクルス
フィンランドで人気の、ビタミンたっぷりのビーツ

レストランで使えるフィンランド語

メニューをいただけますか？
Saanko ruokalistan?
サーンコ ルオカリスタン？

何がおすすめですか？
Mitä suosittelette?
ミタ スオシッテレッテ？

〜が食べたいです
Haluaisin 〜．
ハルアイシン〜

B おなかにたまります！
ロールキャベツ
Kaalikääryleet
牛ひき肉のほかライスが入っているので食べ応えアリ。調理に手間がかかるので、レストランで食べることが多いそう。€19.90

ロールキャベツ
赤ワインベースの甘いソースと一緒に

A こちらもオススメ

クリーミーサーモンスープ€19.90。パン付き

気軽に食べられるフィンランド料理
カールナ・バーリ&ケイッティオ
Kaarna Baari & Keittiö
ショッピングモール、フォーラムForum内にあるカジュアルなフィンランド料理店。エルクを使ったメニューなどもある。

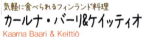

Map 別冊P.11-C1　ヘルシンキ中央駅周辺

📍Mannerheimintie 20　☎010-766-4550　⏰11:00〜23:00(金・土〜24:00、日12:00〜22:00)夏至祭、夏至祭、12/24・25 🚫　€20〜　Card A.D.M.V.
🚇ヘルシンキ中央駅から徒歩4分　Wi-Fi
URL http://www.ravintolakaarna.fi

B こちらもオススメ

パイクパーチ(スズキ)のマンネルヘイム元帥風€30

手頃な価格でフィンランド料理を堪能
ラヴィントラ・シーホース
Ravintola Sea Horse
2019年に85周年を迎えた老舗レストラン。ニシンのソテー€19.90やミートボール€19なども人気。

Map 別冊P.11-C3　中心街南部

📍Kapteeninkatu 11　☎(09)628-169　⏰10:30〜22:30 LO(金〜23:30LO、土12:00〜23:30LO、日12:00〜) 🚫夏至祭、12/24〜26 💰ランチ€10〜、ディナー€20〜　Card A.D.M.V. 望ましい　🚇トラム3番のKapteeninkatu下車、徒歩1分
URL http://www.seahorse.fi

C こちらもオススメ

バター揚げムイック(川魚)€22.90(夏季のみ)

店内も料理もフィンランド感バツグン
ラヴィントラ・サヴォッタ
Ravintora Savotta
サヴォッタとは食堂として利用されたログハウスのこと。国産の厳選素材で作るフィンランドの伝統料理を楽しめる。

Map 別冊P.12-B1　元老院広場、エスプラナーディ公園周辺

📍Aleksanterinkatu 22　☎(09)7425-5588　⏰12:00〜23:00(日13:00〜22:00) 🚫無休　💰€20〜　Card A.D.M.V. 望ましい　Wi-Fi 🚇トラム2、4、5、7番のSenaatintori下車、徒歩2分
URL http://www.ravintolasavotta.fi

「ラヴィントラ・シーホース」のメイン料理は量が多いので、ふたりでシェアするくらいがちょうどいいかも。(神奈川県・ゆう)

あったかおいしいスープはいかが？

野菜はもちろんメイン料理としても食べられるほど。スープはバリエーションも豊富です。

ベジタブルスープ
Kasviskeittoa

サラダのピューレやハーブなど、体にいい素材を使ったベジスープ。ランチ€10、ディナー€12〜

サーモンやムール貝などの魚介を煮込んだスープに野菜もたっぷり！スープ用チーズを溶かしながら食べよう。€10.50

トマトスープ
Tomaatti

トマトの旨みを凝縮したベジスープ

材料はほぼトマトだけとシンプル。トマトの濃厚な旨みとほどよい酸味が楽しめる。ナッツやオニオンなどのトッピングはお好みで。€10.50（スープビュッフェ）

カレリア風シチュー
Karjalanpaisti

体が温まります

リンゴンベリーが味のアクセントに

ロシアとの国境に近いカレリア地方の名物料理。スープが染み込んだ具がゴロゴロ入り、牛肉や豚肉もジューシー。ジャガイモ付き。€21.20

たっぷり入れるぜ！

C
女性が喜ぶヘルシーメニュー
ラヴィントラ・スン
Ravintola Sunn

建物の2階にある女性シェフが作る、女性目線のメニューが充実。週末のランチサラダビュッフェ€23や平日のランチメニューが人気。

Map 別冊P.12-B1　元老院広場、エスプラナーディ公園周辺

⌂Aleksanterinkatu 26, 2nd floor　☎010-231-2800
⌚11:00〜15:00/16:00〜21:30LO(月・火ランチのみ、土10:00〜16:00/17:00〜、日10:00〜16:00/17:00〜21:00LO)　休イースター、12/25・26　ランチ€10〜、ディナー€20〜　Card A.D.M.V.　望ましい　英　トラム2、4、5、7番のSenaatintori下車、徒歩すぐ　URL ravintolasunn.fi

D
3種のスープをビュッフェで堪能
クルマ
Qulma

シェフはスープ本も出すスープの達人。3種の日替わりスープが並ぶ平日のスープビュッフェは自家製パンにサラダ、コーヒーも付く。

Map 別冊P.11-D1　元老院広場、エスプラナーディ公園周辺

⌂Mariankatu 13B　☎044-916-0850
⌚10:45〜14:00　休土・日、イースター、夏至祭、7月、12/25　€10.50〜　Card M.V.　WiFi　トラム7番のKansallisarkisto下車、徒歩2分　URL qulma.fi

---

1人前のスープはかなりの量があるので、あれこれオーダーする前に、店員に量の確認をするのがベター。

しっとりとした食感がクセになる、やみつき必至のシナモンロール。表面の甘い粒砂糖もいい感じ♪

シナモン度 ★★★
ふわふわ度 ★★
しっとり度 ★★★
もちもち度 ★★★

C

長さ…88×100mm
厚さ…50mm
重さ…100g

€3.80

D

シナモン度 ★★★
ふわふわ度 ★★
しっとり度 ★★★
もちもち度 ★★

シンプルな見た目ながら、口の中に広がるシナモンと程よい甘さが◎。カフェのオーブンで焼いている。

長さ…100×102mm
厚さ…50mm
重さ…110g

€2.50

どれが好き？
をとことん食べ比べ！

モンのほかカルダモンも入っているのが特徴。
食堂』秘伝のレシピも公開しちゃいます！

シナモン度 ★★
ふわふわ度 ★★
しっとり度 ★★
もちもち度 ★★★

もちもちと弾力のある食感！女性にうれしい小さめサイズ。11:00〜17:00までの提供で売り切れ次第終了。

A

長さ…80×100mm
厚さ…53mm
重さ…103g

シナモン度 ★★★
ふわふわ度 ★★★
しっとり度 ★★
もちもち度 ★★

€3.50

€3.50

長さ…70×90mm
厚さ…40mm
重さ…98g

カフェ・レガッタ → P.90

砂糖に加え、アーモンドがまぶしてあるのが特徴。テラス席でのんびりしながら食べるのにぴったり。

シナモン度 ★★★
ふわふわ度 ★★
しっとり度 ★
もちもち度 ★

長さ…82×103mm
厚さ…53mm
重さ…－

€3.30

カッペリ → P.91

こんがり焼き上げた皮はカリッと硬め。中はパサパサ気味だが、シナモンの深い香りが漂う。

B エスプラナーディ通りに面した好立地のカフェ
カフェ・エスプラナード
Café Esplanad

ヨーロッパ風の店内とテラス席が人気のカフェ。キッシュ€9やサラダ€10〜など軽食もあるが、シナモンロールが人気No.1！

Map 別冊 P.12-A1
元老院広場、エスプラナーディ公園周辺

🏠 Pohjoisesplanadi 37　📞(09)665-496　🕐8:00〜21:00(土9:00〜日10:00〜)　❌夏至祭、12/24・25　💰€4〜　Card A.D.J.M.V.　Wi-Fi　🚊トラム1, 2, 3, 4, 5, 6, 6T, 10番のYlioppilastalo下車、徒歩2分
URL www.esplanad.fi

魅惑のシナモンロールを食べ比べ！

C ローカルな人々に愛される
カフェ・スッケス
Café Succès

1957年創業のフレンチスタイルカフェで、自家製のスイーツやパンが評判。カフェ・エスプラナードの特大シナモンロールも食べられる。

Map 別冊 P.11-C3　中心街南部

🏠 Korkeavuorenkatu 2　📞(09)633-414　🕐8:00〜18:00(土10:00〜17:00、日12:00〜17:00)　❌夏至祭、12/24　💰€4〜　Card A.D.M.V.　🚊トラム10番のTarkk'ampujankatu下車、徒歩3分

D 美術館内の美しいカフェ
アテネウム・ビストロ
Ateneum Bistro

ボクも大好き！

大きなモザイク画がある美術館らしいカフェ。常時10〜15種あるスイーツやランチビュッフェ€10.90(土・日は€14.20)〜が人気。

Map 別冊 P.11-C1　ヘルシンキ中央駅周辺

🏠 Kaivokatu 2　📞040-563-8436　🕐10:00〜18:00(水・木〜20:00、土・日〜17:00)　❌月、5/1、夏至祭、12/24・25　💰€4〜　Card A.D.M.V.　酒　🚊ヘルシンキ中央駅から徒歩2分　URL www.ateneumbistro.fi

E 本格ベーカリーで焼き上げる
エロマンガ
Eromanga

国内でも有名な老舗ベーカリー。イートインコーナーもあるクラシックな店内は、地元の人でいっぱい。ミートパイ€3もぜひ。

Map 別冊 P.11-D2
元老院広場、エスプラナーディ公園周辺

🏠 Pohjoinen Makasiinikatu 6　📞(09)639-978　🕐6:30〜15:00　❌土・日・祝、12/24〜26　💰€2　Card M.V.　Wi-Fi　🚊トラム2番のEtelärantä下車、徒歩2分　URL www.eromanga.fi

地球儀を回しして偶然止まった場所がエロマンガ島だったことが、「エロマンガ」の店名誕生のきっかけ。

定番フードからちょっぴり外れて
地元っ子の"推し"レストラン

贅沢 ⇔ お手頃

モダン北欧料理って？
ミートボールやトナカイ料理など、素朴な見た目が多い北欧の伝統料理。モダン北欧料理とはそれをもとに、シェフの独創性に満ちた、見た目も味も華やかなメニューのこと。

定番のフィンランド料理もいいけれど、ちょっと違うテイストの料理にもトライしてみない？ 地元っ子行きつけのレストランなら間違いなしでしょ☆

ミシュラン1つ星を獲得
Ravintola Nokka
ラヴィントラ・ノッカ

ウスペンスキー寺院のそばにあるレストラン。国産の旬な食材を生かしたモダン北欧料理が評判で、シェフ自らがハンティングしたジビエ料理が食べられることもある。アラカルトもオーダー可能。メニューは年6〜7回変わる。

おすすめVOICE
誕生日や記念日のような特別な日に利用します。いつも独創的なメニューが出てくるので、毎回ワクワクしています！
会社員・マリさん

Map 別冊P.11-D1
元老院広場、エスプラナーディ公園周辺

📍Kanavaranta 7 F ☎(09)6128-5600 ⏰11:30〜23:00(月・火〜22:00、土18:00〜24:00、夏季は月〜土18:00〜、ランチはなし) 休日・祝、12/25〜1月の第1週目まで 💰ランチ€30〜、ディナー€40〜 Card A.D.J.M.V. 要予約 Wi-Fi 🚋トラム4、5番のTove Janssonin puisto下車、徒歩4分 URL www.ravintolanokka.fi

魚卵を添えたブレッド、マッシュポテトの鯛ムースとディルオイルがけ €19
鯛のムースとディルオイルのまろやかさが食欲をそそる。ブレッドと一緒に召し上がれ

シェフズチョイス €45〜 **RECOMMEND**
シェフおすすめのスペシャルメニュー。肉料理がほとんど。写真はミディアムレアのトナカイ肉のリブステーキ

チョコレート、マリーゴールドのオイル漬け€14
ムース、アイス、焼き菓子のチョコが層になっている。マリーゴールドのオイル漬けがさわやかな風味を添える

サプライズなメニューを提供しますよ！
シェフのアリさん

環境に配慮したモダン北欧料理
Jord
ヨード

国内の小さな農家から仕入れたオーガニック食材を使い、季節のメニューを提供するレストラン。ドリンクメニューもオーガニックやナチュラルなものだけを揃えている。2019年10月に移転オープン予定。

おすすめVOICE
素材の味を生かした料理が味わえます！ エコへの取り組みに力を入れているのもイチオシポイントです♡
看護師・アイノさん

モダンな家具が置かれたおしゃれな空間

環境に配慮した取り組みを徹底しています！

📍2019年8月現在、移転のためクローズ中。移転先の住所はVironkatu 8 ☎040-582-8100 ⏰11:00〜20:00(金〜21:00、土13:00〜21:00)(夏季は短縮) 休日・祝 💰€40〜 Card A.M.V. Wi-Fi 🚋トラム7番のKansallisarkisto下車、徒歩2分 URL restaurantjord.fi

シェフのパウリさん

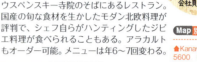

トゥルニのアイス添え €11
フィンランドで夏に取れる酸味の強いベリー、トゥルニと甘いアイスがナイスコンビネーション！

カワカマスのスモーク €13
スモークされたカワカマスに、ラディッシュと西洋ワサビのクリーミーソースが絶妙に絡みあう

カワカマスのフライのバターソースがけ €24 **RECOMMEND**
ふんわりとした食感を残したカワカマスと下に敷かれた卵焼きをバターソースと一緒に絡めて食べて！

「ラヴィントラ・スキファー」のバルト海ピザをオーダーすると、5%がバルト海を保護するための基金として寄付されるそうです。(北海道・ハコ)

若者が集うおしゃれなモロッカンレストラン
Sandro
サンドロ

モロッコをはじめ北アフリカ地方の伝統料理をアレンジした創作料理が味わえる人気店。名プロデューサーのリチャード・マコーミックがデザインした内観はSNS映え必至!

Map 別冊P.9-C2 カッリオ地区

- Kolmas linja 17
- 050-323-7728
- 11:00～14:30/16:00～21:30（金～22:30、土11:00～15:00/16:00～22:30、日11:00～15:00）
- 月、12/24～26
- €25～
- Card A.D.M.V.
- 英
- トラム3、6、6T、7、9番のKallion virastotalo下車、徒歩3分
- www.sandro.fi

RECOMMEND

豆腐入りタジン €23
モロッコ料理の定番。サツマイモや生姜などの野菜をチリやココナッツミルクで味付け

1 サンドロの前菜盛り合わせ €30
ホウレンソウ入り揚げ餃子、キプロス伝統のハロウミチーズ揚げ、自家製サフランブレッドなど全5種類の前菜がのる

2 バクラバ €8とモロッカンミントティー €4
中東やアフリカでおなじみのスイーツ。ピスタチオ入りの薄いパイ生地にハチミツをかけた甘いー品。さわやかなミントティーと一緒にどうぞ

おすすめ VOICE
友達と会うときはいつもここを利用します。デザートメニューは食後に必ずオーダーしています！
学生・ユリアさん

スタッフの
左: タイビさん 右: パコッさん

地元っ子の推しレストラン

巷で流行中のビーガンレストラン
Green Hippo Café
グリーン・ヒッポー・カフェ

ベジタリアン&ビーガン志向の若者から絶大な人気を集める。できる限り国産の素材を使い、ヘルシーかつリーズナブルでお腹が満たされるメニューを提供。カウンターで注文するセルフサービス式。

サラダ €10.40～
少しクセのあるヤギチーズを丸ごとトッピング！イチゴやローストトマトと絡めて食べよう。ルバーブソースとバルサミコ酢がいいアクセントに

RECOMMEND

チキン €10.40～
醤油やごま油で味付けした鶏肉に、黒米とブロッコリーが添えられた、和風なテイスト

スムージーボウル €3.50
ブルーベリー、クロスグリ、マンゴーなどを使ったスムージーボウル。オート麦から作られた植物性のミルクも入っていてヘルシー！

スタッフのアレクシさん

おすすめ VOICE
ベジタリアンではないのですが、野菜不足と感じたときに来ます！お手頃価格なのもうれしいです。
フリーター・エッラさん

Map 別冊P.11-C3 中心街南部

- Punavuorenkatu 2
- 050-515-0157
- 7:30～22:00（金～23:00、土9:00～23:00、日10:00～18:00）
- 夏至祭3日間、12/24～26・31、1/1
- ランチ€11～、ディナー€25～
- Card A.M.V.
- 英
- トラム1、3番のViiskulma下車、徒歩2分
- greenhippocafe.rocks

フィンランドの食材が詰まったピザ
Ravintola Skiffer
ラヴィントラ・スキファー

ヘルシンキ南部にあるリウスカ島が本店のピザレストラン。ザリガニやサーモンなどの食材がのった長方形の大きなピザは、薄くて軽いので女性でもペロリと食べきれちゃう！

Map 別冊P.11-C2 中心街南部

- Erottajankatu 11
- 045-344-5351
- 11:00～22:00（月・火～22:00、土13:00～、日13:00～20:00）
- 祝（ウェブサイトで要確認）
- €18～
- Card A.M.V.
- 英
- トラム10番のKolmikulma下車、徒歩1分
- www.skiffer.fi

ザリガニピザ €16.80
ザリガニのほか、チョリソー、チリ、コリアンダーをトッピング。ピリ辛がアクセントになっていて食べるほどに食欲が増す

スタッフさん

カマンベールチーズと梨のサラダ €16.30
熟れていない梨にレモンオリーブとハニービネガーのドレッシングでさっぱり。ピザの生地もついてくる

RECOMMEND

バルト海ピザ €17.90
フィンランド産のニジマスや淡水魚のスモークに、キュウリのピクルスや地元で取れた旬の野菜がたっぷり

おすすめ VOICE
ランチは通常メニューのサイズとボリュームで€12！どにかくお得なんです！
デザイナー・マリアさん

「ヨード」ではメニュー表やスタッフの制服にまで環境に配慮した素材を使用しており「エコ」を徹底している。

老舗もイマドキも全部回りたい！
朝から夜までずーっとカフェ三昧♪

フィンランド人にとってカフェは欠かせない存在。庶民派からSNS映えなカフェまでジャンルもさまざま！朝から夜までカフェ尽くしな1日はいかが？

人気2大カフェでモーニング

MORNING TIME ▶▶

ヘルシンキを代表する2大カフェは、いつも混雑している。比較的空いていてモーニングも楽しめる朝の利用が狙い目☆

いつも大勢の客でにぎわっている

人気スイーツ

朝食ビュッフェ
隣接するベーカリー（→P.95）のパンやオートミールなどのビュッフェ€12.90が楽しめる。月〜金7:30〜10:30（6月下旬〜8月は8:00〜）。

1. パッションフルーツを使ったあっさり味のチーズケーキ€6.70。土台はピスタチオを砕いたもの　2. 長くレシピが受け継がれてきたトゥハットレヒティ€6.90。薄いミルフィーユに自家製キャラメルソースが挟んである　3. フラッペ各€6.90。左からリコリス入りのキャラメル味、メレンゲ入りのイチゴ味

伝統スイーツが充実の老舗店
EKBERG CAFÉ
エクベリ・カフェ

ベーカリーとして開業したヘルシンキ最古のカフェ。伝統的なスイーツや自家製のパンが評判で、若男女から愛されている。スープやフルーツが食べられるランチビュッフェ€12.50（月〜金11:00〜15:00）も人気。

Map 別冊P.11-C2 中心街南部

🏠 Bulevardi 9　☎(09)681-1860　🕐7:30〜19:00(土・日9:00〜17:00)　休夏至祭イブ、夏至祭、12/25・26　€6〜　Card A.D.M.V.　英　Wi-Fi　トラム1、3、6、6T番のFredrinkatu下車、徒歩すぐ　URL www.ekberg.fi

サンドイッチなどのデリも揃う

すべて手作りしています！
マネージャーのサイラさん

大手チョコレートメーカー直営！
FAZER CAFÉ KLUUVIKATU 3
ファッツェル・カフェ・クルーヴィカツ 3

チョコレートで有名なファッツェル社のカフェ。オリジナルのチョコを使ったケーキのほか、ファッツェルのお菓子も販売。スープビュッフェ€10.50（月〜金11:00〜15:00）もおすすめ！

Map 別冊P.12-A1 元老院広場、エスプラナーディ公園周辺

🏠 Kluuvikatu 3　☎020-729-6702　🕐7:30〜22:00(土9:00〜、日10:00〜18:00)　休夏至祭、12/24〜26　€10〜　Card A.M.V.　英　Wi-Fi　トラム2、4、5、7番のAleksanterinkatu下車、徒歩1分　URL www.fazer.fi

チョコレートのスイーツがいっぱい！

朝食ビュッフェ
サーモンや野菜がたっぷり並ぶビュッフェ€14.90が堪能できる。月〜金7:30〜10:30。

オープン当時からあるクーポラの天井下の席がおすすめ！

人気スイーツ

ファッツェル・オリジナル・コーヒー€3.40のお供にぴったりな濃厚な甘さのザッハトルテ€6.60

スタッフさん
オープン当時からずっとこの場所で営業しているよ！

86　「アンダンテ」のインテリアや食器はアンティークのものが多くて、アンティーク好きにはたまらないカフェでした。（兵庫県・ミナ）

行く前に知っておこう！フィンランドカフェ事情

セルフサービスが基本
フィンランドのカフェはどこもセルフサービス式。レジでオーダーしたらスイーツやドリンクを持って好きな場所に座る。食べ終わった食器はそのままでOK！

空いている時間を狙う
11〜14時ぐらいまでが混雑する。空いている時間を狙うなら、朝イチの10時頃か15時以降がおすすめ。週末は平日と比べてさらに混むので注意！

食事メニューが充実
フィンランドのカフェの多くが軽食メニューやランチを提供している。レストランよりもリーズナブルなので食事をとるために利用する人も多い。

ランチ利用もOK！
ひとやすみカフェ

LUNCH & TEA TIME ▶▶
町歩きの合間にひと休みするのにぴったりなカフェをご紹介☆
軽食メニューやランチメニューが揃っているので、お昼ごはんにも◎

朝から夜までずーっとカフェ三昧♪

1. フィンランド伝統の菓子パン、ボスト二€3.50。ここではアーモンドスライスをトッピングしてアレンジしている 2. クリームたっぷりのキャロットケーキ€6.50

人気スイーツ

★軽食メニュー
人気メニューはモッツァレラチーズとトマトのサンドイッチ€7.80。モチモチとした弾力のある食感がたまらない！

菓子パンやサンドイッチ、焼きたてのパンが並ぶ

パンがおすすめです！
スタッフのイルカさん

デザイナーズホテル併設のベーカリーカフェ

ST GEORGE BAKERY & BAR
セント・ジョージ・ベーカリー＆バー

ホテル・セント・ジョージに併設するベーカリーカフェ。自家製パンを使ったサンドイッチや菓子パンが味わえる。ランチメニューもあり、魚や肉料理もオーダー可能。デザイナーズホテルならではのおしゃれな内観にも注目☆

Map 別冊P.11-C2 元老院広場、エスプラナーディ公園周辺

⌂Yrjönkatu 13C ☎(09)4246-0050
⏰8:00〜19:00(金・土〜20:00) 休12/25、1/1
💰€3〜 CardA.D.M.V. 交トラム1、3、6、6T番のErottaja下車、徒歩2分 URLhttps://www.stgeorgehelsinki.com/food/bakery

ハンドドリップコーヒーは€5。国内で開かれるバリスタ大会に入賞したスタッフもいる

人気スイーツ

ローケーキのパッションキャロットケーキ€5.90とコーヒー€3.70。シナモンがアクセントになっていて甘さ控えめ

ひと口目はブラックコーヒーで試してみて♪
スタッフのジュリアさん

こだわりのコーヒーを召し上がれ

ANDANTE
アンダンテ

コーヒーにこだわるならここ！コーヒーの味そのものを楽しんでほしいと、初めはブラックで飲むように言われることがあるほど。店内の一部はリサイクルショップになっていて、アンティーク食器や洋服などが並ぶ。

Map 別冊P.11-C2・3 中心街南部

⌂Fredrikinkatu 20 ☎040-370-5645 ⏰11:00〜18:00 休夏至祭、12/25・31、1/1 💰€4〜
CardD.M.V. 交トラム1、3番のIso Roobertinkatu下車、徒歩すぐ

★軽食メニュー
1日中オーダーできるバナナトースト€4.80とカプチーノ€4.50。ほか、シナモンロールやクロワッサン€4〜もおすすめ。

アンティーク家具やコーヒーフィルターを照明のカバーにしたりとセンスのよさが光る

「エクベリ・カフェ」では、ベーカリーで販売しているパンもオーダーできる。

LUNCH & TEA TIME ▶▶

有名コーヒーブランドが経営するカフェ

PAULIG KULMA
パウリグ・クルマ

人気スイーツ
ほどよい酸味が広がるひと口サイズのレモンチーズケーキ€6.90とコールドブリューコーヒー€4.20

ハンギングチェアやコテージなどSNS映えするユニークな席が人気！

フィンランドの大手コーヒーブランドが直営する。常時5〜6種類から選べるコーヒーは入れ方もチョイスできる。2階建ての店内はくつろげる工夫が施されていて居心地がいい！

Map 別冊P.12-A1 元老院広場、エスプラナーディ公園周辺

🏠Aleksanterinkatu 9 ☎040-090-3940
🕐7:30～20:00(土9:00～、日10:00～) 休夏至祭イブ、夏至祭、12/24・25
Card A.M.V. WiFi トラム2、4、5、7番のAleksanterinkatu下車、徒歩1分
URL www.paulig.com

☕ **ランチメニュー**
月〜金の11:00〜15:00にはサラダビュッフェ€11.90を提供。フムスや新鮮な野菜を使ったビーガン料理が並ぶ。

スタッフのアンナベルさん

焙煎した豆で入れたコーヒーも飲めます

バリスタの教育を受けたスタッフが入れてくれる

飲食店が並ぶ一角にある

KUUMA
クーマ

体に優しいヘルシースイーツ

カンプ・ギャレリアの2階にあるカフェは、若者でいつもいっぱい！オーガニックコーヒーや自家製スムージーなど、ヘルシーなメニューが豊富。ランチメニューは1日中オーダーOK。

Map 別冊P.12-A1 元老院広場、エスプラナーディ公園周辺

🏠Pohjoisesplanadi 33, Kämp Galleria 2F
☎040-675-7772 🕐8:00～20:00(土10:00～18:00、日12:00～16:00) 休祝 €3〜
Card A.M.V. WiFi トラム2、4、5、7番のAleksanterinkatu下車、徒歩2分
URL kuumahelsinki.com

ランチメニューは単品でも注文OKです♪
スタッフのリアさん

人気スイーツ
小さいけれどずっしりと濃厚なチョコレートレアケーキ€3.50

美容効果が高いターメリックラテ€5。マイルドな味で飲みやすい

☕ **ランチメニュー**
トースト、デザート、コーヒーor紅茶、ジュースから好きなメニューを選べるセットメニュー€17。

アアルト尽くしの空間に包まれて

CAFÉ AALTO
カフェ・アアルト

右:オーナーのマルヨさん
左:お父さんのラファエレさん

小腹を満たすのにちょうどいいスイーツや菓子パン、軽食メニューを提供

人気スイーツ
アアルトデザインに囲まれてアップルパイ€8.40とコーヒー€3.80をいただく

アカデミア書店の2階にある、アアルトデザインの家具が配された言わずと知れた有名店。ゴールドのメタルランプと黒い革張りの椅子が並ぶ様子は、まるで美術館のよう！

Map 別冊P.12-A1 元老院広場、エスプラナーディ公園周辺

🏠Pohjoisesplanadi 39 ☎(09)121-4446
🕐9:00～21:00(土〜19:00、日11:00～18:00) 休夏至祭、12/25 €4〜
Card A.D.J.M.V. WiFi トラム1、2、3、4、5、6、6T、10番のYlioppilastalo下車、徒歩2分
URL cafeaalto.fi

映画『かもめ食堂』(→P.30)のロケ地となった。アアルトがデザインしたペンダントライトが配されている

☕ **ランチメニュー**
小エビのコールドサンド€13.60などのサンドイッチが食べられる。11:00からオーダーできるスープ€9.30も人気！

NIGHT TIME ▶▶

1日のシメに行きたい
夜カフェ

ホットミールを提供する店やバー営業をするカフェもあり、ディナーあとの夜のティータイムにぴったり♪

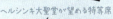

ヘルシンキ大聖堂が望める特等席

CAFÉ ENGEL
カフェ・エンゲル

店内の内装はパリをイメージしています♪

オーナーのハッリさん

目の前のヘルシンキ大聖堂を眺めながらコーヒーブレイクできる。外観はヘルシンキ大聖堂を設計したカール・エンゲルが手がけている。スイーツのほか食事メニューも充実していて、夜も利用できるのがグッド！

Map 別冊P.12-B1　元老院広場、エスプラナーディ公園周辺

🏠 Aleksanterinkatu 26　☎(09)652-776　🕐8:00～21:00(土9:00～、日10:00～19:00)　休夏至祭、12/24～26　¥€10～　Card M.V.　英　🚋トラム2、4、5、7番のSenaatintori下車、徒歩すぐ　URL www.cafeengel.fi

朝から夜までずーっとカフェ三昧♪

1. ヘルシンキ大聖堂が見える窓側の席をキープしよう　2. 夜のヘルシンキ大聖堂の姿を見ながらシメのコーヒーを楽しんで　3. サーモンスープ€12.30などの食事メニューもあり、夜までオーダーOK

観光名所が集まる所にあるためいつもお客さんでいっぱい

人気スイーツ

メレンゲのタルト€7.90。レモンのさわやかな風味が広がる

こだわりパンとワインを満喫☆

WAY BAKERY AND WINE BAR
ウェイ・ベーカリー・アンド・ワイン・バー

日中は自慢の天然酵母パンや菓子パンを提供するベーカリーカフェ、夜はナチュラルワインを揃えたバーとして営業。地元で取れる野菜がメインの盛りつけが美しい日替わりランチ€11（月～金11:00～14:00）もおすすめ。

Map 別冊P.9-D2　カッリオ地区

🏠 Agricolankatu 9　☎050-470-2388　🕐8:00～22:00(金・土～24:00、日9:00～16:00)　休夏至祭3日間　¥€4～　Card M.V.　英　🚋トラム3、6、6T、7、9番のKarhupuisto下車、徒歩2分　URL www.waybakeryandwinebar.fi

朝早くから夜遅くまでオープンしています！

1. こぢんまりとした店内は洗練されたインテリアでおしゃれ☆　2. ヨーロッパのナチュラルワインが中心

左：オーナーのオーナッさん
右：シェフのダニさん

カウンターにはクロワッサンやシナモンロールなど常時4～6種類のパンが並ぶ

ルバーブケーキ€3.50～とホットチョコ€3.50。夜だけカスタード風味のアングレーズソースとバラの花びらをトッピングしてくれる

キャラメルソースのシナモンロール€3.50

人気スイーツ

「ウェイ・ベーカリー・アンド・ワイン・バー」のランチには店の人気のパンが付いてくる

89

ぽかぽか陽気に包まれる幸せな時間
癒やしのテラス席でまったりカフェタイム♡

夏になると、フィンランド人はみーんなテラスで過ごします。おしゃべりしたりぼーっとしたり、日の光の中でぬくぬくと……眺めのいい特等席でマネっこしてみませんか？

Best View
海沿いの席からはボートを漕ぐ人や海鳥の遊ぶ姿などが見られる

鳥小屋もある

人気ドリンク&スイーツ

ホイップクリームたっぷりのブルーベリーパイ€4とホットチョコレート€3.60

ランチもおすすめ

お手軽なライ麦のサンドイッチ€4.80

Cafe Regatta
カフェ・レガッタ

メルヘンな赤い小屋が目印

もともと漁師小屋だった建物に、海イメージのレトロな装飾を施した湾岸カフェ。おとぎ話に出てきそうな赤い建物は、とってもキュート！シナモンロール（→P.83）もおすすめ。

シベリウス公園で遊んだら寄ってみてね

Map 別冊P.8-A2　中心街北部

🏠 Merikannontie 8　☎040-414-9167　⏰4～8月:8:00～23:00頃、9～3月:8:00～21:00頃　休無休　€2　Card M.V.　英　Wi-Fi

🚋トラム1、2、8番のApollonkatu下車、徒歩8分、またはスウェーデン劇場前からで市バス24番で15分、Sibeliuksenpuisto下車、徒歩5分

テラスの席数 **150席**
ベストポジション **海沿いの席**

1. サマーコテージをイメージしたカフェ
2. マッカラ€2.40を焼いて食べることもできる
3. メニューはどれも、うれしいロープライス設定

スタッフのマリナさん（左）とクリスタさん（右）

『カフェ・レガッタ』では、コーヒーをおかわりすると5セント割引になるシステムがありました。（静岡県・えり）

人気ドリンク&スイーツ
ストロベリームーンッキ
€3.50とカプチーノ€4

Best View
テラス席からスオメンリンナ島を眺めることができる

海沿いの開放的なカフェ
café Ursula
カフェ・ウルスラ

カイヴォプイスト公園そばのカフェ。ケーキなどのスイーツやシュリンプサンドイッチ€9.30などの軽食が楽しめる。カウンターでオーダーするセルフサービス方式。

Map 別冊P.7-C3　中心街南部

- Ehrenströmintie 3　☎(09)652-817
- 9:00～21:00(日～20:00、時期により変動する)　休無休　€3～　Card A.D.M.V.
- Wi-Fi　トラム3番のKaivopuisto下車、徒歩8分　URL www.ursula.fi

テラスの席数 **250席**
ベストポジション 海沿いの席

ワインを飲みながら過ごすのもいいよ

スタッフのヘンディイッカさん

癒やしのテラス席でまったりカフェタイム♡

ランチもおすすめ
日替わりランチ(パン付き)€15.90。この日はバジルマリネサーモン

1. 夏季は大人気のテラス席　2. 室内の席からも海を望むことができる

Best View
夏季は野外ステージで音楽も楽しめる

海もマーケット広場も近いので、いろいろ楽しんでください!

人気ドリンク&スイーツ
レモンメレンゲケーキ€7.90とカプチーノ€4。カウンターでオーダーする

ランチもおすすめ
フレッシュなサーモンサンドイッチ€9.90

にぎやかな雰囲気ならココ
Kappeli
カッペリ

エスプラナーディ公園内にあるガラスの建物が目印。夏季は公園を行き交う人を観察するもよし、日光浴を楽しむもよし。土・日限定のサーモンスープ€11.90は地元っ子にも評判!

Map 別冊P.12-B1　元老院広場、エスプラナーディ公園周辺

- Eteläesplanadi 1　☎010-766-3880
- 10:00～23:30LO(夏季9:00～)　休無休　€4～　Card A.D.M.V.　Wi-Fi　トラム2番のKauppatori下車、徒歩1分　URL www.kappeli.fi

テラスの席数 **350席**
ベストポジション 公園沿いの席

スタッフのカロリーナさん

1. レストラン、カフェ、バースペースに分かれている　2. 日替わりのスープランチ€11.90はパンが付く

少しでも日が照れば、外に出て日光浴!がフィンランド流。太陽への情熱は日本人の比ではありません。

91

フィンランドの森の宝石箱 ベリー

ベリー王国のフィンランドを訪れたか
ベリースイーツを楽しまなくちゃ！ フルーツだ

ブルーベリーパイ

ブルーベリー

€7.90

J ブルーベリーがた〜っぷりのったマスカルポーネパイ。ビッグサイズでおなかいっぱいになっちゃいます

ブルーベリーケーキ

ブルーベリー

€4.60

G スッとフォークが入るほど柔らかなクランブルケーキ。甘過ぎないホワイトチョコレートソースがたっぷり

いちごとフサスグリのパイ

フサスグリ
ストロベリー

€8.40

A チーズムースにキラキラまぶしいフレッシュベリーがてんこ盛り！ 見た目もとってもキュート♡

ローケーキのブルーベリーケーキ

€6.90

ブルーベリー

B 加熱をせずに作ったケーキ。素材の栄養や酵素を損なわずいただける。しっとりとした舌触りでブルーベリー本来の甘さが味わえる

リンゴンベリータルト

CAFÉ ENGEL

ストロベリー

€10.90

J 酸っぱくて苦いリンゴンベリーは、フィンランド人に大人気。ホイップクリームと一緒に

リンゴンベリー

€7.90

サヴォッタズ・シス・アイスクリーム

D リコリス風味のアイスとブルーベリーソースのザ・フィンランドな組み合わせ。ベリーのコンポートを添えて

スイーツの注文で使えるフィンランド語

旬のスイーツはありますか？
Onko teillä sesonkijälkiruokia?
オンコ テイッラ セソンキ ヤルキルオキア？

〜をください
Saanko 〜.
サーンコ 〜

甘いケーキはどれですか？
Kumpi on makea kakku?
クンピ オン マケア カック？

いくらですか？
Paljonko tämä maksaa?
パリヨンコ タマ マクサー？

どこのカフェに行ってもベリー系のスイーツがありました。季節により種類が変わるようです。（埼玉県・りんご）

フィンランド人の3大好物
アイス、パン、コーヒー大図鑑

アイス屋さん、ベーカリー、コーヒーショップ。
フィンランド人のソウルフードはよく見ると町なかにたくさんあります。
パクッと食べられる手軽さが魅力です。

うまいぜ！

食べてみて！

ICE CREAM

フィンランドのアイス事情
フィンランド人は大人も子供もアイスを食べまくります。夏季は食べ歩きをする親子などほぼ微笑ましい姿が！

ブルーベリー Mustikka
不動の人気を誇る森の恵みは、アイスになっても安定のおいしさ
B

ポルカ Polka
ミント風味のポルカという飴の風味のバニラアイスクリーム
B

ラムレーズン Rommirusina
日本よりラム酒の風味が少し強めで、大人が喜ぶテイストに
A

洋ナシ Päärynä
すっきりとさわやかな口当たりは、夏にぴったりのフレーバー
A

マスカルポーネ・レモンライム Mascarpone Lemon-lime
酸っぱいレモンライムとマスカルポーネが絶妙にマッチ
B

ヨーグルト Jogurtti
ヨーグルトのジェラートは、世界共通でハズレなし☆
C

レインボー Sateenkaari
洋ナシ、イチゴ、バニラのテイストをまとめて味わっちゃお〜♪
B

サルミアッキ（ファッツェル） Salmiakki
苦〜いサルミアッキをアイスにしたら……、やっぱり苦い！！
A

おぇっ！

リコリス Lakritsi
甘苦いリコリスはクセがあるけど、見た目のわりに食べやすい♡
C

チャレンジ！ う〜ん…

アイスやさんで使うフィンランド語

これをください	ソフトクリーム	アイスクリーム	カップ
Tämä, kiitos. タマ キートス	Pehmis ペヘミス	Jäätelö ヤーテロ	Kuppi クッピ

チョコレートアイスをください		大／小	コーン
Yksi suklaa jäätelö, kiitos! ユクシ スクラー ヤーテロ、キートス！		Iso/Pieni イソ／ピエニ	Tötterö トッテロ

フィンランドの3大アイスブランド
アイス屋台はエスプラナーディ公園周辺やにぎやかな場所にあるよ。見かけたらトライしてみてね！ 約€3〜で買えるよ！

A ピングヴィーニ Pingviini
青いペンギンマークが目印。屋台ではファッツェル社のアイスも販売。

B イングマン Ingman
世界各地で見かけるイングマンはもともとフィンランドの会社なのだ。

C パッパガーロ Pappagallo
ヴァンターで作るイタリアンジェラートとソルベを販売。黄色い建物が目印。

アイスは小サイズでも女性のにぎりこぶしくらいあり、大きさにびっくりしました！（三重県・あさこ）

BREAD

フィンランドの パン事情

主食やおやつに食べられるパン。ライ麦から作る黒っぽく酸味のある主食パンや甘い菓子パンなど多種多様。

ナッキレイパ
Näkkileipä
ライ麦、水、イースト菌、塩で作られている。€20.50/kg

サーリストライスレイパ
Saaristolaisleipä

シロップやモルトが入ったやや甘めの黒いパン。€7.50

パトンキ
Patonki

ハードなフランスパン。焼いたりスープに浸して食べる。€3.20

バーセルレイパ
Baselleipä
小麦とライ麦のパン。スライスしてチーズと一緒に。€4.60

シス・サンプラ
Sisu Sämpylä
ヒマワリやカボチャの種、ごまなどをまぶしたパン。€1

老舗のベーカリー
エクベリ・ブレッド・ショップ Ekberg Bread shop
エクベリ・カフェ(→P.86)に併設する。自家製パンは定番からシーズンものまで幅広く揃う。

Map 別冊P.11-C2
中心街南部

たくさんあるよ！

アイス、パン、コーヒー大図鑑

🏠Bulevardi 9 ☎(09)6811-860
🕐7:30～18:00(土9:00～16:00)
休日、イースター、夏至祭、12/24～26
Card A.D.M.V. トラム1、3、6、6T番のFredrikinkatu下車、徒歩すぐ URL www.ekberg.fi

菓子パン

オンペルセウラプッラ
Ompeluseurapulla
直径約5cmのカルダモンを生地に練りこんだほんのり甘いパン。€0.90

ピスタシプッラ
Pistassipulla
ピスタチオ入りのパン。アーモンドがトッピングされている。€4.50

サンッパニヤコルッキ
Samppanjakorkki
ラム酒に漬けたスポンジを焼く。見た目はコルクのよう。€4.20

ヴァリメレンサンピイラ
Valimeren Sampylä
「地中海パン」という意味。塩が効いているので何もつけずに食べてもOK！ €1.30

COFFEE

フィンランドの コーヒー事情

ひとりあたりのコーヒーの消費量が世界一のフィンランド。友達とのおしゃべりにコーヒーは欠かせません！

コーヒー
Coffee
定番のコーヒーは香り豊か。サイズは3種類ある。€2.50

カプチーノ
Cappucino
ミルクのふんわりとした泡がたっぷりのカプチーノ。€3.30

チョコチーノ
Chococcino
カプチーノの上にチョコレートソースがかかって美味。€3.70

ホワイト・チョコレート&オレンジモカ
White Chocolate & Orange mocha
ホワイトチョコとコーヒーの苦みがマッチ。ホイップクリームたっぷり €4.90

ラテマキアート (カフェラテ)
Caffé Latte
みんな大好きカフェラテはロバーツ・コーヒーの看板メニュー。€4.20

ロバーツモカ
Robert's Mocha
甘いもの中毒の人必見！クリームたっぷりのモカ。€4.90

コーヒーラバーにささぐ
ロバーツ・コーヒー (カンピ店)
Robert's Coffee Kamppi
フィンランド版スターバックス。自社で独自に焙煎したおいしいコーヒーが人気。各地に支店がある。

Map 別冊P.10-B2
中心街西部

持ち帰りもできるよ！

🏠Kampinkuja 2 ☎(09)586-5866 🕐7:30～20:00
(土9:00～、日12:00～18:00) 休無休 €3～
Card M.V. 禁 WiFi Mカンピ駅Kamppiまたはトラム7、9番のKampintori下車、徒歩3分 URL www.robertscoffee.com

フィンランドではホットのカフェラテをグラスで出すカフェが多い。

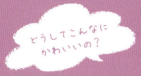

北欧デザインに恋して♡ ヘルシンキ ショッピングクルーズ

テーブルをおしゃれに彩るアラビア＆イッタラ食器に、
持っているだけで気分があがるマリメッコ♪
自然の恵みを凝縮したナチュラルコスメや
スーパーマーケットのキュートなプチプラみやげまで、
さぁ、いまこそ物欲を解き放つとき〜！

人気 no.1 iittala
Aino Aalto
アイノ・アアルト

アルヴァ・アアルトの妻アイノが1932年に作り出したシリーズ。厚みのある丈夫なガラスを使っている。デザインもシンプルで、普段使いにぴったり。

Designer

アイノ・アアルト
Aino Aalto
(1894〜1949年)

アルヴァ・アアルトの妻で、自身もデザイナー。機能性、デザイン性を兼ね備えたテーブルウエアを多く生み出した。アアルトグラスはミラノ・トリエンナーレで金賞に輝いている。

タンブラー (330ml)
2個€15.90

タンブラー (220ml)
2個€12.90は、全4色を展開☆

イッタラ

iittala &
Arabia
アラビア

ガラス製品のイッタラ、陶磁器のアラビアは1800年代から続くそれぞれの歴史を経て、現在ひとつのテーブルウエアブランドとして不動の地位を築いている。

イッタラ・アラビア・スト → P.103
ア・エスプラナーディ

人気 no.2 iittala
Teema
ティーマ

1948年発表のキルタKiltaシリーズを改良。さまざまな色と形が揃う。オーブン、食洗機にも対応し、抜群の使い勝手。映画「かもめ食堂」でも使われた。

濃紺のプレート (21cm) €16.50。サイズは全3種類

Designer

カイ・フランク
Kaj Frank
(1911〜1989年)

フィンランドデザイン界の巨匠。1945年にアラビアに入社し、翌年にはアートディレクターに就任。高機能で無駄のないデザインの陶磁器やガラス製品を多く生み出した。

マリメッコ イッタラ アラビア☆マストバイ

ラウンド、トランアングル、スクエアのセット (各12cm)
€35.90

アジア人のデザイナーたちが作るTeema Tiimiのライスボール (300ml) €16.90

通常よりひと回り小さいマグ (240ml) は€22は手になじむサイズ

人気 no.3 Arabia
Paratiisi
パラティッシ

フィンランド語で「楽園」を意味するパラティッシ。1969年の発表以来、不動の人気を誇るシリーズ。果物や花が大胆に描かれた食器が食卓に華を添えてくれる。

ピッチャー (550ml)
€58.90は花瓶にしても◎

オーブンも食洗機もOKのプレート (16.5cm)
€20.50

Designer

ビルイエル・カイピアイネン
Birger Kaipiainen (1915〜1988年)

フィンランド生まれの陶芸家。アラビアのほか、スウェーデンのロールストランド社Rörstrandでも活躍。植物や果物、動物などをモチーフにした上品かつ鮮やかな作品が多い。

少ない収納スペースでも積み重ねられるよう、機能性を追求した「イッタラ」のデザインに脱帽。

かわいいのはウニッコ柄だけじゃない！
まだまだある
マリメッコのおすすめ6選

マリメッコには、ウニッコ柄のほかにも
とびきりかわいいパターンがたくさんあります。
思わず欲しくなっちゃう、おすすめのプロダクトを
パターン別に集めてみました。

マリメッコの"すべて"がある！
マリメッコ ミコンカツ本店
Marimekko Mikonkatu

定番から季節物まで、洋服や食器、ファブリックなどあらゆるアイテムが揃うマリメッコの新しい本店。インテリアのお手本にしたい、かわいらしい商品を使ったディスプレイもある。

Map 別冊P.12-A1　元老院広場、エスプラナーディ公園周辺

🏠Mikonkatu 1　☎050-572-5632　🕐10:00〜20:00(土〜17:00、日12:00〜16:00)　🚫祝(祝日オープン日あり。ウェブサイトで要確認)
Card A.D.J.M.V.　🚋トラム2、4、5、7番のAleksanterinkatu下車、徒歩2分
🌐www.marimekko.com

1.ファッションや雑貨などバランスよい品揃え
2.シーズンイチオシのアイテムで固めたディスプレイ

Pattern Hortensie/2015
ホルテンシエ
Designer Carina Seth-Andersson
カリーナ・セス・アンダーソン

カリーナの夏の別荘の壁に這うアジサイからインスパイアされたデザイン。プレート(25cm)€28

Pattern Siirtolapuutarha/2009
シィートラプータルハ
Designer Maija Louekari
マイヤ・ロウエカリ

植物がダイナミックに描かれたクッションカバー€34。全2色あり、カラーによって印象は様変わり

Pattern Puutarhurin Parhaat/2009
プータルフリン パルハート
Designer Maija Louekari
マイヤ・ロウエカリ

ポットポルダー€9.90。ユニークな形の植物が散りばめられた柄の名は「最高の庭師」♡

©Marimekko Corporation

Pattern Pieni Tiiliskivi/1952
ピエニ・ティイリスキヴィ
Designer Armi Ratia
アルミ・ラティア

レンガをモチーフにした規則正しいラインがシンプルなオーブンミトン€22。シンプルなデザインが人気

Pattern Räsymatto/2009 ラシィマット
Designer Maija Louekari マイヤ・ロウエカリ

円模様が仲よく並ぶモノトーンのボウル€24に、サラダなど彩りのある料理で使いたい

Pattern Räsymatto/2009
ラシィマット
Designer Maija Louekari
マイヤ・ロウエカリ

「使いこまれたラグ」という名前で、コロコロとした丸がかわいらしいハードカバーのノート€14.90

Pattern Tasaraita タサライタ/1968
Designer Annika Rimala アニカ・リマラ

1960年代の誕生以来、ずっと愛され続けている定番のボーダー柄のTシャツ€54。XS〜XXLのサイズ展開

©Marimekko Corporation

マリメッコのかわいいファブリックはこちら
代名詞から最近のパターンまで、まとめてチェック！

Model Bo Boo/1975 ブーブー
Designer Katuji Wakisaka 脇阪克二

マリメッコ初の日本人デザイナー・脇阪克二氏によるデザイン。さまざまな車がカラフルに描かれていて、キッズに大人気！ 小さい柄のピック・ブーブー Pikku Bo Booもある。

Model Kaiku/2004 カイク
Designer Maija Louekari マイヤ・ロウエカリ

優しい風に吹かれて、白樺の葉っぱが歌うようにサワサワと揺れる……。フィンランド人に馴染みのある緑豊かな風景をデザイン。部屋に飾れば、まるで窓から外の景色を見ているみたい。

Model Unikko/1964 ウニッコ
Designer Maija Isola マイヤ・イソラ

マリメッコを代表するパターン。ウニッコはフィンランド語で「ケシの花」という意味で、ビビッドな色使いと大胆に配された花が特徴。カラバリも豊富で、花も大小さまざま☆

Model Kaivo/1964 カイヴォ
Designer Maija Isola マイヤ・イソラ

力強い曲線で泉を表現したレトロモダンなデザイン。シンメトリーに描かれた柄は、シンプルながら存在感があり、カーテンやタペストリーにぴったり！

マリメッコのおすすめ6選

Model Iso Kivet/1956 イソ キヴェット
Designer Maija Isola マイヤ・イソラ

キヴェットは「石」という意味。不揃いな円模様がかわいい！ 柄は大小さまざまで、大きな模様のものは「イソ キヴェット」、小さな模様のものは「ピエニ キヴェット」と呼ばれる。

Model Kompotti/2012 コンポッティ
Designer Aino-Maija Metsola アイノ-マイヤ・メッツォラ

遊び心あるちょっといびつな形のフルーツの輪切りが、お行儀よく並んだパターン。カラフルな色使いが特徴で、部屋を明るくポップに飾るインテリアとして活躍しそう。

Model Lumimarja/2004
ルミマルヤ
Designer Erja Hirvi
エルヤ・ヒルヴィ

「雪イチゴ」という名前のパターンで、冬の自然からインスパイアされたもの。たわわに実ったたくさんのベリーが、フィンランドらしい！ 赤やグレーなどのカラーで展開。

Model Siirtolapuutarha/2009
シィールトラプータルハ
Designer Maija Louekari
マイヤ・ロウエカリ

「市民菜園」という名のパターン。大きな花と野菜が大胆な配色で描かれ、インパクト抜群！ 隙間なくパターンが並んでいるので、どこを切り取っても絵になる。

ファブリックの買い方

1階にあるファブリックコーナーでは、定番から最新の生地までズラリ！ まずは手に取ってみたい商品を選んで。

1 ファブリックはクラシック柄から最新柄まで多彩！ まずは手に取ってみたい商品を選んで。

ウニッコを見せてください。
Can you show me Unikko?

青ですか？ 赤ですか？
Blue one or red one?

2 基本的にファブリックはスタッフに広げてもらうこと。気になる柄は全部見せてもらおう。

わかりました。ありがとう！
Okay, kiitos!

3 だいたい1m€37前後で購入できる。コットンやリネンなど素材により価格は変動する。

そのファブリックを1mください。
I want to buy the fabric for 1m.

4 カットしてもらったら、お礼を言ってレジでお会計。ね、とっても簡単でしょう？

通年モノに加え、期間限定のスペシャルなアイテムも豊富に揃う。行くたびにラインアップが変わる♡ 楽しいショップ♪

101

iittala
Kartio カルティオ

1958年に発表されたイッタラの定番アイテム。シンプルなデザインで日常使いにぴったり♪ カラーバリエも豊富。

Designer
カイ・フランク →P.99
Kaj Frank

(左)タンブラー
(210mℓ)2個 €17
(上)ハイボール
(400mℓ)2個 €21.50

Designer
ヘロリンネ&カッリオ
Harri Helorinne(1971年~)
Jarkko Kallio(1970年~)

ヘルシンキを拠点に活躍するデザインユニット。シンプルながら目を引くデザインが特徴的。フィンランドのフェニア賞やドイツのレッド・ドット・デザイン賞などを受賞している。

Arabia
Tuokio トゥオキオ

24時間、いつでも活躍することからその名が付いた24hシリーズ。上品なデザインは和食にも合いそう♪

スープ皿
(18cm)€19.90

美しさも実用性もピカイチ
まだまだあるイッタラ&アラビア

iittala
Origo オリゴ

丸みのあるフォルムに、カラフルなボーダーが描かれた超人気シリーズ。食卓を一気に華やかにしてくれる。

マグカップ
(250mℓ)€19.90

Designer
アルフレッド・ハベリ
Alfredo Häberli
(1964年~)

アルゼンチンのブエノスアイレス生まれの工業デザイナー。食器から家具、車まで幅広い分野で才能を発揮。オリゴのデザインで、2002年に世界的権威のあるiFデザイン賞を受賞した。

Designer
クラウス・ハーパニエミ
Klaus Haapaniemi(1970年~)

フィンランド生まれのイラストレーター。北欧の森や動物を描いた幻想的な作品にファンが多く、イッタラのほか、マリメッコやドルチェ&ガッバーナなどの作品も手がける。

iittala
Taika タイカ

タイカはフィンランド語で「魔法」の意。フクロウやクジャクのメルヘンなイラストに、世界中の乙女が夢中♡

プレート
(27cm)€36.90

102 ムーミンのキャラクターが描かれたアラビアのマグカップ€19.90~は、おみやげに大好評でした!（東京都・とも）

Designer
ティモ・サルパネヴァ
Timo Sarpaneva(1926–2006年)

フィンランドを代表するデザイナー。イッタラのプロダクトデザイナーとして活躍し、ロゴの「i」を考案。実用的なものから先鋭的なものまで、そのデザインは多岐にわたる。

iittala
SARPANEVA
サルパネヴァポット

『かもめ食堂』にも登場したキャセロール（鍋）。木の取っ手は取り外し可能で、蓋を開けるときにも使える！

→P.44
Designer
アルヴァ・アアルト
Alvar Aalto
(1898–1976年)

20世紀を代表するモダニズム建築家。地元フィンランドの自然や伝統をテーマに、数々の建築物やインテリアを造り出した。没後45年近く経た今もなお、世界中で人気を博した。

iittala
ALVAR AALTO-KOKOELMA
アルヴァ・アアルトコレクション

ベース(花瓶)
(120mm)€99

湖をイメージして作られた花瓶。1936年にデザインされたものをベースに、現代のデザイナーが手を加えている。

キャセロール
(鋳鉄製)
(3L、21.5cm)
€239

まだまだあるイッタラ＆アラビア

シンプルで機能的、かつ美しいデザインのイッタラ、アラビア。人気の理由はおしゃれに日常使いができるということ。数あるシリーズのなかで、「テーブル上の芸術」にふさわしいプロダクトをチェックしてみよう。

イッタラのフラッグシップショップ
イッタラ・アラビア・ストア・エスプラナーディ

イッタラ、アラビアのアイテムがほぼすべて揃い、日本よりも格安で購入可能。目を引くオイヴァ・トイッカの有名なバードコレクションは購入できる。

iittala ARABIA
Store Esplanadi
Map 別冊P.12-B1 元老院広場、エスプラナーディ公園周辺

Pohjoisesplanadi 23 ☎020-439-3501 ⏰10:00～19:00(土～17:00、5～1月の日12:00～17:00) 休5～1月以外の日、祝、12/24・25 カードA.D.M.V. トラム2、4、5、7番のAleksanterinkatu下車、徒歩3分 URL www.iittala.com

iittala
ULTIMA THULE
ウルティマ・ツーレ

ラップランドの溶けていく氷をイメージ。このシリーズはフィンエアーのビジネスクラスでも使われている。

ウォーターグラス2個
(200mℓ)€44.90

Designer
オイヴァ・トイッカ
Oiva Toikka(1931年–)

フィンランドを代表するガラスアーティスト。バードシリーズをはじめ、カラフルでユニークなガラス製品を制作。カイ・フランク・デザイン賞など北欧のデザイン賞を数多く受賞。

iittala
KASTEHELMI
カステヘルミ

凹凸のついたガラスで朝露のしずくを表現。キャンドルホルダーは、明かりが微妙に屈折してきれい♪

キャンドルホルダー
(64mm)€24.90

Designer
タピオ・ヴィルカラ
Tapio Wirkkala(1915年–1985年)

ガラス、家具、都市計画をもデザインした、天才マルチデザイナー。フィンランドの自然をこよなく愛し、そこからヒントを得たアイテムを多数残した。

「イッタラ・アラビア・ストア・エスプラナーディ」ではラッピングの待ち時間などにアラビアのマグカップでコーヒーを提供してくれる。 103

で買える
ズ総まとめ

気キャラクターは、
たちを楽しませてくれます。
ムーミングッズを集めてみました。

ムーミンブックのハンドバッグ€59

カラフルなポストカード各€1.50はおみやげにグッド

陶器のソルト＆ペッパー入れはセットで€15。テーブルに置くだけでかわいい！

ムーミングッズ総まとめ

雨でも気分があがりそうな折りたたみ傘€30

PARTY TIME!

イラストの種類が豊富なペーパーナプキン各€6

吸水性抜群のふきん各€4、3つで€10

カレリアパイ€3.50、シナモンロール€3.50、カシスのジュース€4.20

ジンジャーオレンジのローケーキ€6

THERMOS

どこへでも一緒に持ち歩きたいキュートな水筒€25

乙女心をくすぐる演出にキュン！
ムーミン・カフェ Mumin Kaffe
ムーミンのイラストが描かれた壁や、キャラクターたちのぬいぐるみが席に腰かけていたりと、どこもかしこもムーミン一色のかわいらしいカフェ。グッズも販売している。

Map 別冊P.12-B1　元老院広場、エスプラナーディ公園周辺

🏠 Fabianinkatu 29　📞 046-922-3822
🕐 10:00～18:00　🚫 祝、12/24～26、1/1
💰 €4～　Card M.V.　WiFi　🚉 トラム2、4、5、7番のSenaatintori下車、徒歩1分

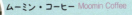
こっち行ってみて

ムーミン・コーヒー Moomin Coffee
Map 別冊P.6-B1外　郊外

2019年5月にヘルシンキ・ヴァンター国際空港にニューオープンしたカフェ。シェンゲン協定加盟国以外のエリア2階の40番ゲートにある。

🏠 Non-Schengen area Gate 40
🕐 6:30～23:30　🚫 無休　💰 €4～
Card M.V.　英　WiFi

© Moomin Characters ™

ムーミン・カフェには、絵本やブランコの席などもあり子供から大人まで楽しめる。

スーパーで買えるムーミングッズ

便利なスーパーマーケットにもムーミングッズがたくさん。しかもプチプライスなのがうれしいところ。

絆創膏€2.45までムーミンならときめくよね☆

ドライヤーの熱から髪を守るスプレー€4.79

ムーミングッズが買えるスーパーは →P.126

WASH! WASH!

年齢別のキシリトール入り歯磨き粉各€1.79〜はパッケージがとってもキュート！

ファッツェ社のフルーツ味のグミ€1.15

甘いストロベリー味の微炭酸ドリンク各€2.05

アラビアのムーミンマグ

ぜーんぶコレクションしちゃいたい

ムーミン谷の住人を描いた、アラビア製のマグカップ。現在発売されている24種類に加え、シーズンで発表される限定マグもあり、その人気はコレクターがいるほどなのです。

イッタラ・アラビア・ストア エスプラナーディ →P.103

ムーミントロール

Muumipeikko
物語のメインキャラクター。好奇心旺盛な夢見る男の子で、海が大好き。

ムーミンママ
Muumimamma
愛情深いしっかり者。みんなが頼りにしているムーミンのお母さん。

スノークのおじょうさん

Niiskuneiti
ムーミンのガールフレンド。気分屋だけど、エネルギッシュな女の子！

ムーミンパパ
Muumipappa
家族思いのムーミンのお父さん。ドラマチックな冒険や空想が大好き！

スナフキン

Nuuskamuikkunen
ムーミンの親友で、ふらっと現れては立ち去る放浪者。ハーモニカがお気に入り。

ミムラねえさん

Mymmeli
ミイのお姉さんで、妹思いの優しい性格。空想が大好きなロマンティスト。

リトルミイ

Pikku Myy
少女気性が荒いけど、度胸のある女の子。裁縫かごの中に入るほど小さい！

ミムラ夫人
Mymmelin äiti
コロコロとした体形のミイのお母さん。いつも子供たちの面倒を見ている。

スニフ
Nipsu
ムーミンの友達で、飽きっぽい性格が玉にキズ。キラキラしたものが好き。

ソースユール

Sosuli
ボタン集めが趣味のスニフのお母さん。ロッドユールにひとめ惚れして結婚。

スティンキー

Haisuli
盗みや人をだますことが好きな、小さな毛むくじゃら。森にすんでいる。

ロッドユール

Hosuli
鍋をかぶった内気な性格のスニフのお父さん。ボタンのコレクターでもある。

ムーミンマグの大ファンです。行くたびに違う柄が出ているので必ずチェックしています。（高知県・まりりん）

COOKIES!

ムーミンのクッキー €1.99。優しいバター風味

バラ売りの棒付きキャンディ 各€0.17

20パック入りのムーミンの紅茶 €2.59

キシリトール入りのタブレット €2.15

野イチゴとブルーベリー&ラズベリー味のリコリス各 €0.25

LAKRITS!

粉末の甘いココア €8。300gのたっぷりサイズ

ファブリックなら、フィンレイソンも忘れずに!
ファブリックだけなら、フィンレイソンのほうが圧倒的に品数が多い。ベッドカバーやピローケースなどの寝具やタオルが豊富に揃う。

フィンレイソン→P.113

ハンドタオル 各€7.95

ムーミングッズ総まとめ

モラン

Mörkö
冷気を放ち、誰も寄せ付けない恐ろしい生き物だけど、実は女の子なんです。

ニョロニョロ

Hattivatit
大群で生きる謎の生き物。体に電気を蓄えており、近づくと感電しちゃう。

インスペクター

Poliisimestari
まじめな性格の署長さん。ムーミン谷の安全を守ってくれる頼もしい存在。

トフスランとビフスラン

Tiuhti ja Viuhti
狭い所に隠れるのが好きなふたり。とても小さいので、帽子で見分ける。

トゥーティッキ

Tuutikki
掃除上手で壊れたものの修理もできる、かっこいいスマートな女性。

ニンニ

Ninny
皮肉屋のおばさんから冷たい態度を取られているうちに青ざめて、姿が見えなくなってしまった女の子。

ご先祖さま

Esi-isä musta
毛むくじゃらで長く黒いしっぽの小さなトロールは、千年前のムーミン一族のご先祖さま。

飛行おに

Taikuri liila
人の願いをかなえる力をもつ魔法使い。クロヒョウに乗って、世界一大きなルビーの王様を探している。

ムーミンハウス

Muumitalo
ムーミンパパが立てた家は、友達の部屋も用意されている。紙製の赤い屋根が付く。

トゥルートゥーイッツオリジン

Alkuperää Kunnioittaen
トーベ・ヤンソンの原画シリーズ。『ムーミンパパ海へいく』のシーンが描かれている。

アドベンチャームーブ

Seikkailu muutto
おさびし山の天文学者がムーミン谷に彗星が落ちてくると警告すると、荷物を抱えて逃げているシーン。

ラブ

Rakkaus
ムーミンとスノークのおじょうさんのラブラブした姿が描かれているシリーズ。

© Moomin Characters ™　　同じアイテムでも、ムーミン・ショップよりスーパーのほうが安く購入できる場合がある。

特徴 **有機的なカーブと遊び心あるデザイン**
美しい曲線は、湖や海岸線、オーロラなどフィンランドの自然をイメージ。モダニズムと自然が融合したデザインがアアルトの真骨頂なのだ。

アアルトデザインのカフェ・アアルト→P.88

Inside 地上3階、地下1階の建物。吹き抜けの天井には本をイメージした窓がある

照明は丸いものが多い

段差部分は緩やかなカーブを描いている

もっと！アアルト☆
北欧デザインの神髄に触れる

洗練されたアアルトデザインの虜になったアナタ！ヘルシンキにある彼の手がけた建築スポットを回って、さらにディープな北欧デザインの世界をのぞいてみない？

フィンランド最大級の書店
Akateeminen Kirjakauppa
アカデミア書店

エスプラナーディ通りにある大型書店。絵本や写真集などおみやげになりそうな本もある。地下1階でストックマン(→P.128)と直結。

Map 別冊 P.12-A1　元老院広場、エスプラナーディ公園周辺

🏠 Keskuskatu 1　☎020-760-8999　🕘9:00〜21:00(土〜19:00、日11:00〜18:00)
🚫イースター、夏至祭、12/25　Card A.D.M.V.　🚋トラム1、2、3、4、5、6、6T、10番のYlioppilastalo下車、徒歩2分　URL akateeminen.com

入口ドアの取っ手は、アアルトデザインの定番

Outside 直線的なカッティングの窓や建物

入口の床には足あとが。遊び心あるデザインの典型的な例

Front マンネルヘイミン通り側から見たフィンランディアホール

私のデザインに触れてみよ

内部。アアルトベースと同じデザインのテーブルがある

白亜の外観が目を引く
Finlandiatalo
フィンランディアホール

アアルトが晩年に手がけたヘルシンキ中央駅周辺の再開発計画のうち、唯一実現した建物。コンサートホール兼会議場となっている。

DATA→P.67

Back 湖側から見ると、同じ建物とは思えない

特徴 2 **大理石を多用した、アシンメトリーな外観**
好んで使ったのは、白い大理石。見る場所により印象が違うのも顕著な特徴。ここは外観のほかコンサートホールも左右非対称となっている。

110　「ラヴィントラ・サヴォイ」は、ちょっとおしゃれをして行くのがオススメ。普段着だと浮いてしまいますよ！(千葉県・純子)

今もアアルト財団のオフィス
Studio Aalto
アアルトのアトリエ

Map 別冊P.6-A1　郊外

自宅から約700m離れた場所にあるアトリエ。1956年の建造以来アアルト財団のオフィスとして利用されている。ガイドツアーで見学可。

🏠 Tiilimäki 20　☎ (09)481-350
🕐 1・12月: 11:30〜、2・4・10・11月: 11:30〜(土・日11:30〜、12:30〜)、5〜9月: 11:30〜、12:30〜、13:30〜
🚫 8月以外の月、聖金曜日、メーデー、夏至祭、独立記念日、クリスマス
💰 €18　🚋 トラム4番のTiilimäki下車、徒歩5分
🌐 www.alvaraalto.fi

今もスタッフが働いている現役のアトリエ

L-レッグのカーブなど、デザインのルーツや作り方が学べる

特徴 3 インテリアまでトータルでデザイン

アアルトは建築のほかインテリアなどすべてのデザインを手がけた。有名な花瓶、アアルトベースはこのレストランのために作られたもの。

今もオリジナルのアアルトベースを使っている

高級フレンチレストラン
Ravintola Savoy
ラヴィントラ・サヴォイ

ヘルシンキを代表する高級フレンチレストランで、アアルト夫妻が内装やインテリアをプロデュースした。ディナーコース€114。

Map 別冊P.12-A1　元老院広場、エスプラナーディ公園周辺

🏠 Eteläesplanadi 14(8F)　☎ (09)6128-5300
🕐 11:30〜15:00/18:00〜24:00(土18:00〜24:00)
🚫 日・祝、12/23〜30　💰 ランチ€70〜、ディナー€114〜　Card A.M.V.　要予約　英　Wi-Fi　🚋 トラム1、2、3、4、5、6、7、10番のYliopistalo下車、徒歩5分　🌐 www.savoyhelsinki.fi

店内はシックな雰囲気

店の奥にはギャラリーもある

特徴 4 赤レンガの外観を造った中期アアルト

1940年代後半頃、アアルトは外観にさまざまな素材を使った。赤れんがはその一例で、アアルト大学のほかユヴァスキュラのサイナッツァロが代表作。

夏季には入れないこともあるので、事前に確認を

アアルトも学んだ名門大学
Aalto-yliopisto
アアルト大学

DATA → P.74

アアルトが卒業した大学。もとはヘルシンキ工科大学と呼ばれていたが、近年改名した。翼形に広がるオーディトリウムが有名。

ロビーも美しい

いちばんの見どころはメインの講堂

アアルト自邸 → P.44

アアルト自身は日本へ行ったことがないという

特徴 5 各国の建築様式を取り入れている

アアルトは世界中の造りをデザインに取り入れていた。自邸のアトリエとリビングの間にある引き戸の扉は日本のふすまからヒントを得たそう。

History of Aalto

年	出来事
1898	クオルタネKuortaneに生まれる。
1903	ユヴァスキュラに引っ越し、高校生までを過ごす。
1916	ヘルシンキ工科大学（現アアルト大学）入学、アーキテクト（建築家）の資格を得る。
1923	ユヴァスキュラへ戻り、建築事務所を開設。
1924	建築家・アイノ・マルシオ（アイノ・アアルト）と結婚、イタリアへ新婚旅行。
1927	トゥルクへ事務所ごと転居。
1928	ヨーロッパ旅行。機能的で合理的なモダニズム建築と出合う。
1929	パイミオPaimioのサナトリウム設計（〜33年）、世界的な建築家としての地位を確立。
1933	ヘルシンキに活動の拠点を移す。
1935	インテリアメーカーのアルテックを設立。
1937	ヘルシンキに事務所兼自邸を建設。ラヴィントラ・サヴォイの内装とインテリアを手がける。
1943	フィンランド建築家協会の会長に就任（〜58年）。
1946	渡米。マサチューセッツ工科大学で教授を務める（〜49年）。
1949	妻のアイノ・アアルト死去。アアルト大学（〜66年）やサイナッツァロのタウンホール（〜52年）など赤れんがを多用した建物を建設。
1952	建築家エルサ・マキニエミと再婚。
1955	フィンランド・アカデミー会長となる。
1956	ヘルシンキにアトリエを建設。
1963	ヘルシンキ・アカデミー会長に就任（〜68年）。
1971	フィンランディアホールを設計。
1976年	ヘルシンキにて死去。

アアルトのネットショップでは限定グッズを購入できる。🌐 shop.alvaraalto.fi

テキスタイルの本場で
人気3大ブランドのコレクションをチェック☆

ひとつの柄から生み出されるプロダクトの幅広さが魅力のテキスタイル☆ フィンランドには王道のマリメッコ以外にも有名なテキスタイルブランドがたくさんあるのです。なかでも人気の3ブランドをピックアップ！

Doris
ドリス

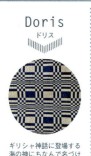

コースター €7

ハンドバッグ €95

ギリシャ神話に登場する海の神にちなんで名づけられた。海の波の動きのようにあらゆる方向に広がる模様になっている。

Helios
ヘリオス

ポーチ €44

バッグ €110

太陽の王様の名前が付いたデザイン。一見シンプルだがリズミカルなラインがテキスタイル全体を引き立たせている。

Tithonus
ティトナス

ストライプとブロックが交互に並びリズミカルな柄が連続する。デザイン名は永遠の命を与えられたギリシャ神話の登場人物の名前に。

クッションカバー €70

ペンケース €25

Nereus
ネレウス

スクエアとブロックで構成された、クリアな印象のデザイン。ネレウスとは賢明な海の神の名前に。

ポーチ €48

コインケース €22

Eos
イオス

暁の女神にちなんで名づけられたデザイン。細いストライプは夜明けの曇りを表現している。

バスケット €45

鍋つかみ €60

幾何学的でタイムレスなデザインが人気
Johanna Gullichsen
ヨハンナ・グリクセン

洗練されたディスプレイにも注目！

織りから生み出された特徴的な柄が人気の有名テキスタイルブランド。ブランドを代表する「ノルマンディ」シリーズ（上の5つ）はバッグやポーチなどの商品が展開され、世界でも高評価を受けている。

Map 別冊P.11-C2　中心街南部

Erottajankatu 1　☎(09)637-917
🕐10:00~18:00(土曜11:00~16:00) 日・祝
(祝日オープン日あり。ウェブサイトで要確認)
Card A.D.M.V.　🚋トラム10番のKolmikulma下車、徒歩1分　URL www.johannagullichsen.com

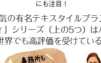

事務所も併設しているからよくお店に顔を出すわよ！

創設者の
ヨハンナ・グリクセンさん

History

小物からリビング雑貨まで幅広い商品がずらり

ヘルシンキ大学で織りの技術を学んだヨハンナ・グリクセンは、織りを生かして何かできないかと考え1989年にテキスタイルブランドを立ち上げた。国内だけにとどまらず世界でも人気が高く、日本にも支店がある。

💬 ショップに行ったらヨハンナ・グリクセンさんに直接会うことができて感動！（東京都・ミイ）

Finlayson
フィンレイソン

創業約200年の老舗

タンペレ発の老舗ブランド。タオルや寝具などの生活アイテムが豊富。なかでもムーミンのアイテムが人気。

Map 別冊P.12-A1　元老院広場、エスプラナーディ公園周辺

🏠 Eteläesplanadi 14　☎ 050-322-4250
🕙 10:00～19:00(土～16:00、日12:00～16:00)
休 祝(祝日オープン日あり。ウェブサイトで要確認)
Card A.D.M.V.　🚋 トラム2、4、5、7番のAleksanterinkatu下車、徒歩4分
URL www.finlayson.fi

テキスタイルは年に2回ほど変わる

History
1820年にスコットランド出身のジェームス・フィンレイソンがタンペレ(→P.146)で創業。北欧の自然や植物をモチーフにした伝統的な柄と、トレンドをおさえた新しい柄などを取り入れ、長年愛され続けている。

僕のお気に入りはエレファンティ♪
スタッフのヨエルさん

Elefantti
エレファンティ

お昼寝マット €71.95

ライナ・コスケラによるデザイン。子供の頃遊びに行った大人宅のゾウのカーテンがモチーフ。

トートバッグ €10.95

Leinikki
レイニッキ

カーテン €36.95

フィンランド語でキンポウゲを意味する。水彩画のような美しいタッチで描かれている。

エプロン €23.95

Muumimamman ruusutarha
ムーミンママ・ルースタルハ

枕カバー €37.95

『ムーミンパパ海へいく』のひとコマ。ホームシックになったムーミンママは気持ちを晴らすために家中をペイントしている。

鍋つかみ2つ €11.95

Coronna
コロナ

ペーパーナプキン €2.95

アイニ・ヴァーリによるデザイン。幾何学的でシンプルな模様は時代を問わず長年愛され続けている。

クッションカバー €16.95

テキスタイルの人気3大ブランド

© Moomin Characters ™

Sunnuntai
スンヌンタイ

アイフォンケース €29

フィンランド語で日曜日という意味。花や休んでいる鳥が描かれており、ゆったりとした休日を表現。

トートバッグ €24

Orvokki
オルヴォッキ

ピアス €28

パンジーを大胆に描いたテキスタイル。一輪ずつ違う形をしているパンジーの魅力を細かく表している。

靴下 €14

Kauniste
カウニステ

ポップなデザインが好評！

パステルカラーとキュートな絵が特徴。生活用品からファッションアイテムまで幅広いグッズが揃う。

Map 別冊P.12-B1　元老院広場、エスプラナーディ公園周辺

🏠 Aleksanterinkatu 28　☎ 040-961-9090
🕙 11:00～18:00(土・日～16:00)
休 7・8・12月以外の日、月不定休　Card A.J.M.V.　🚋 トラム2、4、5、7番のSenaatintori下車、徒歩1分
URL www.kauniste.com

Tutti Frutti
トゥッティフルッティ

ポストカード各 €6

南国のフルーツやデザイナーが生み出した空想のフルーツなど、さまざまな果物が登場する、愉快なデザイン！

キッチンタオル €15

Sokeri
ソケリ

ブローチ €18

フィンランド語で砂糖を意味する。優しいタッチで描かれた砂糖の山が並んだユニークなデザインは人気の作品。

ランチョンマット €12

ヘルシンキ大聖堂の目の前にある

History
2008年にヘルシンキでオープン。北欧在住のグラフィックデザイナーがデザインし、オーナーのミッラさんがカラーを決めている。キッチンタオルからスタートし、現在は幅広いジャンルの商品を展開している。

ほかにもいろいろな柄があります☆

「カウニステ」で €80以上買い物すると、オリジナルのエコバッグがもらえる。

デザイン性&クオリティがハイレベル！
こだわりが光る フィンランドブランド

北欧の自然を取り入れたりメイド・イン・フィンランドを徹底したりと、オリジナリティあふれるブランドも見逃せない！ お気に入りのアイテムを持ち帰ろう♪

国内生産を続ける老舗ブランド
ライフスタイル雑貨

Lapuan Kankurit
ラプアン・カンクリ

フィンランド北西部にある町、ラプアで創業。小さな工場が集まる地域で創業当時はフェルトブーツを生産していたが、1973年に現在のテキスタイルブランドを確立。現在もすべての商品をラプアで生産している。

日本でも人気が高い、テキスタイルブランド。ウールやリネンなどの上質な素材を用いた生活用品を販売。

Map 別冊P.12-B1 元老院広場、エスプラナーディ公園周辺

🏠 Kataariinankatu 2　☎ 050-538-8244
🕐 11:00～18:00(土 10:00～16:00、日 12:00～16:00)
🚫 夏季と12月以外の日、夏至祭、冬至祭、12/25・26、1/1　💳 A.M.V.　🚋 トラム2番のKauppatori下車、徒歩2分　🔗 lapuankankurit.fi

1. 100%ウールの湯たんぽ €35.90。あたたかみのあるデザインがキュート！　2. 白樺の模様を織りで表現した、フィンランドらしさ満点のバッグ €46.90　3. 日本でも人気のアイテム、ポケット付きショール €62.90。冬に大活躍しそう♪　4. Trianoという名前のタオル €17.90。食器拭きやプレイスマットとしても使える　5. 5種類の花が描かれたフィンランドの春の草原がモチーフのタオル €59.90

製品の50%を輸出しているぐらいグローバルに展開しているのよ♪
スタッフのヨハンナさん

古い建物を利用している

レザーバッグ
有名ブランド出身のオーナーが作る

Lumi
ルミ

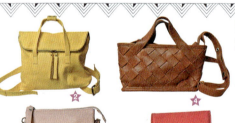

ラルフローレンでバッグデザイナーだったフィンランド人のサンナ・コントラとティファニーで時計のアートディレクターだったフランス人のブルーノ・ポーグランが設立。共同デザインしたLumiが大ヒットした。

牛・羊・豚の3種類の革を使っています
スタッフのカイスさん

1. スーパー袋からインスパイアされて誕生したスーパーマーケットバッグ €285　2. ヤギの革を使用した2ウェイバッグ €359。リュックまたはショルダーバッグとして使える　3. ショルダーバッグ €105。3つのポーチに分かれていて収納力バツグン！　4. フィンランドの伝統工芸、白樺のカゴをイメージした牛革のバッグ €185　5. 2色使いがかわいい、羊の革を使った財布 €149

カラーバリエーションの豊富さが好評！ バッグの形もさまざまで商品によって使用しているレザーが異なる。

Map 別冊P.12-B1 元老院広場、エスプラナーディ公園周辺

🏠 Aleksanterinkatu 28　☎ 020-734-8871
🕐 10:00～19:00(土～18:00、日 12:00～16:00)
🚫 夏至祭イブ、夏至祭、12/24～26(年末年始の営業はウェブサイトで確認)　💳 A.M.V.　🚋 トラム2、4、5、7番の Senaatintori 下車、徒歩1分　🔗 lumiaccessories.com

バッグのほか、シューズなども販売

「ルミ」の店の前にスーパーマーケットバッグの顔ハメパネルがあったので記念撮影しました☆（大阪府・やまちゃん）

114

ファッション
ラップランドの自然をファッションに

Hálo
ヘイロー

2017年に誕生したブランドでオーロラや白夜などラップランド特有の自然や文化を表現したファッションを展開。また、フィンランドの画家レイダル・サレステニエミの作品とコラボした商品も販売している。

ラップランド出身のユッカさんがデザイン。柄やシルエットの細かい部分までラップランドの要素をうまく落とし込んでいる。

デザイナーのユッカさん　CEOのマルタさん

カンプ・ギャレリアの2階にある

私たちのファッションを通じて自然の美しさを感じてね

フィンランドブランド

Map 別冊P.12-A1　元老院広場、エスプラナーディ公園周辺

🏠 Pohjoisesplanadi 33, Galleria 2F　☎040-027-6785　🕙10:00～19:00(土～17:00、日12:00～16:00)　🚫夏至祭イブ、夏至祭、12/24～26、1/1　Card A.M.V.　🚋トラム2、4、5、7番のAleksanterinkatu下車、徒歩2分　URL www.halofromnorth.com

1. 樹皮という意味のKaarnaのワンピース€390。樹皮に付着して垂れ下がる糸状のコケの一種を表現している　2. 湿地を意味するNevaのキャミソール€98。白夜の時期に群生するワタスゲというフワフワした植物がモチーフ　3. 長くて厳しい冬から春へと向かう季節、Kajoを表現。柔らかな光がモチーフのワンピース€240　4. Ruskaという紅葉をイメージしたコート€530。ラップランドの伝統的な象徴である樺太ライチョウやクラウドベリーがあしらわれている

雑貨
ほっこり系アイテムが見つかる！

Aarikka
アーリッカ

1年中クリスマスグッズを販売しています

© Moomin Characters™

アクセサリーはシーズンごとに入れ替わる

オーナーのパウリーナさん

1954年に創業者のカイヤ・アーリッカがボタンを制作して創業。環境に配慮した天然素材を使った丸いアイテムが特徴。最近は、かわいいアイテムだけでなくモダンでよりスタイリッシュな商品を展開している。

フィンランドの白樺や松を使った木製のアクセサリーやオブジェが揃う。ころんとしたフォルムが魅力☆

1. クリスマスに飾りたい、クリスマスツリーのオーナメント€18　2. リトルミイ€39とスナフキン€42のネックレス　3. サンタの格好をしたかわいらしいトゥントゥの人形€20　4. ほっぺのキスマークが愛らしいトゥントゥの人形€10　5. カッティングボード€29。羊のシルエットがキュート！

Map 別冊P.12-B1　元老院広場、エスプラナーディ公園周辺

🏠 Pohjoisesplanadi 27　☎044-422-0204　🕙10:00～19:00(土～17:00、夏至の日12:00～17:00)　🚫日不定休　Card A.D.M.V.　🚋トラム2、4、5、7番のAleksanterinkatu下車、徒歩2分　URL www.aarikka.com

---

シューズ
国民的シューズブランド

Karhu
カルフ

デザイン性も機能性も優れた優秀なシューズだよ！

スタッフさん

1916年創業の老舗シューズブランド。オリンピックの競技用シューズとして採用され、知名度を上げた。当初は3本線が入ったシューズだったが、ほかのメーカーに売却し、それ以降エムマークとクマのマークがモチーフになった。

カルフ・コンセプト・ストア
Karhu Concept Store

ブランドロゴのクマが目印。店内にはタイプやカラーが異なるシューズがずらり！ Tシャツや雑貨も販売。

クマの看板が目印

シューズが入っているボックスにもクマが！

1. つま先部分にセンターシームが入ったチャンピオンエアシリーズ€100　2. シューズやクマが描かれたマグカップ各€15もある　3. シューズと一緒に合わせて着たいTシャツ€40　4. ブランドの定番シリーズ、アルバトロス€85。カラバリも豊富

Map 別冊P.11-C1　ヘルシンキ中央駅周辺

🏠 Mannerheimintie 22-24　☎045-668-5735　🕙10:00～18:00(夏至の日12:00～17:00)　🚫夏至以外の日　Card A.D.J.M.V.　🚋トラム1、2、3、10番のLasipalatsi下車、徒歩すぐ　URL karhu.com

アーリッカの創業者がかつて牧場を経営していたため、動物モチーフのデザインが多いのだそう。

115

普段使いできて、ちょっぴり差がつく！注目ショップ

LOKAL

ハイセンスなディスプレイに胸キュン！

ヘルシンキのデザイナーが手がけた磁器のカップ€40とソーサー€24

フィンランド語でレシピが書かれている個性派リボン各€7

白樺の皮を使ったハンドメイドの小物入れ€12(小)、€18(中)

ユニークな形の3Dピアス€76。裏面は違う色になっているのがナイス！

ハイセンスなセレクトショップ
ロカル Lokal

「併設しているギャラリーで展示会も行っています♪」

写真家カトゥヤさんのアーティスト仲間を紹介することがきっかけで始まったギャラリーに併設するショップ。フィンランドのデザイナーが手がけたユニークなアイテムがセンスよく並ぶ。

Map 別冊P.11-C2 中心街南部

Annankatu 9　☎(09)684-9818　⏰11:00〜18:00(土・祝)、12:00〜16:00(日) 休月・祝　Card M.V.　トラム1、3、6、6T番のFredrikinkatu下車、徒歩3分　URL lokalhelsinki.com

TRE

トレのオリジナルブック€29。一般の人に「あなたにとっての幸せとは？」と質問した回答をまとめた本

ヘルシンキ出身のイラストレーター、クラウス・ハーパニエミのポーチ各€92

ケニアの女性たちが一つひとつ手作りしたバスケット€29

先っぽにクマの顔が彫られた、フィンランドらしさ全開のスプーン各€12〜

フィンランドの有名ブランドをまとめ買いできる

フィンランドの良品が勢揃い！
トレ Tre

「オリジナルの観光マップも無料で配布しています！」

自分たちの目で厳選したアイテムだけを揃えるセレクトショップ。フィンランドの有名ブランドから小規模なブランドまで幅広く扱っており、商品のジャンルもバラエティ豊か。

Map 別冊P.12-A1 元老院広場、エスプラナーディ公園周辺

Mikonkatu 6　☎029-170-0430　⏰10:00〜19:00(土・日)、18:00(日) 休イースター3日間、夏至祭3日間、12/24・25、1/1　Card D.M.V.　トラム2、4、5、7番のAleksanterinkatu下車、徒歩2分　URL www.worldoftre.com

116　「トレ」でもらったオリジナル観光マップはとても参考になりました。(福岡県・じゅん)

の北欧デザイン雑貨

ヘルシンキには、乙女心をつかむセレクトショップや専門店がたくさん！デイリーユースできて、いつも買うものより個性がワンランクアップするアイテムを揃えた、おしゃれショップをご案内♪

店オリジナルのスポンジふきん€4.90。水にぬらすと吸収性抜群のスポンジに変身！

ゴミを原料として作ったオリジナルのトートバッグ€15

ロヴァニエミのクラフトショップ、ラウリ・トゥオッティート(→P.163)のブローチ。上€46、下€40

ほのぼのとした表情が愛らしい、フェルトのワインクーラー各€69〜

注目ショップの北欧デザイン雑貨！

ムーミンのポストカードはお店の看板商品！各€2.50

© Moomin Characters™

ミラ・マリウス作、動物のポストカードはベストセラー各€1.50

ポップなクマが描かれたハンディサイズのノート各€2.50

フィンランド語のメッセージカード各€3.90。左は引っ越し祝い、右はおめでとうと書かれている

ギフトにぴったりなグッズのほか、手芸用品も販売

文房具&ポストカード専門店
プーティンキ Putinki

ヘルシンキ市内に3店舗展開しています♪

1973年創業の老舗カードショップ。店内には動物や自然のイラストが描かれたオリジナルのカードやメッセージカードがぎっしり！ムーミンのポストカードやノートも人気。

Map 別冊P.9-D2 カッリオ地区

🏠Flemininkatu 5 ☎040-774-2030
⏰11:00〜18:00(土10:00〜15:00) 休日・祝
Card M.V. トラム3、6、6T、7、9番のKarhupuisto下車、徒歩2分 URL www.putinki.fi

ほのぼの系のアイテムが見つかる！
タイト・ショップ・ヘルスキー Taito Shop Helsky

ぬくもりのあるグッズをたくさんご用意しています！

ハンドメイドのあたたかみあるグッズが魅力！店オリジナルのアイテムや国産の伝統的なクラフト雑貨がゲットできる。同じ建物に別のショップも入っており、当店はいちばん手前。

Map 別冊P.12-B1 元老院広場、エスプラナーディ公園周辺

🏠Eteläesplanadi 4 ☎050-350-8470 ⏰10:00〜18:00(日〜17:00、5〜9月・12月の日12:00〜17:00) 休5〜9月と12月以外の日、祝 Card A.D.M.V. トラム2番のKauppatori下車、徒歩すぐ URL taitoshop.fi

「ロカル」では無料でかわいいラッピングをしてくれる。

フィンランドっ子 北欧柄のワンピース

1枚で様になるワンピースは、フィンいろんなブランドのワンフィンランドっ子になりきって

A おしゃれ女子から絶大な人気を誇る
サムイ　Samuji

おしゃれに敏感な女性の間で流行中！上質な素材を使い、シンプルで品のあるデザインが魅力。時代にとらわれないベーシックなラインとカラフルでボヘミアンなラインを展開する。ホームプロダクトも販売している。

Map 別冊 P.12-A1　元老院広場、エスプラナーディ公園周辺

🏠 Mikonkatu 3　☎ 040-350-7976
⏰ 10:00〜20:00(土〜17:00、日 12:00〜16:00)
休 祝　Card M.V.　🚋 トラム 2、4、5、7 番の Aleksanterinkatu 下車、徒歩 2分
URL samuji.com

B 個性豊かなビンテージアイテムが充実
フリーダ・マリーナ　Frida Marina

同じ建物内に3つのビンテージショップが入っており、当店はいちばん手前。1950〜80年代のフィンランドのビンテージが中心。オーナーのマリアさんが厳選した質のいい古着がセンスよく並び、古着好きにはたまらない空間☆

Map 別冊 P.9-D1　カッリオ地区

🏠 Kaarlenkatu 10　☎ 050-381-0418　⏰ 11:00〜19:00(土〜17:00) 休 日・月・祝 (祝日オープン日あり。ウェブサイトで要確認)　Card M.V.　🚋 トラム3、6、6T、7、9番の Kaarlenkatu 下車、徒歩1分

「フリーダ・マリーナ」はワンピースの種類が豊富でミニ丈からマキシまで揃っていました。(埼玉県・ところん)

のワードローブをゲットしたい！

フィンランドファッションのマストアイテム！
ワンピースを集めてみました☆
北欧ワンピで町を歩こう♪

ここがお気に入り
ボタンが裾までついていないのでたまに脚がチラ見えするんです☆

A ヘルシンキに住むテキスタイルデザイナーの島塚絵里さんのデザイン€380

腰の位置にギャザーがついていて脚長効果あり！€520 **A**

○マキシ
×
×

スタッフのセーデルさん

○ひざ上
○ひざ下
○ミモレ **C**

フェミニンでゆるかわなデザイン€89.90

北欧柄のワンピースをゲットしたい！

レトロワンピ€65。70年代に流行した大きめの襟が特徴 **B**

○ひざ上
○ひざ下
○ミモレ

ビタミンカラー＆レモンがプリントされ夏らしさがはじけている€260 **D**

○ミモレ
○マキシ
×

ここがお気に入り
伸縮が利いていて着心地が最高なの♪

ゼブラ柄のちょっぴり大人な1着€69.90 **C**

○ひざ上
○ひざ下
○ミモレ

スタッフのレータッさん

霜がおりて凍りついた白樺の森に注ぐ太陽を描いた絵画を切り取った1着€350
E

○マキシ
×
×

C ナンソ Nanso
オールジェネレーションから愛される

1921年創業のファッションブランド。若い世代からシニア世代まで愛される、タイムレスなデザインが特徴。最近はより若い世代を意識したモノトーンのアイテムを展開。ベストセラーはオーガニックコットンのTシャツ€34.90。

🗺 別冊 P.12-A1　元老院広場、エスプラナーディ公園周辺

📍Mikonkatu 2　☎040-551-3938　🕐10:00〜19:00(土〜17:00)　休日・祝（祝日オープン日あり。ウェブサイトで要確認）　Card A.D.M.V.　🚊トラム2、4、5、7番のAleksanterinkatu下車、徒歩2分
URL nansoshop.com

D マリメッコ DATAは→P.100

E ヘイロー DATAは→P.115

北欧柄って？
自然をモチーフにした大胆な柄、ボーダーや幾何学的な模様が多い。色使いもカラフルなものからシンプルなものまで、いろんなバリエーションがある。

サイズは？
S・M・Lなどのアルファベット表記と34・37・40などの数字表記の2パターン（→別冊 P.19）。丈の長さよりも、横幅のほうがサイズによって違いがある。

「サムイ」の創業者サム・ユッシ・コスキはマリメッコのクリエイティブディレクターとして活躍していた。　119

家具やジュエリーを扱う
ファサーニ&ヘルシンキ・セカンドハンド
Fasaani & Helsinki Secondhand

1950～70年代の北欧デザインのアンティークを扱う。イッタラのグラスやアラビアの陶器を中心に、テーブルなど家具やアクセサリーもある充実の品揃え。

Map 別冊P.11-C3　中心街南部

🏠Korkeavuorenkatu 5　☎(09)260-9970　⏰6/1～8/20:11:00～18:00（土～16:00）、8/21～5/30:11:00～18:00（土～16:00）　休日　Card A.M.V.　🚋トラム10番のTarkk'ampujankatu下車、徒歩2分　URL www.helsinkisecondhand.fi

スタッフのエラさん

お店は広いのでよく見ていってね！

アンティークショップで使うフィンランド語&英語

フィギュア	**Figure**
Figuuri	/フィグーリ
ティーカップ	**Tea Cup**
Teekuppi	/テークッピ
ホーロー鍋	**Enamel Pot**
Emalikattila	/エマリカッティラ
グラス	**Glass**
Lasi	/ラシ

北欧デザインの眠れる逸品を探せ！

1.パウリグ・クルマ（→P.88）のコーヒー缶€15　2.1960～70年代のホーローのキッチン用品メーカー、Finel社のホーローマグ€25　3.アンティ・ヌルメスニエミがデザインしたコーヒーポット€58。日本でもファンの多い人気商品　4.カイ・フランクによってデザインされたキルタ€32。ティーマの原型になった　5.ムーミンのマグカップシリーズが始まって2回目のデザイン€200　6.手描きされたストライプ模様が味わいのある、アラビアのマグカップ€20　7.ニワトリのエッグスタンド€18

イッタラなど繊細なガラス製品が豊富
ビサッリ
Bisarri

透き通るような薄張りのグラスなど、1920～80年代の小さくて女性らしいデザインのガラス製品を多く揃える。陶器は1950～70年代が中心で、アラビアなどを扱う。

Map 別冊P.11-C3　中心街南部

🏠Tarkk'ampujankatu 5　☎050-087-2922　⏰12:00～17:30（土～15:00）　休金・日、イースターの一部、夏至祭イブ、夏至祭、12/24～26　Card A.M.V.　🚋トラム10番のTarkk'ampujankatu下車、徒歩1分　URL www.bisarri.fi

ときめきのガラス製品を見つけて！

オーナーのマルヨさん

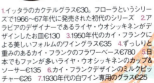

1.イッタラのカクテルグラス€30。フローラというシリーズで1966～67年代に発売された初代のシリーズ　2.アラビアのデザイナーであるライヤ・ウオシッキネンがデザインしたお皿€130　3.1950年代のカイ・フランクによる美しいフォルムのワイングラス€35　4.ずっしりと重みのあるカイ・フランクのフラワーベース€780　5.日本でもファンが多いライヤ・ウオシッキネンのカップ&ソーサー€135　6.カイ・フランクデザインのミルクピッチャー€26　7.1930年代の白ワイン専用のグラス€25

日本人には1960～70年代のカワイイ食器が人気なのだとか。

> くるっと返して底面を見て！

アラビアの歴代バックスタンプ・カタログ

商品で必ず見ておきたいのがバックスタンプ。アラビアには年代ごとに違うスタンプが刻印されているので、見るだけでいつ作られたのかがわかるんです。それ、めちゃくちゃ価値あるかも!?

ARABIA Helsingfors
1874〜1890年
アラビアで初めてのスタンプ。当時は底面ではなく、ボディに刻印されていた。

1879〜1910年
アラビアが急成長を遂げた時代のスタンプで、黒、緑、青、赤などのバリエーションがあった。

1890〜1910年
ディナーセットや定番のテーブルウエアに押された、紋章のようなデザインのスタンプ。

1893〜1917年
アラビアがスウェーデンの陶器メーカー、ロールストランド社の傘下にあった時代のスタンプ。

1900〜1920年
筆記体のスタンプ。同じ時代に、類似したデザインのスタンプがあったが、存在理由は謎のまま。

1917〜1927年
アラビアが独立した企業となった翌年から使われた。黒、青、茶や金色が使われた。

1928〜1932年
不況にはねのけ、会社が正常に稼働し始めた頃のスタンプ。APAからAAAに文字を変更。

1932〜1949年
アラビアで初めてのトンネル窯をモチーフにした、かっこいいデザインのスタンプ。

1949〜1964年
国内市場向けのスタンプ。王冠に見えるが、実は煙突の上部をひっくり返したデザイン。

ARABIA MADE IN FINLAND 12-62
1949〜1964年
「フィンランド産」の文字が入ったデザイン。海外市場向けの商品に押された特別なスタンプ。

ARABIA MADE IN FINLAND
1964〜1971年
のちに国内外ともに同じスタンプが使われるように。質の高いフィンランド産だと大きく主張。

1971〜1975年
フィンランドのヴァルツシラ社の傘下に入っていた時期のもの。スタンプにも社名が入っていた。

1975〜1981年
この頃の国内外用のスタンプは、従来のものに比べ、少し細長い書体でデザインされていた。

1981〜2014年
「フィンランド」の文字を大きくしてリニューアルされたデザイン。キュッと詰まった印象。

ARABIA 1873
2014年〜現在
現在は、煙突モチーフを取り、文字だけのシンプルなデザインに。遊び心ある書体がポップ。

フリマでは、交渉次第で価格は変わる。言い値を言われたらまずは値切ってみよう。安くなったりおまけを付けてくれたりする。

プチプラなおみやげが揃ってます
地元スーパーで良デザインを探せ

フィンランドのスーパーマーケットには
パケ買い必至のキュートなデザインアイテムがいっぱい！
物価が高くても、ここならリーズナブルにゲットできる☆

何買う〜？
どうする〜？

SNACK
お菓子

€2.05 (A)
フィンランドらしいオニオン＆ディルのポテトチップス。

€0.99 (A)
シュガーフリーのグミは、鼻に抜ける強烈なリコリス風味。

各€0.63 (A)
ファッツェル社のチョコレート。日本人にも合う甘さが◎。

€0.95 (A)
イェンッキはフィンランドでメジャーなキシリトールガム。

€0.59 (A)
ファッツェル社のミルクチョコレートウエハースは美味♡

€1.58 (C)
ギョロ目のパッケージに入ったホワイトチョコレート。

€2.65 (A)
ゼリーをやわらかいクッキーとチョコでサンド！

€2.79 (A)
子供たちのパーティーの定番、ファッツェル社のクッキー。

€0.99 (A)
国旗のカラーがかわいいミント味のサルミアッキ。

€4.45 (A)
砂糖不使用のフルーツをぐるぐる巻きにしたキャンディ。

€0.95 (A)
噛むほどにジワリと広がるサルミアッキ味のガム。

DAIRY PRODUCTS
乳製品

€0.89 (A)
ピングヴィーニのアイス。ベリーやチョコ味など数種ある。

€1.45 (A)
ドライフルーツやグラノーラが入った、朝食にぴったりなヨーグルト。

€0.72 (A)
フィンランドの乳製品メーカー、ヴァリオ社のヨーグルト。

※(A)〜(C)はP.126参照。商品の価格はスーパーによって異なる。

124　パッケージに引かれてサルミアッキを大量購入。友達に配ってみようと思います。(山口県・せいら)

FOOD
フード

€4.89 (A)
フィンランド人に欠かせないキノコが缶詰めに！

€8.90 (A)
酸味のある味がクセになるクラウドベリーのジャム。

€0.99 (C)
トゥルク生まれのマスタード。お城が描かれた黄色が目を引く。

€5.55 (A)
パンにつけて食べたいトナカイのスプレッド。

€2.99 (B)
ニシンの酢漬け。Ahtiアハティとは深海の神のこと。

€1.29 (D)
高品質のドライイースト。シナモンロール作りにいかが？

€5.59 (A)
オーガニックのハチミツ。チューブタイプで使いやすい！

€1.75 (C)
フィンランド人が大好きなビーツのスライスピクルス。

€2.57 (B)
電子レンジで温めるだけの、簡単カンタレッリのスープ。

€1.89 (A)
電子レンジでできるマスのスープ。具だくさんなのもいい！

€0.99 (A)
カルダモンはシナモンロールを作るときに入れるとよりおいしさUP！

DRINK
ドリンク

€0.85 (C)
液状のスキムミルク。長持ちするので重宝されている。

€4.49 (A)
ブルーベリージュース。口の中が一気にさわやかになる！

€2.89 (A)
シードルは飲みやすいアップルサイダーのお酒。

各€3.55 (C)
低アルコールのロンケロは、クランベリーなど3種類。

各€2.05~ (C)
フルーツ味の炭酸のジュースは、パイナップルやオレンジなどいろんな味が楽しめる！ スリムで持ちやすいグッドデザイン。

各€0.47 (C)
恐竜のパッケージがかわいらしい子供用のフルーツジュース。

地元スーパーで良デザインを探せ

プライベートブランドの商品があるスーパーもあるので、いろいろ回ってみるのがおすすめ。

125

ZAKKA
生活雑貨

€3.15 (B)
乾燥に効く保湿成分入りのレモンエキス入りハンドクリーム。

€1.29 (A)
スウェーデン生まれの植物性のソープ。使うたびにいい香り♪

€1.09 (C)
キシリトールの歯磨き粉。磨くとスースーして気持ちいい。

€3.95 (C)
国産の老舗リップバーム。ハンドクリームとしても使える。

各€1.98 (C)
思わずバケ買いしちゃうキュートなシャンプー&コンディショナー。タールなどフィンランドらしい香りもある。

€1.55 (A)
ピクニックに欠かせないペーパー皿もかわいくなくっちゃ☆

€2.29 (A)
お菓子作りがしたくなっちゃう、水玉模様のペーパーカップ。

各€2.09~ (A)
マリメッコのペーパーナプキンは、お手頃でバラまきにも◎。

各€2.99 (A)
フィンランドの家庭に必ずあるスポンジふきん。吸水性抜群の優れモノ！

SUPER MARKET
フィンランドのスーパーマーケット

A Kマーケット K-market

オリジナルブランドPirkkaがある。店舗の規模に合わせて、名称が変わる。中央郵便局内にもある。
URL www.k-ruoka.fi/k-market
Map 別冊P.12-A1 元老院広場、エスプラナーディ公園周辺
Map 別冊P.11-C2・3 中心街南部

B Sマーケット S-market

青いSマークが目印のスーパーマーケットで、駅前のソコス内に大きな店舗がある。
URL www.s-kanava.fi/web/smarkethokelanto
Map 別冊P.11-C1 ヘルシンキ中央駅周辺
Map 別冊P.9-C2 カッリオ地区

C アレパ Alepa

23:00まで営業している便利なスーパーで、ヘルシンキが拠点。Sマーケットと同グループ。
URL www.alepa.fi
Map 別冊P.11-C2 中心街南部
Map 別冊P.9-D1 カッリオ地区

R キオスキ R-kioski

駅中やデパートの一角に入っており、何かと便利。トラムのチケットも販売している。
URL www.r-kioski.fi
Map 別冊P.11-C1 ヘルシンキ中央駅周辺

お金が戻ってくる!? 飲料水容器の回収機
空のペットボトルや缶、ガラス瓶を回収機に入れるとお金が戻ってくる。ペットボトル350ml～1Lは€0.20、缶€0.15、ガラス瓶500mlは€0.10。容器を入れるとレシートが出てきて、スーパーで買い物したときに値引きしてくれる。換金することも可能。

多くのスーパーに置かれているよ！

ORGANIC & ECO
オーガニック＆エコ製品

€24.95
白樺のコブにある抗酸化作用のあるパクリの粉末。約10分煎じ、コーヒーを作るお湯として使う。

€5.95
白樺の葉のお茶。飲むとむくみがとれ、体を健康な状態に保つ。爽やかな風味で飲みやすい。

各€5.95
パッケージのかわいいオーガニックチョコレート。ブルーベリーやチャイなどのフレーバーがある。

€4.75
白樺の幹から採取した天然飲料水。まろやかな口当たりで、体にすっと染み込む感じがいい。

€8.40
美肌にいいシーバックソーンのジュース。ストレートでもいいが、水で割って飲むのも。

€6.95
厳選されたココナッツを使ったミネラルたっぷりのジュース。甘くてつい飲み過ぎちゃう！

地元スーパーで良デザインを探せ

€7.99
シーバックソーンのパウダー。ヨーグルトに混ぜたり、バニラアイスのトッピングにおすすめ。

€3.55
ココナッツシュガーなどのオーガニックの素材を使ったリコリス。比較的食べやすい味。

各€3.25
ブルーベリーやラズベリーなどの高品質の生チョコレート。小腹が空いたときにおすすめ。

このマークなぁに？

フィンランドのオーガニックにつくマーク

EUで製造されている有機食品を表すマーク

原材料の75%以上に国産品を使用した食品

フィンランドで生産された食品や製品に付く

葉っぱマークは国産野菜の証明

体や環境にいいものが豊富
ルオホンユーリ・カンピ
Ruohonjuuri Kamppi

意識の高い女性が多く訪れるショップは、常時約6000のオーガニックフードやコスメを揃える。ヨーロッパ各地から取り寄せた最先端のアイテムが豊富。

Map 別冊P.10-B1 中心街西部

🏠 Salomonkatu 5　☎(09)445-465
🕐 9:00～21:00(土～19:00、日12:00～18:00)
🚫 祝(オープン日あり。ウェブサイトで要確認)　Card A.D.M.V.　🚇 カンピ駅Kamppiから徒歩すぐ、またはトラム7、9番のKampintori下車、徒歩3分
URL www.ruohonjuuri.fi

ALCOHOL
お酒

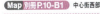
アルコール度数の高いお酒はアルコへ！
アルコール度数が4.7%以上のお酒はリカーショップでなければ購入できない。持ち帰りやすいプラスチック容器入りもある。

コスケンコルヴァのサルミアッキウオッカ
あの苦～いサルミアッキのウオッカ€6.69

クラウドベリーのリキュール
甘い口あたりで、アイスにかけても。€2.99

アルコ　アルカディア店
Alko Helsinki keskusta Arkadia

Map 別冊P.10-B1 中心街西部

🏠 Salomonkatu 1　☎020-692-771　🕐 9:00～21:00(土～18:00)　🚫 日　Card A.D.M.V.　🚇 トラム1、2、4、10番のLasipalatsi下車、徒歩2分　URL www.alko.fi

市内に36店舗！

フィンランディアのウオッカ
食前酒にいいウオッカ€3.19。小瓶サイズでちょうどいい

クランベリーのリキュール
少し大きさがクランベリーのリキュール€13.49は女性に人気

"とてもすばらしいフィンランドのシャンプー"と宣言しているSUOMALAINENの青いボトルのシャンプー。すっきりな洗い上がりです。　127

デリごはん＆まとめ買いの強い味方
ストックマンのフル活用術教えます！

フィンランドを代表するデパート、ストックマン。ショッピングはもちろん、地下のデリカテッセンを利用すれば、旅行中に困る食事の悩みも解決できちゃう！

-2A階 デパ地下＆デリカテッセン

ストックマンの"デパ地下"には、総菜を量り売りするデリカテッセンやスーパー、リカーストアのアルコAlkoがある。地元の人はもちろん観光客にも便利なフロア。

デリカテッセンを利用してみよう

デリが重宝します

番号札をとって順番を待つ
発券機のボタンを押して、番号札を受け取ろう。電光掲示板に自分の番号が表示されたらカウンターへ。

ボックスのサイズを指定
オーダーの前にボックス選び。4種類のサイズがあるので、自分が食べたい量に合わせて選ぶといい。

メニューをオーダーする
食べたいメニューを口頭か指さしでオーダー。ちょうどいい量になったらストップ！としっかり意思表示を。

メニューの数を選択
サイズにもよるが、1つの容器に複数の料理を詰めることができる。いろいろな種類を食べたいなら、少なめに入れてもらおう！

計量して値段シールを貼る
メニューや重量により単価が異なるため、1種類入れ終わるごとに計量してくれる。計量後は価格のシールを貼ってくれる。

持ち帰りはレジでお会計
飲み物やお菓子など、デリ以外にも買いたい物があれば同フロアのレジでまとめて支払おう。セルフレジもある。

温かいものは？
肉料理など温めるメニューは、電子レンジ対応のボックスに入れて温めてくれる。再加熱時は、蓋部分にフォークで小さな穴を開ければOK。

レンジでチン！

こんなものがあるよ！

野菜から肉料理まで豊富なメニューが揃う

フィンランド最大のデパート
ストックマン Stockmann

国内外の有名ブランドを扱う、全13フロアの高級デパート。メンズ、レディス、キッズ向けのファッションや雑貨、食器や家具など圧倒的な品揃えで、出国前の駆け込みショッピングにも超便利♪

Map 別冊P.12-A1
元老院広場、エスプラナーディ公園周辺

⌂ Aleksanterinkatu 52
☎ (09)12-11 ⏰ 9:00～21:00(土)〜19:00、日11:00〜18:00) 休祝(オープン祝日あり)。ウェブサイトで要確認) Card A.D.J.M.V.
🚋 トラム1、2、3、4、5、6、T、10番のYlioppilastalo下車、徒歩1分 URL stockmann.com

ストックマンのデリカテッセンは、自分が食べたい分だけ購入できるのが便利でした。(宮崎県・ゆうび)

Other Floor

STOCKMANN

ストックマンのフル活用術教えます！

女子向けフロアはこちらです

8階 タックスフリーポイント
タックスリファンドの手続きをしてくれる便利な場所。丁寧に対応してくれるのも大手デパートならでは。ちょっとした雑貨みやげを販売するコーナーも。

5階 テーブルウエア&カフェ
マリメッコのペーパーナプキンなどフィンランドの有名ブランドのテーブルウエアや家具がある。インテリアの参考に。

かわいいオブジェも販売している

おもなSHOP
- ペンティク（生活雑貨）
- アルテック（家具、照明）
- ヘイ（家具）
- イッタラ

4階 シューズ&下着
シューズはミンナ・パリッカ、帽子のコストなどフィンランドのファッションブランドがいっぱい！ コートや服もある。

人気ブランドを一気にゲット！

おもなSHOP
- ミンナ・パリッカ（靴）
- トリーバーチ（靴）
- コスト（帽子）
ほかファッション

3階 レディスファッション
レディスファッションならこのフロア！ カジュアルからモード系まで、各ブランドの最新アイテムをチェックしよう。

ラフ系もカッチリ系もいろいろある

おもなSHOP
- バーバリー
- ラルフ・ローレン
- アクネ
- マンゴ
- ボス
- マリメッコ
（すべてファッション）

1階 コスメ&デリ
世界中のコスメが集合

地上階には、デリやカフェなどのフードエリアと、国内外の優秀コスメブランドを取り揃えた化粧品売り場がある。

1階のコスメはハイブランドが中心

おもなSHOP
- シャネル
- ディオール
- 資生堂
- ジョルジオ・アルマーニ
（以上コスメ）
- エスプレッソハウス（カフェ）
- スシバー（デリ）

1A階 コスメ&お菓子
フィンランドのコスメならココ

1階に比べて主に自然派コスメを扱う、化粧品売り場がメインのフロア。薬局もある。ボディークリームなどトータルケアのアイテムが揃う。

ルメネには専門の販売スタッフがいる

おもなSHOP
- ルメネ（→P.130）
- フランシラ（→P.130）
- ザ・ボディ・ショップ
- マックスファクター
- マダラ
- イサドラ
- メイビリン
- ロレアル
（以上コスメ）
ほか、薬局など

デリカテッセンで食べる場合のみ、カウンターでロシアやスウェーデンの通貨でも支払いができ、お釣りはユーロでくる！ 129

Lumene
ルメネ

北国フィンランドの厳しい環境で育ったベリーや白樺など、自然の恵みと最先端の化粧品技術を掛け合わせたコスメブランド。お手頃価格で、質の高いスキンケア部門が優秀。

フィンランドの
お肌が喜ぶ

ハーブやベリーなど、みずみずしいエキスを使っ人気の3大ブランドから注目の

1. 肌のキメを均一に整えハリを出すデイクリーム€29.90 2. シーバックソーン成分入りのナイトクリーム€34.90 3.2種のベリーにビタミンCを配合したカプセル€26.90は28日間使用することで、肌のトーンを明るくする 4. ファンデーション€24.90 5. ブルーベリー成分配合のボリュームマスカラ€16.90 6. くっきりした目を作るマスカラ€19.90 7. 保湿成分が入った全16色のリップスティック€15.90 8. 白樺とハチミツ成分配合のシャワージェル€7.90 9. 白樺のエキスが入ったミネラルたっぷりのミスト化粧水€15.90 10. ウオータープルーフのアイメイク用リムーバー€7.20

パッケージもかわいい！

Frantsila
フランシラ

フィンランド北部の農園で育てられた、有機栽培のハーブを使ったオーガニックコスメ。香料や色素などの添加物を一切使わないので敏感肌にもよく、初めてでも安心して使える。

1. バラ入りのクレンジングミルク€17.14 2. 柔らかな肌に。化粧水€17.14 3. バラとビートが入った美容液€18.19 4. ハーブのデオドラント€10.12 5. 目元をふっくらさせるアイクリーム€15.48 6. 歯茎もハーブケア♪ 歯磨き粉€5.93 7. リップバーム€12.38 8. 海塩入りバスソルト€10.97 9. 11種のハーブを使った万能な軟膏€13.60 10. キンセンカ入りクリーム€16.09。顔にも使える

「ルメネ」のクリームを塗った翌朝、肌にハリが出て感激！ このまま使い続けようと思います。(東京都・りぃこ)

自然の恵みたっぷり
ナチュラルコスメ

フィンランド生まれのナチュラルコスメたち。オーガニックコスメまでご紹介。

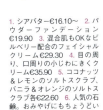

Flow
フロー

肌が食べるスーパーフードと呼ばれるほど、成分や製法に気を配ったオーガニックコスメ。おすすめは優しい香りの石鹸で、ほんわかとしたデザインのパッケージもすてき！

1. シアバター€16.10〜 2. パウダーファンデーション€19.90 3. 混合肌もOKなブルーベリー配合のフェイシャルクリーム€29.30 4. 目の周り、口周りの小じわにきくクリーム€35.90 5. ココナッツ&レモンのソルトスクラブ、バニラ&オレンジのソルトスクラブ各€22.60 6. 人気の石鹸。おみやげにもちょうどいいサイズ。各€8.80〜

お肌が喜ぶナチュラルコスメ

小規模ながら実力のあるオーガニックブランドはこちら

Mia Höytö
ミア・ホユト

ベリーなど国産の素材で作られた高品質なオーガニックコスメで、肌本来の力を引き出す効果が期待できる。

1. 昼も夜も使える、しっとりタイプのフェイシャルクリーム€49.60 2. 目の周りに明るさが戻るアイクリーム€38.10。無香料で目への刺激が少ない 3. 肌がモチモチになる乳液€46.50

1. クレイ（泥）が入ったシャンプー€15.85。地肌にもよく、オイリー肌におすすめ 2. 保湿用フェイシャルクリーム各€28.20〜 はしっとりとした使い心地。ヘンプ、アーモンド、バラの3種がある 3. セット用のヘアジェル€17.85 4. 髪の毛にうるおいを与えるヘアクリーム€18.99

I am eco cosmetics
アイ・アム・エココスメティクス

ふたりの姉妹によって作られており、ハーブや麻、植物性のオイルを使った製品が揃う。ヘアケアアイテムも充実。

A フランシラ、ルメネのまとめ買いならここ
ストックマン Stockmann
地下1A階と地上1階にコスメコーナーがある。 → P.128

B 国内外のオーガニックコスメが充実
ルオホンユーリ・カンピ
Ruohonjuuri Kamppi
フランシラも取り扱っている。 → P.127

C コスメから雑貨まで揃うセレクトショップ
ナッジ Nudge
コスメやファッションなど、品質、デザインともに優れたアイテムを扱う。コスメはフランス製が中心。カフェを併設。
Map 別冊P.11-C2 元老院広場横、エスプラナーディ公園周辺
Yrjönkatu 30　045-230-0525　11:00〜19:00（土〜18:00）
日・祝（ウェブサイトで要確認）Card D.M.V. トラム7、9番のSimonkatu下車、徒歩3分　URL nudge.fi

ストックマンのルメネコーナーには専門の販売スタッフがおり、肌の悩みに合わせてアドバイスをしてくれる。

1

日用品までとことんデザイン
キュートなはがき&切手50選

フィンランドでは生活になくてはならないものまで美しくデザインされています。
これらぜ〜んぶ郵便局で買えちゃうのです。かわいらしいものはもちろん、
ユーモアあふれるものまで集めてみました。

2　　　　　3　　　　　4　　　　　4　　　　　4　　　　　4

　　　　　4　　　　　4　　　　　4　　　　　4

5

1枚で絵になるはがきは、まさにアートピースそのもの。
ヘルシンキのシンボルや国民的アイドルのムーミンまでぜんぶ欲しくなっちゃう。

1.「グッドラック&ハピネスを！」と書かれたムーミンカード€1.50　2.絵本のようなタッチが◎€1.60　3.シンプルだけど愛らしいムーミンシリーズ各€1.30　4.フィンランドにまつわる景色や食べ物を描いたシリーズ各€2.40　5.ポップなイラストがキュートなムーミンシリーズ各€1.60　6.定番からユニークな柄まで揃う、マリメッコシリーズ各€1.60　7.よい1日を！というメッセージが書かれている€1.60　8.美しい花が咲き誇る、お祝いカード€1.30　9.季節にまつわるメッセージが書かれたシリーズ各€1.60　10.キラキラのラメが付いたゴージャスなポストカード€1.90　11.ヘルシンキ市内のリアルな風景がイラストに€1.60

6　　　　　7　　　　　8　　　　　9　　　　　9　　　　　10

6　　　　　6　　　　　6　　　　　6　　　　　11

132　窓口のスタッフに切手を見たい旨を伝えると、快く見せてくれました。（岡山県・芭蕉）

駅近の便利な郵便局
中央郵便局
Pääposti

平日は夜遅くまで営業している便利な郵便局。ポストカードは充実の品揃えで、どれにしようか迷っちゃう！

中央郵便局内のポストに投函すると限定の消印がスタンプされる

おなじみのものにもデザインを！

Map 別冊P.11-C1　ヘルシンキ中央駅周辺

🏠Elielinaukio 2　☎020-071-000　🕐8:00〜20:00(土10:00〜16:00、日12:00〜16:00)　休祝　Card A.D.M.V.
🚇ヘルシンキ中央駅から徒歩1分　URL www.posti.fi

キュートなはがき&切手50選

2　3　4　1　1

STAMP 切手

5　5　5　6　6

日本と同様、毎年さまざまなデザインの切手が発行される。小さな世界に集約されたフィンランド文化をご覧あれ。

1.ムーミンの原画切手は全6種類各€1.20　2.高校を卒業するともらえる白い帽子€1.20　3.フィンランドの国旗€1.20　4.プライオリティシールまでカレリアパイ！€1.20　5.フィンランドのキノコ各€1.20　6.フィンランドの押し花が切手に各€1.20　7.カラフルに彩られた自然が描かれている各€1.20　8.夏のフィンランドを表現各€1.20　9.メッセージがアート作品に！各€1.20　10.クリスマスにぴったり！€1.20　11.人々の日常が描かれた切手各€1.20　12.ロッタ・ニエミネンの切手€1.20　13.フィンランドの気候がモチーフ€1.20

7　7　7

8　8　8　9　9

10　11　11　11　12　13

© Moomin Characters ™

フィンランドという国が小さな1枚に詰まったはがきや切手は、おみやげにぴったり！

133

デザインの町ヘルシンキを感じる インテリア自慢のおしゃれホテル

\照明だって手を抜かない！/

世界中から気鋭のデザイナーが集まる、おしゃれタウンのヘルシンキ。
こだわりのインテリアが作り出す空間で過ごせば、旅はより思い出深いものに。

アクセス至便な高級デザインホテル
ラディソン・ブル・プラザ・ホテル・ヘルシンキ
Radisson Blu Plaza Hotel Helsinki

駅やバスの停留所から近く、観光の拠点におすすめ。ベッドには低反発マットレスを使用。掛け布団と枕は数種類用意されており、好みのものを選べる。

Map 別冊P.11-C1 ヘルシンキ中央駅周辺

🏠Mikonkatu 23 ☎020-123-4703 料シングル€166〜、ダブル€218〜 Card A.D.J.M.V. 室302 Wi-Fi 交ヘルシンキ中央駅から徒歩3分 URL www.radissonhotels.com

ここに注目 こだわりの寝具と機能性に優れた客室で、身も心もリフレッシュ

モダンなインテリアでまとめられている

ここに注目 築100年以上 世界の著名人から愛される最高級ホテル

19世紀の面影を残す客室 バスルームには大理石を使用

豪華ベッドにウトウト〜♪

一流のサービスと癒やしの空間を提供
カンプ Hotel Kämp

エスプラナーディ公園に面した5つ星ホテル。1887年に建てられた由緒ある建物で、客室やロビーには重厚な雰囲気が漂う。バトラーサービスもあり。

1. モダンヨーロピアン料理が味わえるレストラン「ブラッスリー・カンプ」

Map 別冊P.12-A1 元老院広場、エスプラナーディ公園周辺

🏠Pohjoisesplanadi 29 ☎(09)576-111 料シングル、ダブル€218〜 Card A.D.J.M.V. 室179 Wi-Fi 交トラム2、4、5、7番のAleksanterinkatu下車、徒歩2分 URL www.hotelkamp.com

---

ここに注目 1900年代に建てられたアールヌーヴォー様式の古城を改装

最新設備を備えたハイセンスな空間
グロ・ホテル・アート GLO Hotel Art

映画『雪の華』のロケ地として使われたホテル。古城を改装した石造りの重厚な外観とロビーの内装が特徴的。客室はモダンなインテリアで統一されている。

1. 広さ13㎡のスマートルームからスイートルームまで客室は5種類
2. 中世の雰囲気を感じるロビー

Map 別冊P.10-B2 中心街西部

🏠Lönnrotinkatu 29 ☎010-344-4100 料シングル€145(95)〜、ダブル€165(120)〜 朝食付き Card A.D.J.M.V. 室171 Wi-Fi 交トラム6、6T番のAleksanterin teatteri下車、徒歩3分 URL www.glohotels.fi

---

監獄気分を楽しむユニークなスタイル
カタヤノッカ Hotel Katajanokka

市街地から東に離れたカタヤノッカ島に位置する。2002年まで刑務所として使われていた建物をホテルに改装。液晶テレビや電気ポットなど設備も充実。

Map 別冊P.7-C2 中心街東部

🏠Merikasarminkatu 1a ☎(09)686-450 料シングル、ダブル€134(169)〜 Card A.D.J.M.V. 室106 Wi-Fi 交トラム4番のVyökatu下車、徒歩すぐ URL www.hotelkatajanokka.fi

ちょっぴりドキドキ

ここに注目 1837年建造の元刑務所を改装したコンセプトホテル

1. 囚人服風の制服をまとったスタッフにも注目
2. 吹き抜けの廊下に鉄格子など随所に刑務所時代の名残が残る
3. 客室は明るくモダン。一部客室はバスタブ付き

「ヘルカ」に宿泊。客室はフロントスタッフもロビーもおしゃれですてきでした！（栃木県・いちご）

ここに注目 ユーロピアンスタイルの洗練された空間で贅沢に過ごす

1. アールデコ＆アールヌーヴォー様式を取り入れた内装　2. 14階にある「アトリエ・バー」はヘルシンキ市街を見下ろしながらお酒が楽しめる

1931年オープンの情緒あふれる老舗ホテル
ソロ・ソコス・ホテル・トルニ
Solo Sokos Hotel Torni

ヘルシンキ中央駅からは300mほど。各室にミニバーと電気ポットを完備し、一部客室にバスタブ付き。レストラン・トルニのほか、3つのバーを併設する。

Map 別冊P.11-C2 元老院広場、エスプラナーディ公園周辺

🏠Yrjönkatu 26　☎020-123-4604　💰シングル€100(123)〜、ダブル€120(187)〜　朝食付き　Card A.D.J.M.V.　🛏152　Wi-Fi　🚋トラム1、2、3、4、5、6、7、10番のYlioppilastalo下車、徒歩3分
URL www.sokoshotels.fi

ここに注目 天井に自然の写真が！ 統一感のあるインテリア

ここに注目 名デザイナー アアルトの家具に囲まれて過ごす

1. どの部屋もデザインが異なっている　2. 種類豊富なパンやチーズ、フルーツなどが並ぶ朝食も好評

モダン空間が広がるデザインホテル
ヘルカ
Hotelli Helka

1928年創業。アルヴァ・アアルトの家具を扱うアルテックとコラボしたホテル。アパートメントタイプの部屋もある。最上階のサウナにはジャクージもある。

Map 別冊P.10-B1 中心街西部

🏠Pohjoinen Rautatiekatu 23　☎(09)613-580　💰シングル€138(93)〜、ダブル€158(113)〜　朝食付き　Card A.D.M.V.　🛏151　Wi-Fi　🚇カンピ駅Kamppiまたはトラム7、9番のKampintori下車、徒歩5分　URL www.hotelhelka.fi

---

町歩きの拠点にぴったりの駅近ホテル
ラディソン・ブル・ロイヤル・ホテル・ヘルシンキ
Radisson Blu Royal Hotel Helsinki

地下鉄カンピ駅の正面に立つ、ガラス張りの高層ホテル。館内サウナは無料。24時間営業のコーヒーバーに、グリルレストランなどを併設。連泊割引あり。

Map 別冊P.10-B2 中心街西部

🏠Runeberginkatu 2　☎020-123-4701　💰シングル€138〜、ダブル€158〜　Card A.D.M.V.　🛏262　Wi-Fi　🚇カンピ駅Kamppiまたはトラム7、9番のKampintori下車、徒歩2分
URL www.radissonhotels.com

ここに注目 北欧デザインを随所にちりばめたモダンな客室

ゆったりくつろげる広さ

1. スタイリッシュなデザインの客室は広さ21m²　2. バスルームも広々。全室にバスタブが付いている

おしゃれ女子に人気のデザインホテル
リヴォリ・ジャルダン
Rivoli Jardin

中心街からやや外れた静かなエリアにある。客室はすべて異なるデザインが施されており、館内にはサウナやジム、レストラン、バーを備える。

Map 別冊P.11-C2 中心街南部

🏠Kasarmikatu 40　☎(09)681-500　💰シングル€140(155)〜、ダブル€160(175)〜　朝食付き　Card A.D.M.V.　🛏55、アパートメント12　Wi-Fi　🚋トラム10番のKolmikulma下車、徒歩5分
URL www.rivoli.fi

1. おしゃれな客室に気分アップ！ 北欧柄のファブリックはインテリアの参考にもなる　2. アパートメントルームはキッチン付き

トースターやレンジもある

インテリア自慢のおしゃれホテル

「ソロ・ソコス・ホテル・トルニ」の「アトリエ・バー」はコーヒーや紅茶もありカフェとしても利用できる。　**135**

お財布に優しい♪
リーズナブルなホテル

1日でも長く滞在したいなら、リーズナブルなプチホテルやユースホステルの利用がおすすめ。設備もサービスもハズレなし、安心して過ごせる宿はコチラ。

ここに注目
賃貸アパートをデザインホテルにリノベーション

アーティスティックな隠れ家ホテル
フィン
Hotel Finn

中央駅から南に徒歩5分ほど。フロントは1階にあり、5階と6階が客室となっている。部屋ごとに造りが異なり、ひと部屋に最大4人まで宿泊可能。

Map 別冊P.11-C2 元老院広場、エスプラナーディ公園周辺

- Kalevankatu 3B ☎(09)6844-360
- シングル€64〜、ダブル€75〜 Card A.D.M.V. 37室 Wi-Fi
- トラム1、2、3、4、5、6、6T、10番のYlioppilastalo下車、徒歩2分 URL www.hotellifinn.fi

1.地元アーティストの作品が飾られている 2.2017年に改装を終えたばかり 3.全客室に専用バスルームが付く

住むように暮らせるプチホテル
コングレシコティ
Kongressikoti Hotel

ヘルシンキ大聖堂から200mほど、観光にも便利な立地。ホテルは建物の5階にある。バス、トイレは全室男女共同。ゲスト用キッチンを備えている。

Map 別冊P.11-D1 元老院広場、エスプラナーディ公園周辺

- Snellmaninkatu 15A ☎040-770-4400 シングル€65〜、ダブル€90〜
- Card A.M.V. 9室 Wi-Fi トラム7番のKansallisarkisto下車、徒歩すぐ URL www.kongressikoti.fi

1.洗面台とTVは各室に付いている 2.トラムの停留所は建物のすぐ前 3.キッチンのコーヒーやクッキーは無料

ここに注目
キッチンとランドリー(€5)があって長期滞在にも◎

ちょっぴりレトロな雰囲気

ここに注目
YH協会が運営 設備も料金も安心の宿

バックパッカー御用達の大型ホステル
ユーロホステル
Eurohostel

市内中心部からトラムで10分ほどの静かなエリアに立つ。フロントは24時間オープン。バス、トイレは共同だが男女別。サウナは€7.50で利用できる。

Map 別冊P.7-C2 中心街東部

- Linnankatu 9 ☎(09)622-0750 ドミトリー€19〜、シングル€41.60〜、ダブル€45.30〜(YH会員は10%割引)
- Card A.D.J.M.V. 135室 Wi-Fi トラム4番のVyökatuまたは5番のMastokatu下車、徒歩1分
- URL www.eurohostel.eu

1.シングル、ツインユースが基本で客室は清潔 2.品数豊富な朝食ビュッフェは€10.50 3.サウナは7:00〜10:00の間は無料

136 リーズナブルな価格で宿泊できる「ユーロホステル」は、清潔で快適でした！(愛知県・ネーヨ)

ムーミンに会いに
フィンランドの地方都市を
行ったり来たり！

テーマパークから博物館まで、フィンランドには
ムーミンゆかりのスポットがめじろ押し！
鉄道やバスを使ってのんびり出かけてみれば、
気分は旅人スナフキン!?

© Moomin Characters ™ Theme Park created by Dennis Livson

ムーミンワールドのある町はココ！
ナーンタリ *Naantali*

町の名前が中世のスウェーデン語で優美な谷を意味する「Nadendal」に由来する美しい町ナーンタリ。ムーミンワールド（→P.24）で遊んだら、のんびり町歩きを楽しもう。

TOTAL 約4.5時間

ナーンタリおさんぽ TIME TABLE
- 11:00 ナーンタリ教会
  - ↓ 徒歩1分
- 11:30 メリサリ
  - ↓ 徒歩4分
- 13:00 ムーミン・ショップ
  - ↓ 徒歩4分
- 14:00 ナーンタリ博物館
  - ↓ 徒歩6分
- 15:00 カフェ・アマンディス

Map 別冊P.2-A3

ナーンタリへの行き方
ヘルシンキから直接アクセスすることはできない。飛行機や列車、バスでトゥルクまで行き、バスに乗り換える。トゥルクからは、マーケット広場からナーンタリ行きのバス6、7番で約40分。5:00頃～翌1:45頃まで、10～20分ごとに運行。日曜や21:00以降は本数が少なくなる。

大統領の別荘
ナーンタリには、夏に大統領が滞在する別荘Kultarantaがある。大統領がいるときは、別荘の塔にフィンランドの国旗が立つ。本島からムーミンワールドへ行く際、向かって左手に建つ高い塔に注目してみよう。

1. ムーミン・ショップの看板
2. 冬季のムーミンワールドは敷地内に無料で入れる
3. 周囲には小さな島もある
4. ムーミン・ショップでおみやげを買おう
5. 港にはたくさんの船が並ぶ
6. 港沿いにボードウォークがある

1 町のシンボル　11:00
ナーンタリ教会
Naantalin kirkko

丘の上に立つ教会で、オリジナルは15世紀中頃に修道院として建てられた。建物の周囲は緑豊かな墓地となっている。港を望むビュースポットでもある。

Map 本誌P.139

- 🏠 Nunnakatu 2
- ☎ 040-130-8300
- 🕐 5月中旬～8月末：11:00～18:00、9月～5月中旬：12:00～14:00（日9:00～12:00）
- 休 月、6/4～15、9月～5月中旬の火と木～土
- 料 無料
- URL www.naantalinseurakunta.fi

1. シンプルだが美しいアーチ状の天井
2. 閑静な雰囲気が漂う

フレスコ画発見

かわいらしい町並みをチェック☆
- れんがに絡むツタがいい感じ
- パステルカラーの木造家屋が並ぶ
- 港の売店もとってもキュート！

ムーミンワールドで遊んだ翌日、ナーンタリの町を散策しました。海沿いの道は、おさんぽにピッタリでした！（熊本県・あやこ）

2 メリサリ Merisali

11:30 シーフードが自慢なの

海に面した開放感バツグンのレストラン。シーフード中心のランチビュッフェ€16.40はサラダやサーモンなどが味わえる。ビール€4.80と一緒に。

スタッフのマルタさん

Map 本誌P.139
🏠 Nunnakatu 1　☎(02)435-2451　⏰3月下旬〜10月上旬：9:00〜翌1:00頃（金・土〜翌3:00頃）　休10月上旬〜3月下旬　¥ランチ€16.40〜、ディナー€21.80〜　Card D.M.V.
URL www.visitnaantali.fi/merisali

1. 夏は太陽の光が差し込む開放的な雰囲気　2. 新鮮なシーフードが堪能できるランチビュッフェ　3. 夏はテラス席がおすすめ

4 ナーンタリ博物館 Naantalin museo

ナーンタリの歴史がわかる **14:00**

17世紀の建物を利用した博物館。18世紀から19世紀にかけてのナーンタリの町や生活道具に関する展示があり、ショップも併設。別館の美しい中庭はぜひ訪れてみて。

別館もあるよ

1. メインはパステルイエローの建物　2. 別館では1850年代のキッチンを公開している

Map 本誌P.139
🏠 Mannerheiminkatu 21　☎(02)435-2727　⏰5/16〜8/31：11:00〜18:00　休月、9/1〜5/15　¥€3

3 ムーミン・ショップ Moomin Shop

13:00 絶対行きたい

ムーミンワールド直営のショップ。内部はムーミングッズでぎっしり！ナーンタリでしか買えない限定アイテムもあるので、チェックして。

1. 水色のかわいらしい外観　2. 種類豊富な品揃え　3. ムーミンママのぬいぐるみ€23.50　4. ショルダーバッグ€17.90

Map 本誌P.139
🏠 Mannerheiminkatu 3　☎(02)511-1111　⏰5/22〜6/9：11:00〜16:00、6/10〜8/13：10:00〜18:00、8/14〜27：12:00〜18:00　休8/28〜5/21　Card A.D.M.V.
URL www.muumimaailma.fi

5 カフェ・アマンディス Cafe Amandis

15:00 港を一望！

自家製ケーキが人気のカフェ。陽光を受け輝く海のそばで、スイーツを食べながらのんびり過ごす時間を楽しんでみてはいかが？

1. ホテル・アマンディスに併設　2. コーヒー€2.70、ベリーパイ€3.70

Map 本誌P.139
🏠 Nunnakatu 5　☎(02)430-8774　⏰夏季：9:00〜20:00、冬季：11:00〜16:00　休冬季の月〜金　¥€5〜　Card M.V.　URL www.amandis.fi

ナーンタリ Naantali／ムーミンワールドのある町

© Moomin Characters ™ Theme Park created by Dennis Livson　ナーンタリへは、トゥルクから蒸気船ウッコペッカでも行ける。URL www.ukkopekka.fi

がんばる自分にごほうびステイ
ナーンタリ・スパ・ホテルで極上の癒やしを

世界のベスト・スパ100に選ばれたことのある5つ星スパ・ホテルで、キレイをたっぷり補給。ムーミンの世界にとことん浸れる限定ルームにも泊まってみたい！

ムーミン・ストーリー・ルーム

- ムーミンの仲間たちが描かれたほっこり絵画
- 優しい光を放つリトルミイのランプ
- 壁にはムーミンパパの帽子 かぶってみて！
- タオルもミイなのです
- フィンレイソンのムーミンのベッドカバーがとびきりキュート！
- スカンジナビアデザインの家具でまとめられた客室には、いたるところにムーミンキャラクターが！早めの予約が必須。
- ドリンク（有料）はムーミンのグラスでいただいちゃおう
- アラビアのムーミンマグ
- スプーンの柄尻にまでムーミンが！
- ナーンタリやトゥルクで作られたインテリアもある
- もちろんスタンダードルームもすてきです
- デラックスやサウナ付きのスイートなど、タイプ別の客室がある。どの部屋もゆったりとした造りでくつろげる。

充実したエステメニューが女性に人気
ナーンタリ・スパ・ホテル
Naantali Spa Hotel

海に面して立つ、フィンランドを代表するリゾートホテル。広いプールがあるスパや、多彩なトリートメントが人気のエステなど施設が充実。スタンダードのほか、ムーミン部屋もある。日本語の案内パンフレットももらえる。

Map 本誌P.139

赤い屋根が特徴的

🏠 Matkailijantie 2　☎(02) 44-550/(02) 445-5100(予約)　💴シングル€137(143)〜、ダブル€156(186)〜　朝食付き　Card A.D.J.M.V.　🚌€251　📍ナーンタリ行きのバス6、7番(→P.138)で、Naantalin Kylpylä下車、徒歩すぐ。ムーミンワールドからは徒歩20分　🌐www.naantalispa.fi

訪れる前に知っておきたい ナーンタリ・スパ・ホテルの豆知識

レジデンス
大人数や長期滞在での宿泊なら別館のレジデンスがおすすめ。キッチンを完備し、まるで住んでいるかのような気分が味わえる。宿泊は1泊から可能。

ムーミンウエディング
なんとムーミンワールドで、ムーミンの仲間たちにお祝いされながら挙式ができる！ナーンタリ・スパ・ホテルでの滞在がセットでさらに豪華な気分になれること間違いなし。通年挙式可。詳細は要問い合わせ。

バスローブ
客室からスパエリアまでの移動はバスローブでOK！スパ・ホテルならではの配慮がうれしい。ただしスリッパは有料なので、ビーサンを持参するのも◎。

ムーミン・ストーリー・ルームは通常の部屋よりお高いですが、最高の思い出になりました！（東京都・こずえ）

フィンランド流 サウナ&プールの楽しみ方
~ナーンタリ・スパ・ホテル編~

朝・夕2回も入るほど、フィンランド人はサウナが大好き。たっぷり汗をかいたあとは、プールでふわ〜っと体を解放するのがフィンランド流のリフレッシュ法。水着を忘れずにね!

ナーンタリ Naantali

ナーンタリ・スパ・ホテルで極上の癒やしを

1 癒やしの時間の始まりです

スパエリアへ入るにはルームキーが必要。忘れずに持っていこう。更衣室の男女表記は日本語でも書いてあるので安心。

2 ここで着替えます

脱いだ服はロッカーに入れ、鍵は日本の銭湯と同じで、手か足につけて入る。水着はシャワールームの棚に置いておこう。

3 フィンランド式サウナは男女別! スチームサウナは男女共同!

水着はNG!

サウナは2種類
シャワーを軽く浴びたら、裸のままサウナへ。フィンランド式サウナとスチームサウナがある。男女共同のスチームサウナはたっぷりのスチームでぼんやりと相手が見える程度だけど、気になる人は注意して。

ここは極楽か♪

4 サウナのあとはクールダウン
サウナの後はシャワーで汗を流してから、水着を着用してプールへ。水温の違うプールやジェットバス、屋外プールもあってバリエーション豊か。そのままプールを楽しむのもよし、サウナに戻ってまたひと汗かくのもよし。

こんな楽しみ方もあるよ!

プール内にはバーもある。一杯いかが?
海が見えるよ!
ビート板やアクアヌードルなど浮き具も用意されている

ベレッツァ Bellezzaで 充実のエステも忘れずに体験
きもちぃ〜

1. ナーンタリの湖の泥を50℃の水で溶いてパックに使う 2. クレイ(泥)はお肌をツルツルにしてくれる

ていねいなマッサージ、ピーリング、天然泥やピート(泥炭)を使った極上のトリートメント€81〜で癒やされよう。滞在の1〜2週間前までに要予約。

メニュー内容により施術室が異なる

朝食ビュッフェやディナーが楽しめるレストランは、旬の食材を使ったヘルシーな料理と自家製パンが評判。内側からもキレイに変身!

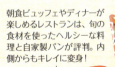

ル・ソレイル Le Soleilで 食欲も満たされる…♡

1. シックなインテリアでまとめられた落ち着いた雰囲気のレストラン 2. モダンな北欧料理を提供している 3. ビュッフェ形式の朝食

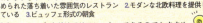
ホテルの周辺は自然豊かな散歩コース。歩くだけでリフレッシュできるのでおすすめ。

バルト海に面した美しい港町
トゥルク *Turku*

ムーミンワールドのあるナーンタリへの中継地点となるトゥルクは、実はフィンランド第3の都市。アウラ川周辺には見どころいっぱいで、素どおりするのはもったいない！ぶらりと散策してみよう！

トゥルクへの行き方

✈ ヘルシンキから1日2〜5便運航、所要約35分。空港から市バス1番（トゥルク港行き）でマーケット広場まで約20分。片道€3（深夜便€4）。

🚆 ヘルシンキからインターシティで所要約2時間。1時間に1本程度運行。

🚌 ヘルシンキから所要2時間10分〜2時間50分。30分〜1時間ごとに運行。

Turku? Åbo?
スウェーデン支配時代の首都だったトゥルクは、オーボÅboというスウェーデン語の町名を持っている。空港や駅はTurku-Åboと表示されるが、どちらも同じ町なのだ。

Map 別冊P.2-A3

TOTAL 約7時間

トゥルクおさんぽ TIME TABLE

- **10:00** トゥルク城
  ↓ バス6分、徒歩3分
- **11:30** クイ・デザイン
  ↓ 徒歩10分
- **12:10** トゥルク美術館
  ↓ 徒歩12分
- **13:15** スヴァルテ・ルドルフ
  ↓ 徒歩12分
- **14:15** ルオスタリンマキ野外手工芸博物館
  ↓ 徒歩15分
- **15:30** トゥルク大聖堂
  ↓ 徒歩8分
- **16:15** カフェ・アート

---

1 石造りの堅牢な城　**10:00**
トゥルク城 Turun linna/Åbo slott

13世紀後半にスウェーデンにより築かれた城で、16世紀までは軍の要塞として活躍した。現在、内部は軍事博物館となっている。豪華な宝物の数々やスタッフによる中世衣装のコスプレにも注目。

1. フィンランド最大の古城
2. 王様のホール。現在はイベントスペースとしても使われている

Map 本誌P.143
- 🏠 Linnankatu 80
- ☎ (02)262-0300
- 🕐 10:00〜18:00
- 休 9/2〜6/2の月
- 料 €12

3 1904年から続く美術館
トゥルク美術館 Turun taidemuseo

19世紀から現代までのフィンランド＆スウェーデンアートを展示。絵画や彫刻、写真など幅広い内容。

美術館のまわりは緑豊かな公園

Map 本誌P.143
- 🏠 Aurakatu 26 ☎ (02)262-7100 🕐 11:00〜19:00（土・日〜17:00）休 月、聖金曜日、メーデー、夏至祭イブ、夏至祭、独立記念日、12/24・25、1/1 料 €10 URL www.turuntaidemuseo.fi

---

2 地元発テキスタイルショップ　**11:30**
クイ・デザイン Kui Design

トゥルク生まれのテキスタイルショップ。トゥルクの町並みなどをモチーフにしたポーチやクッション、子供服などさまざまな商品が並ぶ。

Map 本誌P.143
- 🏠 Läntinen Rantakatu 13A
- ☎ 044-572-6198
- 🕐 11:00〜18:00（土〜16:00）
- 休 日　Card M.V.
- URL www.kuidesign.fi

1. 遊び心いっぱいのディスプレイ　2. 100%リネンのクッションカバー€45　3. トゥルクの風景が描かれたキッチンタオル各€20　4. 鍋つかみ€25。2つ買うと€45

4 アウラ川に浮かぶ船上レストラン　**13:15**
スヴァルテ・ルドルフ Svarte Rudolf

種類豊富なランチビュッフェ€10.90（土€19.90、5/17〜9/15の月〜金は€14.80）が楽しめるシーフードレストラン。

Map 本誌P.143
- 🏠 Itäinen Rantakatu 13　☎ (02)250-4567　🕐 11:00〜24:00（土12:00〜）　料 ランチ€10.90〜、ディナー€36〜　Card A.D.M.V.
- URL www.svarterudolf.fi

1. アウラ川を眺めながらのんびりランチ　2. 日替わりの魚メニュー€25.90

ボリューム満点！

 トゥルク美術館内には、ひと休みするのにぴったりのおしゃれなカフェがありました。（広島県・メッシ）

142

トゥルク
Turku

バルト海に面した美しい港町

---

5 ルオスタリンマキ 野外手工芸博物館
Luostarinmäen käsityöläismuseo

18～19世紀の建物を移築した博物館 14:15

レトロな木造家屋を集めた野外博物館で、昔のフィンランドへタイムスリップできる。スタッフも昔の衣装で迎えてくれ雰囲気満点。

かわいい手工芸品を見ていって！

1. 大切に保存されている家屋群　2. 陶器などの手工芸品を販売する店が入っている

Map 本誌P.143

♠ Vartiovuorenkatu 2
☎ (02)262-0350　● 10:00～18:00　❸ 夏季以外の月、9/16～11/29、1/7～4/19、メーデー、夏至祭イブ、夏至祭、独立記念日、12/24～26・31、1/1
● €8

1. ブルーベリーチーズケーキ €4.80、カフェラテ€3.70が人気　2. カウンターでオーダーするセルフサービス式

7 カフェ・アート
Café Art

トゥルク女子に人気 16:15

アウラ川に面したカフェで、夏季はテラス席が満席になる。女性ひとりでも利用しやすいゆったりとしたムードが人気のヒミツ。

コーヒーなしでは生きていけない！

Map 本誌P.143

♠ Läntinen Rantakatu 5　☎ 040-158-3383
● 10:00～19:00(土～17:00、日11:00～17:00)
❸ 無休　● €5~　Card M.V.　Wi-Fi
URL www.cafeart.fi

---

6 トゥルク大聖堂
Turun Tuomiokirkko

町歩きの目印 15:30

1300年に建てられた、フィンランドで最も古い教会のひとつ。教会の歴史を展示する聖堂博物館を併設している。祭壇は、ヘルシンキ大聖堂と同じカール・エンゲルのデザイン。

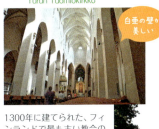

高さ101mの塔

白亜の壁が美しい

Map 本誌P.143

☎ 040-341-7100　● 9:00～18:00　❸ 無休　● 無料(博物館入場の場合は€2)

川沿いの芝生は私たちの憩いの場所♪

ストックホルムからトゥルクへは、タリンク・シリヤラインとバイキングライン(→P.183)が運航している。

トゥルクから
バスで1時間30分

世界遺産 **ラウマ旧市街で**
カラフル建物&ボビンレース巡り

トゥルクの北約90kmにある町ラウマは、カラフルな木造建築が並ぶ旧市街が有名。1600年代の大火を経て18〜19世紀にかけて再建された町並みは、1991年に世界遺産に登録されている。伝統工芸のキュートなボビンレースも必見。

ラウマへの行き方
トゥルクの長距離バスターミナルから6:10〜21:35（土・日7:45〜）の30分〜1時間ごとに出発。所要約1時間30分。€8〜10程度。
Map 別冊P.2-A3

見た目も美しい 必見スポット3

美しいフレスコ画を所有
聖十字架教会 Pyhän Ristin kirkko
Map 本誌P.145

タールで塗られた木製の屋根を持つ、15世紀後半に建てられた福音ルーテル派教会。アーチ部分の鮮やかなフレスコ画や美しいステンドグラスは必見。

🏠Luostarinkatu 1 ☎(02)8377-5300 🕐夏季:10:00〜17:00（土11:00〜15:00、日〜16:00）、冬季:10:00〜16:00（土11:00〜15:00、日〜15:00） 休夏至祭 料無料

富裕層の所持品を展示
マレラ Marela
Map 本誌P.145

1890〜1900年代にかけて、船主ガブリエルが所有していた建物を博物館として開放。当時のストーブや家具、絵画もあり、豪商の暮らしぶりがわかる。

🏠Kauppakatu 24 ☎044-567-9183 🕐5/14〜8/31:10:00〜17:00、9/1〜5/13:12:00〜17:00（土10:00〜14:00、日11:00〜） 休7月下旬以外の月 料€5（夏季は旧市庁舎、キルスティとの共通チケット€8、冬季は旧市庁舎との共通チケット€7） URL www.rauma.fi/museo

20世紀の労働者の暮らしぶりを展示
キルスティ Kirsti
Map 本誌P.145

18世紀に建てられた建物を利用した博物館。当時使用された別棟のベーカリーをはじめ、20世紀の船乗りや職人たちの生活の様子を展示している。

🏠Pohjankatu 3 🕐10:00〜17:00 休7月下旬以外の月、9/1〜5/13 料€5（夏季はマレラ、旧市庁舎との共通チケット€8あり） URL www.rauma.fi/museo

カラフル♪ 何色見つけられるかな？

何でこんなにカラフルなの？
港町だったラウマでは、長い航海から帰ってきた家族が自分の家をひと目で見つけられるように家屋を鮮やかに塗ったといわれている。

まずボビンレースを知る！

繊細な模様に思わずキュン♡
ラウマの ボビンレースに うっとり♡

ラウマの伝統工芸品・ボビンレース。一つひとつていねいに編まれたレースをより楽しむ方法をご紹介いたします。

レースを見る
旧市庁舎 Vanha Raatihuone
Map 本誌P.145

かつて市庁舎として使われていたが、現在は博物館。ラウマの歴史に関する資料や、繊細なアンティークレースを展示。ショップも要チェック！

🏠Kauppakatu 13 ☎044-793-3532 🕐5/15〜8/31:10:00〜17:00、9/1〜5/14:12:00〜17:00（土10:00〜14:00、日11:00〜） 休8〜6月の月 料€5（夏季はマレラ、キルスティとの共通チケット€8、冬季はマレラとの共通チケット€7） URL www.rauma.fi/museo

1. かわいらしい展示がいっぱい！
2. ボビンレースの製作過程を解説している
3. 時計塔が目印の建物

レースを買う
ピッツ・プリラ Pits-Priia
Map 本誌P.145

ボビンレースの作品が豊富に揃う
熟練のレース職人が制作するラブリーなボビンレース製品を販売。控えめながらも強烈な乙女パワーを感じるアイテムはどれも欲しくなっちゃう！

🏠Kauppakatu 29 ☎(02)822-0087 🕐6/3〜14、6/17〜8/16、8/19〜8/30:10:00〜15:00（土〜14:00）、9/2〜6/2:10:00〜14:00 休日、6/17〜8/16以外の月・火、9/2〜5/30の水〜金、6/15・16、8/17・18・31、9/1 Card A.D.M.V. URL www.nyplaajat.net

レース模様をあしらったキャンドル各€7〜
女性をかたどったレース €30〜
しおり 各€16〜

フィンランドのほかの都市と違って、建物やレースのかわいさがピカイチでした！〈福島県・おのぴー〉

144

ラウマ旧市街 Vanha Rauma

カラフル建物&ボビンレース巡り

おしゃれなカフェレストラン
カフェ・サリ Café Sali

日替わりのパスタ €10

- Kuninkaankatu 22
- 010-423-3160
- 【レストラン】11:00～21:00（月・火 ～15:00）【カフェ】夏季：8:00～22:00、冬季：9:00～21:00
- 休（レストランのみ）
- €9～
- Card M.V. 英一部あり Wi-Fi
- URL www.cafesali.fi

もっと知りたい！ラウマ旧市街のヒミツ

のぞき鏡（ゴシップ・ミラー）
フィンランドの冬は大変厳しい。特に海風の強い地域では防寒のため、窓を開けなくても外の様子が確認できるよう、外壁にメタルのフレームに入った鏡が付いている。これは便利だ～。

表札
町なかで見られる表札。これらは18～19世紀当時の所有者の名前であり、現在の住居者とはほぼ違うのだとか。表札など、細部に至るまで、大切に保存されている様子がよくわかる。

ラウマ修復センター
ラウマ旧市街内に、町の景観を守るため壁の直し方やリノベーションの方法などを教えてくれる施設がある。相談は無料。旧市街に引っ越してきた新しい住居者にとって助かる存在なのだ。

ラウマ旧市街で行きたいカフェ

クマがモチーフのカフェ
コンション・カハヴィラ Kontion Kahvilat

店内がクマだらけのかわいらしいカフェ。フィンランドならではのスイーツがたくさん揃っている。ローカルな人々のたまり場で、老若男女訪れる。

カスタード入りドーナツ €2.50、ブダペストケーキ €3.80、ガプチーノ €3.40

Map 本誌P.145

- Kuninkaankatu 9
- (02)822-1758
- 7:30～17:30（土8:00～16:00、日10:30～15:00、夏季は延長）
- 無休
- €4～
- Card M.V.
- URL www.kontion.fi

1年中レースが買える！
キストゥプアド Kistupuad

旧市庁舎内にあるギフトショップ。地元の職人が手がけたレース製品やレース柄のグッズを扱っている。ほかの店と比べて営業している期間や時間が長く1年中レースグッズが購入できる。

Map 本誌P.145

- Kauppakatu 13
- 044-793-3532
- 5/15～8/31：10:00～17:00、9/1～5/14：12:00～17:00（土10:00～14:00、日11:00～）
- 8～6月の月
- Card M.V.

レースがプリントされたキュートなピアス 上€10、下€12

地元の人が手がけた繊細なレース €42

テーブルが華やかになりそうな紙ナプキン 各€3

「カフェ・サリ」はカフェスペースとレストランが分かれている。

145

ムーミンファン必訪の美術館がある
タンペレ *Tampere*

2つの湖と川に囲まれた町、タンペレ。
フィンランド第2の都市とは思えないほど穏やかな町は、
テキスタイルブランドのフィンレイソンが生まれた
工業都市としても有名。

タンペレ名物 黒いマッカラとは？
なんともグロウいムスタマッカラMustamakkara（黒ソーセージ）。ミンチした豚肉と米の詰め物なのだが、豚の血を入れているためこの色に。マーケットホールで味わえる。

タンペレへの行き方
✈ ヘルシンキから1日2〜4便運航、所要約40分。
🚂 ヘルシンキから1時間に1〜3本運行、所要1時間30分〜2時間50分。トゥルクから1日7〜8本運行、所要1時間45分〜2時間。ロヴァニエミから1日3〜4本程度運行（途中、オウルOuluで乗り換える場合あり）、所要6時間40分〜9時間。
🚌 ヘルシンキから1時間に1〜3本運行、所要2時間15分〜2時間45分。

Map 別冊P.2-B3

TOTAL 約7.5時間
タンペレおさんぽ TIME TABLE
- 10:00 旧フィンレイソン工場
  ↓ 徒歩5分
- 11:00 タンペレ大聖堂
  ↓ 徒歩12分
- 11:20 タンペレ・マーケットホール
  ↓ 徒歩12分
- 12:15 パッキディン・タロ
  ↓ 徒歩15分
- 13:00 アムリ労働者住宅博物館
  ↓ 徒歩10分
- 14:00 レーニン博物館
  ↓ 徒歩5分、バス8分
- 15:00 ムーミン美術館
  ↓ 徒歩15分
- 16:30 タンペレーン・ヴァフヴェリカハヴィラ

---

1 巨大な赤れんがの複合施設
旧フィンレイソン工場 *Finlayson* 10:00

れんがと煙突が目印だよ

人気のテキスタイルブランド、フィンレイソン（→P.113）はタンペレが発祥。1990年に移転した工場跡地が、現在レストランやショップ、博物館が入る複合施設となっている。

Map 本誌P.147

1. タンメルコスキ川の西岸に立つ巨大なれんが建築　2. 労働者の歴史が深く学べる労働者博物館ベルスタス

労働者博物館ベルスタス
- 🏠 Väinö Linnan aukio 8
- ☎ 010-420-9220
- 🕐 11:00〜18:00
- 休 月
- 料 無料
- URL www.werstas.fi

---

2 独特のフレスコ画に注目
タンペレ大聖堂 *Tuomiokirkko* 11:00

こわーいけど見たーい

1907年完成した大聖堂。画家ヒューゴ・シンベリの『死の庭園』と『傷ついた天使』のフレスコ画は必見。

1. れんがの屋根が特徴的　2. 毒々しいフレスコ画がある

Map 本誌P.147

- 🏠 Tuomiokirkonkatu 3 b
- ☎ 040-804-8765
- 🕐 5〜8月：10:00〜17:00、9〜4月：11:00〜15:00
- 休 無休
- 料 無料
- URL www.tampereenseurakunnat.fi

---

3 なんでも揃う便利な市場
タンペレ・マーケットホール *Tampereen Kauppahalli* 11:20

たくさんの店舗が並ぶ

市民のおなかを支える市場には生鮮食品やお花屋さん、デリなどあらゆるお店がぎっしり！

Map 本誌P.147

- 🏠 Hämeenkatu 19
- 🕐 店舗により異なる
- 営 8:00〜18:00（毎月第1金曜〜20:00、土〜16:00）休 日 Card 店舗により異なる
- URL tampereenkauppahalli.fi

黒マッカラも食べてって♪

開店と同時に多くの客が並ぶ

おすすめのお店☆

ローナス・カハヴィラ・ヴェスタ *Lounas Kahvila Vesta*

手頃な価格でおいしいパンが味わえる。クロワッサンサンド€4〜、コーヒー€1〜。

- ☎ 040-910-9453
- 🕐 8:00〜16:00（土〜15:00）
- 休 日
- 料 €3〜
- Card D.J.M.V.

1. ふわふわの卵がのったカレリアパイ€2.60〜
2. ケーキなどスイーツもある

ネリヤ・ヴォーデンアイカー *4 Vuodenaikaa*

人気のフレンチブラッセリー。スープはサラダ、パン付き。日替わりメニューもある。

- ☎ (03) 212-4712
- 🕐 8:00〜16:00
- 休 日
- 料 €10〜
- Card M.V.
- URL 4vuodenaikaa.fi

ムール貝やサーモンが入ったスパイシーシーフィッシュスープ€14.80

4 ハンドメイドのキルトグッズ 12:15
バッハディン・タロ
Vahdin talo

オリジナルファブリックのアイテムは一つひとつ異なるデザイン。世界中から集めたかわいい雑貨も販売している。

Map 本誌P.147

- Kuninkaankatu 4
- ☎ 040-776-1350
- ⏰ 11:00～18:00(土・日は16:00)
- 休 無休
- Card M.V.
- URL tallipiha.fi

1. ハンドメイドのがま口ポーチ各€14 2. レトロなカレンダー€19.50
3. スティック人形各€25

5 労働者の住宅を展示、公開 13:00
アムリ労働者住宅博物館
Amurin työläismuseokortteli

労働者階級の村を保存した"歴史村"。貴族ではない、庶民のリアルな暮らしぶりがよくわかる。

1880年代から年代別に展示

Map 本誌P.147

- Satakunnankatu 49
- ☎ (03)5656-6690
- ⏰ 5/9～9/10 10:00～18:00
- 休 月、9/11～5/8
- 料 €8
- URL www.tampere.fi/amuri

7 原画やフィギュアが勢揃い！ 15:00
ムーミン美術館 ▶P.148
Muumimuseo

待ってます！

ムーミンファン必訪の美術館がある

6 レーニンに関して学べる 14:00
レーニン博物館
Lenin-museo

タンペレはレーニンが亡命時代に訪れたゆかりの場所。ロシア革命の資料などを展示。

Map 本誌P.147

- Hämeenpuisto 28
- ☎ 010-420-9222
- ⏰ 6～8月：11:00～18:00 9～5月：11:00～17:00
- 休 9～5月の月
- 料 €8
- URL lenin.fi

レーニンらと記念撮影ができるよ

8 たっぷりのクリームが自慢 16:30
タンペレーン・ヴォフヴェリカハヴィラ
Tampereen Vohvelikahvila

外観も内装もキュートすぎるカフェ。さっぱりとしたホイップクリーム×ふわふわワッフルの絶妙な相性がたまらない♡

Map 本誌P.147

モカワッフル€6.80

- Ojakatu 2
- ☎ (03)214-4225
- ⏰ 10:00～20:00(土～19:00、日11:00～19:00)
- 休 無休
- 料 €7～
- Card A.D.M.V.
- 英
- URL www.vohvelikahvila.com

タンペレ周辺の美しい湖水地方を巡るクルーズがある。申し込みは観光案内所で。

147

ムーミン美術館でムーミンの世界をたっぷり満喫♡

ムーミンファンの誰もが一度は訪れたいと願うムーミン美術館。ここでしか見られない、物語を再現したミニチュアやレアな作品の原画など、見逃せない展示が盛りだくさん！ムーミンの世界にどっぷり浸ろう☆

©Tove Jansson Estate

トーベ・ヤンソン
Tove Marika Jansson
(1914〜2001年)

スウェーデン語系フィンランド人で彫刻家の父と、スウェーデン人でイラストレーターの母の間にヘルシンキで誕生、15歳で挿絵画家としてデビュー。作品の独特な陰影は大人にも人気がある。

館内に入るとすぐにムーミンの模型がお出迎え☆

ムーミンファンの聖地
ムーミン美術館 Muumimuseo

タンペレホール内にあるムーミン美術館。トーベ・ヤンソンが描いた12冊の物語に沿って、ミニチュアや原画が2フロアに分かれて展示。楽しい仕掛けなどもあり、子供から大人まで楽しめる。

トーベとトゥーリッキ
博物館のミニチュアは、グラフィック・デザイナーだったトゥーリッキの手作り。ふたりはプライベートでもパートナーだった。

Map 本誌P.147
- Yliopistonkatu 55
- 03)243-4111
- 9:00〜17:00(木・金〜19:00、土・日10:00〜)
- 月 €12
- muumimuseo.fi

ムーミン屋敷
高さ2mの大作は美術館イチの目玉！原作の大ファンだった医師のペンティ・エイストラが贈った模型をきっかけに、トーベ・ヤンソンとトゥーリッキ・ピエティラの3人で協力して造り上げた。

名シーンを再現したミニチュア
メインの見どころはムーミンの物語を再現した30ものミニチュア！人形作りが趣味だったトゥーリッキ・ピエティラが制作を担当。キャラクターの表情や小道具が精巧に作り込まれている！

彗星調査団『ムーミン谷の彗星』より
ムーミン谷に衝突すると噂された彗星を調査するムーミンたちはおさびし山の展望台で天文学者と会うことに。スニフは大好きな犬のセドリックを連れてきている。

『海のオーケストラ号』の進水式
『海のオーケストラ号』の出航前の様子。荷物を積んだり、海図を眺めたりとキャラクターたちがこれから始まる冒険を楽しみにしている雰囲気が伝わってくる♪

ムーミン谷の仲間たち『もみの木』より
冬眠中だったムーミンたちはヘムレンさんたちのクリスマス準備に巻き込まれてしまう。装飾したりプレゼントを運んだりと準備に追われるキャラクターたちの様子を再現。

写真：Moomin Museum, Tampere Art Museum Moominvalley Collection. © Moomin Characters ™

2 貴重な作品の原画

ムーミンの物語12冊に沿って、作者であるトーベ・ヤンソン直筆の原画を展示。時代を追うごとにキャラクターの描き方や絵のスタイルが変わっていくのが見てとれる。

『楽しいムーミン一家』の表紙画。モランや飛行おにも描かれている

モノクロの原画がほとんど

3 インタラクティブな仕掛け

ニョロニョロに触れると電気がビリビリ走る！？

1階中央にある『それからどうなるの？』の大きな仕掛け絵本

館内のいたるところに、楽しい仕掛けが！触ると電気が走る壁や巨大な絵本など、大人も子供も思わず試したくなるユニークな展示があるのもムーミン美術館の魅力☆

光に自分の影を重ねたら、ムーミンの耳が！

記念撮影は美術館の外で♪

館内は撮影禁止だが、美術館を出ると撮影ポイントがあるのでそこで記念撮影を楽しもう！

美術館の入口裏にある、SNS映えなムーミンの撮影スポット！

タンペレホールの建物の前に立つムーミンの像

ムーミン美術館でムーミンの世界を満喫♡

タンペレ Tampere

タンペレホールもムーミン尽くし！

タンペレホール内にも必見のムーミンスポットがたくさん！限定グッズやスイーツを思う存分楽しんで♪

ムーミン美術館ライブラリー

美術館入口の向かいのスペースにある小さな図書館。日本語を含む20言語以上のムーミンの本が読み放題！

美術館限定の消印

ショップの向かいにある黄色いポストから手紙を出すと、ムーミンの限定消印が押される。ポストカードと切手はショップで購入できる。

ムーミングッズはここで！

受付の横にあるショップで、ここでしか手に入らない限定のムーミングッズをゲットしよう！フィンランドの定番ブランドも揃っている。

タンペレホール・ショップ
Tampere-talo Shop
Map 本誌P.147

1. 『小さなトロールと大きな洪水』の原画のポストカード€2 2. チョコレート€4.90。ミルク&ココナッツとミルク&ライムの2種類 3. 『楽しいムーミン一家』の原画がマグカップに！€29.90

⏰ 9:00～17:00（木・金～19:00、土・日10:00～）　休 月　A, D, M, V

ホール併設のレストラン

館内にある唯一のレストラン。地元の食材を使ったモダンな料理やムーミンにまつわるかわいいメニューを提供している。

1. スナフキンのパンケーキ€10。自分で型抜きができる 2. 開放感のある店内

型を持ち帰れるよ

トゥフト Tuhto
Map 本誌P.147

☎ 050-331-9315　⏰ 10:45～21:00（月～14:00、土12:00～、日12:00～18:00）　休 イースター、夏至祭、12/24～26　ランチ€10～、ディナー€20～　A, D, M, V
URL www.ravintolatuhto.fi

トゥーリッキ・ピエティラはムーミンの物語に登場するトゥーティッキのモデル。

149

トーベ・ヤンソンも愛した町
ポルヴォー *Porvoo*

TOTAL 約5時間

ポルヴォーおさんぽ
TIME TABLE
- 10:30 J.L.ルーネベリの家
  ↓ 徒歩8分
- 11:15 ブルンベーグ
  ↓ 徒歩2分
- 12:00 ズム・バイスピール
  ↓ 徒歩6分
- 13:00 ポルヴォー大聖堂
  ↓ 徒歩3分
- 13:45 ポルヴォー博物館
  ↓ 徒歩1分
- 14:15 ホルム・ハウス
  ↓ 徒歩すぐ
- 14:45 カフェ・ファニー

フィンランド国歌を作詞した詩人、J.L.ルーネベリの故郷であるポルヴォーは、画家A.エーデルフェルトや彫刻家V.ヴァルグレンが住んでいた町としても有名。芸術家たちに愛された美しい風景をのぞきに出かけよう。

ポルヴォーへの行き方
🚌 ヘルシンキの中央バスターミナルから頻繁に出ているバスで約1時間。バスはポルヴォーのマーケット広場に着く。

⛴ 夏季なら、ヘルシンキのマーケット広場から観光フェリーのルーネベリ号M.S.J.L.Runebergでアクセスできる。所要約3時間20分。

ルーネベリ号
☎(019)524-3331 ❍片道€29、往復€39 URL www.msjlruneberg.fi

Map 別冊P.2-B3

パステルカラーの外観がかわいい♪

1. ルーネベリに興味がある人はぜひ立ち寄ろう 2. よく手入れされた庭園

Map 本誌P.151
▲ Aleksanterinkatu 3
☎ 040-489-9900 ❍ 10:00〜16:00 ❍ 9〜4月の月・火
❍ €8 URL www.porvoo.fi

1 詩人のお宅を拝見！ 10:30
J.L.ルーネベリの家
Runebergin Koti

詩人ルーネベリとその家族が1852年から亡くなる1877年まで住んでいた家。当時の家具が残されており、ルーネベリ家の暮らしぶりがよくわかる。

2 11:15
ポルヴォーの老舗チョコレート
ブルンベーグ
Brunberg

Map 本誌P.151
▲ Välikatu 4 ☎(019)548-4235 ❍6〜8月：10:00〜18:00(土9:00〜17:00、日〜16:00)、9〜5月：10:00〜18:00(土9:00〜16:00、日〜16:00) ❍12/24〜26 Card A.D.J.M.V.
URL www.brunberg.fi

1871年にベーカリーとして創業、後にポルヴォーを代表するチョコレートブランドに。マシュマロをチョコレートでコーティングしたキッシーズが人気。

1. 板チョコ各€0.80〜2。上からダーク、ミルク、シュガーフリー 2. キッシーズ1個€0.35〜、6個(箱入り)€1.70〜 3. 人気商品のシーバックソーン・マーマレードゼリーグミ€3.10 4. レモン風味のリコリスキャラメル€2.90

3 オーガニックがうれしい 12:00
ズム・バイスピール *Zum Beispiel*

Map 本誌P.151
▲ Rihkamakatu 2 ☎ 050-439-6066
❍ 夏季：10:00〜18:00LO(土〜16:00LO)
冬季：10:00〜15:00LO(水〜木〜19:00LO、金・土〜21:00LO) ❍日 ❍€10〜
Card A.D.M.V. URL www.zum.fi

オーガニックメニューが食べられるレストランでヘルシーなランチタイムを♪パン付きの日替わりメニューはスープ€9.50〜やサラダ€14〜、パスタ€13.50〜などがある。

1. 明るい光が差し込む店内 2. スープランチ€9.50はパン付

150 💬 ポルヴォー博物館周辺にはアンティークショップがいくつかあり、どこもかわいらしかったです。(千葉県・ゆり)

5 ポルヴォー博物館
フィニッシュアーティストの作品を所蔵 13:45
Porvoon museo

Map 本誌P.151

1764年建造の旧市庁舎を利用している。エーデルフェルトやヴァルグレンをはじめとするフィンランドアートを展示。18〜19世紀のテキスタイルも見られる。

🏠 Raatihuoneentori ☎040-197-5557 ⏰5〜8月：10:00〜16:00(日11:00〜)、9〜4月：12:00〜16:00 休9〜4月の月・火 料€8 URL www.porvoonmuseo.fi

広場に面して立っている

4 高台に立つ、町のシンボル
ポルヴォー大聖堂 13:00
Porvoon tuomiokirkko

Map 本誌P.151

旧市街から坂を上っていくと現れる、石造りの大聖堂。建立されたのは1450年。毎週日曜にはミサが行われ、夏季には結婚式が挙げられることも。

🏠 Kirkkotori 1 ☎(019)661-1250 ⏰5〜9月：10:00〜18:00(土〜14:00、日14:00〜17:00)、10〜4月：10:00〜14:00(日14:00〜16:00) 休10〜4月の月 料無料 URL www.porvoonseurakunnat.fi

これから結婚式♪

1. 白壁がまぶしい
2. 元F1レーサーのミカ・ハッキネンもここで結婚式を挙げた

6 豪華な内装は必見！
ホルム・ハウス 14:15
Holmin Kauppiastalo

ポルヴォー博物館のすぐ脇にある、かつての豪商の屋敷を利用した博物館。18世紀の商人とその家族の暮らしぶりがわかる。

Map 本誌P.151 レトロな雰囲気の応接室

🏠 Välikatu 11 ☎040-040-7475 ⏰5〜8月：10:00〜16:00(日11:00〜)、9〜4月：12:00〜16:00 休9〜4月の月・火 料€8 URL www.porvoonmuseo.fi

トーベの別荘
ポルヴォーにある群島の一部・クルーヴハル島にトーベが夏の間過ごした別荘がある。

夏はガイドツアーもあります

ポルヴォーも愛した町

トーベ・ヤンソンも愛した町

7 ルーネベリタルトが味わえる
カフェ・ファニー 14:45
Café Fanny

これがルーネベリタルト

詩人ルーネベリにちなんだスイーツ、シナモン風味のタルトにフレッシュベリージャムがのったルーネベリタルト€4が通年味わえる。コーヒーは€2.50。

Map 本誌P.151

🏠 Välikatu 13 ☎050-462-9924 ⏰夏季：8:00〜19:00、冬季：9:00〜16:00(土・日〜17:00) 休無休 料€6〜 Card A.D.M.V. Wi-Fi URL www.cafefanny.fi

夏はテラス席が人気

かつて商人の倉庫だった川沿いの赤い木造倉庫群。ポルヴォーらしい風景のひとつなので、忘れずにパシャッと1枚☆

裏aruco 独断 取材スタッフのTALK

「私のリアル買いアイテムはコレ！」

編集Sが取材の合間に購入したフィンランドみやげのなかから
特に気に入ったアイテムを大公開！

持ち手がかわいいケーキサーバー

アーリッカの木のコロコロとした感じがとても好きなのですが、まさか持ち手までコロコロしているケーキサーバーに出合えるとは！握り心地もスベスベで気持ちがよく、普段あまり出番がないとわかりつつも買っちゃいました。€39

次の誕生日会で使います！

アーリッカ → P.115

クマがポイントのおしゃれスニーカー

カルフ（フィンランド語でクマの意）のイラストがかわいいカルフのスニーカー€85を購入しました。種類も色も豊富で迷っちゃいます。ほかにクマのイラストが描かれたクールなデザインのエコバッグやマグカップがありました！

2016年で100周年を迎えたよ！

カルフ → P.115

憧れのテキスタイルブランドのバッグ

テキスタイルの本場に来たからには、絶対にテキスタイルグッズを購入しようと意気込んでいました。幾何学模様のユニークな柄にひとめ惚れしたのが、日本でも注目度上昇中のヨハンナ・グリクセン。老若男女問わないデザインに脱帽です！€150

ヘビロテ確定♪

ヨハンナ・グリクセン → P.112

実用性100%シンプルな小物入れ

一見、なんの変哲もなさそうな箱……。実は小物入れなんです！正方形や長方形の箱が組み合わせられるようになっていて、単体でもふたつなげて置いてもOK。どんなインテリアにもなじむシンプルなデザインもグッド☆ 各€47

組み合わせ自由☆

ロカル → P.116

カッリオ地区はアンティーク好きのユートピア！

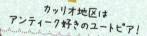

カッリオ地区（→P.70）は質のよいアンティークショップがいっぱい。古着大好きな私がゲットしたのは、70年代のワンピース。フィンランドのメリーフィンというブランドのもので、メルヘンなデザインがお気に入りです♪ €85

お呼ばれしたときに着たい

フリーダ・マリーナ → P.118

1年中クリスマス気分になれるTシャツ

子供の頃から大好きなクリスマスが1年中楽しめるTシャツをゲットしました！「サンタの小さなお手伝いさん」と書かれていて少し恥ずかしいですが、気にせずいかにおしゃれに着こなせるか考え中です！€32

ダサカワイイ♡

サンタ・オフィス・ショップ → P.158

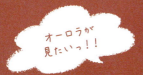
オーロラが
見たいっ！！

雪と氷の北極圏
冬のラップランドで
オーロラ&サンタに感動☆

フィンランド北部の北極圏以北は、ラップランドと呼ばれます。
ここは、夜空にオーロラが舞う極限の地。
サンタクロースとの出会いや犬ぞりなど
ここでしかできないとっておき体験もたくさん！

・イヴァロ
サーリセルカ ★
★ レヴィ
ロヴァニエミ
★
・ケミ

一生に一度は見たい、特別な体験
ラップランドでオーロラ観賞

北緯66度33分以北の北極圏をラップランドと呼ぶ。冬には雪と氷に覆われ、太陽が昇らない時期もある極限の地。そんな極地の夜空を彩る神秘の光オーロラを観に行こう！

ラップランドって、何？
フィンランド、スウェーデン、ノルウェー、ロシアにまたがる、北極圏内のエリアのこと。今も先住民族のサーメが暮らす、自然豊かな土地。

オーロラって、何？
フィンランド語で「レヴォントゥレット Revontulet」と呼ばれるオーロラは、上空100〜500kmで起こる放電現象。このエリアはほぼ真空状態の宇宙空間で、太陽から発生して帯電した微粒子（太陽風）が、地球の大気中の原子や分子に衝突して放電し、発光したもの。

夜空を彩るオーロラ観賞は、冬のフィンランドの人気ツアー

最近は秋（10月頃〜）に行われるツアーもある。秋なら湖に映り込むオーロラが見られる

赤や紫、青、緑のオーロラがある。なかでも赤いオーロラはとってもレア！

いろんな色のオーロラがあります！

オーロラ観賞Q&A
オーロラ観賞に関する疑問を、Q&A形式でお答え！まず知っておきたい基本情報をチェックして。

Q1 オーロラはどこで見られるの？
オーロラは、北緯65〜70度あたりに広がる楕円形の帯・オーロラオーバルの下で発生する。帯のほぼ下にあるロヴァニエミやサーリセルカは、オーロラ観賞のベストスポット。

Q2 オーロラウォッチの服装は？

ラップランドは、冬にはマイナス20〜30℃になることも珍しくない。観賞はもちろん外で行うので、真冬にスキーをするときの服装プラス1〜2枚が目安。重ね着を心がけよう。現地のツアー会社などでレンタルも可能。

Q3 オーロラ以外の楽しみを教えて！

氷点下ならではの自然現象もたくさん

まずは、犬ぞりをはじめとしたウインターアクティビティ（→P.168）。ほか、凍りついた空気中の水分が光に反射するダイヤモンドダストなど寒い地域ならではの楽しみもある。

154　ダイヤモンドダストは珍しい現象ではないみたい。夜に街灯の下を見ると、高い確率で見られますよ。（栃木県・小泉）

オーロラ観賞地 in フィンランド

in ロヴァニエミ Rovaniemi →P.160

北極圏の入口から約8km南のサンタクロースの町。博物館など見どころも多く、ショッピングやグルメも充実。

こんな方法で見られます

ツアーで 日本語ガイド付きバスでオーロラ観測

モイモイ号 moimoi

9月中旬～11月（月～金）、12月～3月下旬（毎日）運行の日本語ガイド付きオーロラ観光バス。期間中20:30に出発し、オーロラの出やすいポイントに向かう。所要約4時間。料金は€85。

日本での問い合わせ先
北欧トラベル
☎(03)6809-4324
URL www.tumlare.co.jp

1. 大型のバスでオーロラの見えやすいポイントへ向かう
2. 小屋の中で暖を取りながらオーロラを観察する

小屋では暖かい飲み物や軽食も提供します

ホテルから
山の上にあるホテル、スカイ・オウナスヴァーラ（→P.163）は、オーロラ観賞のベストスポット

町なかから
町外れにあるアルクティクム（→P.161）の周辺からも運がよければオーロラが見られるかも

in サーリセルカ Saariselkä →P.164

国立公園そばのリゾートタウン。晴天率が高いため、オーロラだけが目的の人はこちらがおすすめ。

こんな方法で見られます

ツアーで →P.168

ラップランドサファリではスノーモービルでオーロラを見にいくツアーも催行している

in レヴィ Levi →P.166

フィンランド屈指のスキーリゾート。アクティビティやホテルが充実しており、近年オーロラの観測地としても注目を浴びている。

こんな方法で見られます

ホテルから →P.167
部屋の中からオーロラウォッチングができるガラスイグルー

オーロラの撮影方法

5ステップでカンタン！

STEP 1 カメラを用意

オーロラを撮影するなら、シャッタースピードが変えられる一眼レフカメラがいい。レンズは24mmよりも広角のものを用意したい。

STEP 2 撮影モードをマニュアルにセット

長時間シャッターを開けるマニュアルモードにセット。絞りは最も小さい値(f2.8～4)にして、ISOは800～3200、シャッタースピードは10～30秒が目安。

STEP 3 あらかじめピントを合わせる

オーロラは遠くで発生しているため、ピントは最も遠景にセット。撮影中に動く可能性もあるので、テープで固定してしまおう。

コンパクトデジカメで撮影するときは
多機能な高級デジカメならマニュアルモードが付いている場合があるので、下記と同じ操作をすれば十分撮影できる。

STEP 4 三脚にセットして外へ

氷点下の暗い野外で準備するのは難しいので、あらかじめ三脚にカメラを付けたまま外へ持っていこう！

携帯じゃムリだね～

STEP 5 室内に戻ったらカメラをケア

暖かい屋内にカメラを持ち込むと結露してしまい故障の原因に。すぐにカメラを密閉できるビニール袋に入れ、バッグなどで保管して。

オーロラ観賞は外で行なうが、ツアーでは近くにある小屋で暖を取りながらオーロラが出るのを待つ。

童心に帰ってはしゃいじゃお！
サンタさんに会いにサンタクロース村へGo!

かつて夢見たサンタさん。本当にいるのかな……？ そうです、ここロヴァニエミにいるんです！
ここではただ会うだけじゃない、サンタクロース村を120%楽しむ方法をご紹介。

本物のサンタさんに会える！
サンタクロース村
Santa Claus Village

ロヴァニエミの中心から約8km先にあるサンタクロース村は通年サンタクロースに会える夢のような場所。限定の郵便サービスやグッズショップがある。

Map 別冊P.3-D1　ロヴァニエミ

☎ (016) 356-2096
⊘ 1/7～5/31、8/27～11/30：10:00～17:00、6/1～8/26：9:00～18:00、12/1～1/6 9:00～19:00（開館時間は細かく異なるので、事前に要確認）
休 無休　URL www.santaclausvillage.info

サンタクロース村への行き方
ロヴァニエミの鉄道駅やラップランド・サフィのオフィス前から市バス8番で30分、Arctic Circle下車。またはSanta's Expressのバスで25分、Santa Claus Village下車。市バスは6:05～18:15（土・日は12:00～17:00）、Santa's Expressは9:35～17:10（土～16:40、日～17:00）のほぼ1時間ごとに運行。市バスは片道 €3.50、1日券 €8.80、Santa's Expressは片道€3.50、往復€6.60。

やあ！
やっと会えたね！

とんがり屋根の下にサンタさんがいる！

この顔ハメはやるしかない……！

インフォメーション
Arctic Circle Information
ショップアーケード内にある観光案内所。サンタクロース村の疑問はここで解決！
URL www.arcticcircleinfo.fi

北極圏到達証明書€4.50（日本語）がもらえる

マリメッコ、イッタラもあるよ

撮影必須！北極圏との境界線

サンタクロース・オフィス
サンタ・オフィス・ショップ
S サーガ・ギフト
S ラッピチュオーテ・ワークショップ
サンタクロース・メイン・ポストオフィス
サンタクロース村
Santa Claus Village

レストランならココ
サンタズ・サーモン・プレイス
Santa's Salmon Place
サーモン€22やベリージュース€3など自然の素材を活かした料理が食べられる。

🏠 Tähtikuja 1　☎ 046-545-1507
⊘ 3・11月：11:00～17:00、6～8月：12:00～17:00、12～2月11:00～18:00　休 4・5・9・10月
€22～　Card M.V.

📧 サンタクロース村のマリメッコは、ヘルシンキよりもゆっくり買い物ができました。（島根県・もにか）

156

ずっと会いたかったです、サンタさん！
サンタさんにぐ〜っと近づける スペシャル体験

せっかく会えるけど、何を話そう？何をしよう？お困りのあなたに、サンタさんのサインを特別なお友達に送ってみませんか。限られた時間でできる、とびきりすてきな体験をご紹介します。

サンタクロース・オフィスへ移動

サンタクロース・メイン・ポスト・オフィス

1 はがきを選ぼう
これにしよう！
まずはサインを書いてもらうはがきをチョイス。柄もサイズも種類豊富でどれがいいか迷っちゃう〜。

サンタクロース・オフィス

なんでも聞いて！
2 サンタさんに会えた！
こんにちは！ Päivää! パイヴァー！
いよいよご対面！目を見て元気よくあいさつしよう。サンタさんも笑顔で返してくれるはず。

3 ドキドキ、話しかけてみよう
サインをください Saanko nimikirjoituksen? サーンコ ニミキルヨイトゥクセン？ いいよ！
聞き上手のサンタさんにさっそくサインのお願いをしてみよう。サインペンは忘れずに持っていって。

4 世界にひとつのサインをゲット！
ここにお願いします カキカキ…
何て書くの？とサンタさんは聞いてくるので、「サンタクロースって書いて」って伝えてね。

5 書く枚数は最小限で
写真は？ わ〜い！もらえたよ
うれし過ぎるサインをゲット。時間が限られているので、いくつも頼まないようにしよう。

6 ツーショットも忘れずに
スマイル！ こぼれるスマイル☆
続いて記念撮影。仲よく並んで？それともギュッと抱きしめて？最高の1枚でハイ☆チーズ！

サンタクロース・メイン・ポスト・オフィスへ移動

7 最後にあいさつ
ありがとう、さようなら！ Kiitos, näkemiin! キートス、ナケミーン！
夢の時間ももう終わり。悲しいけどお別れのあいさつを。ね、サンタさんは本当にいたでしょ？

サンタクロース・メイン・ポスト・オフィス
8 宛先を書いて
クリスマスに届くように…
サインを大切な人へ送ろう。郵便局に戻ったらライティングスペースで記入。切手の購入も忘れずに。

9 ポストに投函
楽しみ！
記入後は館内のポストにIN！赤はクリスマスシーズンに、黄色はすぐに郵送してくれるポスト。

サンタさんから手紙がもらえるよ！
サンタさんから手紙が届くサンタメール€8.90は申込用紙に記入するだけでOKの人気のサービス。
1. 日本語で記載されている
2. 届いたものがこちら

日本からも申し込みができます
早く来るといいな！
日本のサンタクロース村オフィシャルサイトのフォームから送れるんです！
URL santaclausvillage.jp

サンタクロースと記念撮影
サンタクロース・オフィス Map 本誌P.156
サンタさんとの記念撮影（有料）ができる。購入するとその場で印刷もしくはウェブサイトからダウンロードできるデータがもらえる。予約は不要で、混雑時は少し並ぶことも。クリスマスグッズを1年中販売しているショップを併設している。
🏠 Joulumaantie 1　☎ 020-799-999　🚌 サンタクロース村と同じ　💰 A4写真1枚€32、写真とムービーのデータ€45〜
URL santaclausoffice.com

サンタクロース・メイン・ポスト・オフィスはこんなところ

はがきの販売やサンタメールの受付などを行う。この郵便局限定のポストカードや切手、消印は送って喜ばれること間違いなし。

サンタクロース・メイン・ポスト・オフィス Map 本誌P.156
🏠 Tähtikuja 1　☎ なし　🕐 1/7〜5/31・9〜11月:10:00〜17:00、6〜8月:9:00〜18:00、12/1〜1/6:9:00〜19:00　休 無休
URL my.posti.fi/en/santa-claus-main-post-office

1. 世界各国から届くサンタさんへの手紙
2. 限定のはがきや切手もある

普通のポスト

クリスマスに届く用のポスト

「サンタズ・サーモン・プレイス」は、サーメのテント、コタが店になっている。

こっちもオモシロイ！「サンタパーク」に潜入！

サンタクロース村の次は、サンタパークで遊びじゃおう！
村と違い、どこかB級感漂う不思議なテーマパークは意外と大人もハマっちゃうはず。
注目のアトラクションをのぞいてみましょう♪

おすすめアトラクション セレクト5

妖精トントゥのワークショップ Puuhariihi

上手に作れるかな？？

子供でごった返すワークショップで、大人もミニチュアサンタさんを作ろう！ おヒゲに、帽子に……かなり夢中になっちゃいます！

1. 木を使ってサンタさんをつくる　2. 壁には作品がズラリ

四季を巡るソリ Neljä Vuodenaikaa - Satujuna

え〜 もう終わり〜？

そりに乗ってフィンランドの四季を巡る旅に出発！ 大自然に生きる動物やクリスマスプレゼントを準備するトントゥの姿が見られます。

1. プレゼントの準備に忙しい！　2. 動物たちもひょっこり出てくる

サンタの奥さんのジンジャークッキー・キッチン Joulumuorin Piparila

思わずパクッ！

自分だけのジンジャークッキーを作ろう

奥さんが焼いたジンジャークッキーをデコっちゃおう！ 大きめのクッキー€2.50にカラースプレーやアイシングをブワッ！

アイスギャラリーとアイスバー Jäägalleria Ja Jääbaari

氷のプリンセスが待ってます♡

1. 防寒着を着て中に入ろう　2. 氷の彫刻が配されたアイスバー

室温マイナス5℃に保たれた、氷の国ヘレリゴー！ ホットチョコレート€3を飲みながら、氷のオブジェを眺めてみる？

中央ステージのショー Säpäkkä Tanssishow

みんなで踊りましょう！

1. クリスマスにまつわるショー　2. みんなでダンス！参加型なのも楽しい

ショー開始の案内放送が流れたら中央ステージへ！ プレゼントをめぐるショーのあとはみんなで踊るダンスタイムが待ってます。

アトラクションが充実

サンタパーク　Santa Park

人工洞窟内にあるサンタクロースがテーマのアミューズメントパーク。パーク内の中心部を拠点にぐるりとアトラクションの部屋が並び、大人も子供も楽しめる。

Map 別冊 P.3-D1 ロヴァニエミ

- Tarvantie 1　☎060-030-1203
- 1/7〜1/5, 6/29〜8/10, 11/9〜30: 10:00〜17:00, 12/1〜1/6: 10:00〜18:00
- €34（夏季は€17.50）
- santaparkarcticworld.com

ロヴァニエミの町紹介 → P.160

サンタパークへの行き方

Santa's Expressでアクセスできる。1日8便運行。サンタクロース村から徒歩だと30分ほど。

サンタさんもいるよ！
ここではかなりフレンドリーなサンタさんに会えます。撮影ももちろんしてくれます。A4判写真1枚€27〜

ホーホーホー！

サンタパークのスタッフは元気な妖精トントゥ！ 独特の口調でおもしろおかしく話すので、話しかけてみては？

159

サンタクロースだけじゃない！
ラップランドの玄関口
ロヴァニエミ *Rovaniemi*

ロヴァニエミは戦後アアルトの設計に基づいて生まれ変わった近代的な都市。白樺などの緑もたくさん残されており、これぞフィンランド！な自然も楽しめる。

TOTAL 約6時間

ロヴァニエミおさんぽ
TIME TABLE

- 10:30 ロヴァニエミ教会
  ↓ 徒歩7分
- 11:00 ラッピアハウス＆ロヴァニエミ市立図書館
  ↓ 徒歩10分
- 12:00 カフェ＆バー21
  ↓ 徒歩3分
- 13:15 サンポ・センター
  ↓ 徒歩7分
- 14:15 ろうそく橋
  ↓ 徒歩15分
- 14:45 アルクティクム
  ↓ 徒歩13分
- 16:00 コロンディ

---

1 フレスコ画『生命の泉』は必見！
ロヴァニエミ教会 10:30
Rovaniemen seurakunta

Map 別冊P.3-C2

第2次世界大戦中に破壊され、1950年に再建された教会。内部には高さ14mのフレスコ画『生命の泉』があり、外には戦死した若い兵士たちの墓地やモニュメントがある。

🏠 Rauhankatu 70
☎ (016) 335-511
🕐 夏季、クリスマスシーズン：9:00～21:00 夏季とクリスマスシーズン以外
💰 無料
URL www.rovaniemenseurakunta.fi

とんがり屋根の教会

生命があふれる！

Map 別冊P.2-B2

サーリセルカ
レヴィ
ロヴァニエミ
タンペレ
ラウマ ナーンタリ ポルヴォー
トゥルク ヘルシンキ

ロヴァニエミへの行き方

✈ ヘルシンキから1日3～10便運航、所要約1時間20分。

🚌 ヘルシンキから1日7～9本運行、うち6本は途中のオウルOuluやタンペレなどで乗り継ぎ。所要8～13時間。

🚌 ヘルシンキから毎日1本夜行バスが運行。深夜1:20発、ロヴァニエミ着は14:35。

---

2 11:00
巨匠アアルトのデザイン
ラッピアハウス＆ロヴァニエミ市立図書館
Lappia-talo & Rovaniemen kaupunginkirjasto

アアルトのサインは必見！

アアルトの建築物はファンならずとも見ておきたい。ラッピアハウスは冬季のみライトアップされ、幻想的な雰囲気に。図書館にあるアアルトのサインも要チェック！

Map 別冊P.3-C2

🏠 Jorma Eton tie 6 ☎ (016)322-2463 🕐 6～8月：9:00～19:00（金～17:00、土11:00～15:00）、9～5月：9:00～20:00（金～18:00、土～16:00）
休日 無料 URL www.rovaniemi.fi/fi/Palvelut/Kirjasto

ライトアップされたラッピアハウス

夏は深夜まで明るい！

サンタクロース村、サンタパークへ →P.156,159

Savotatie
Pohjolankatu
Nuorten-katu
Vartiokatu
Lapinkävijäntie
Valtakatu
Poromiehentie
Koskikatu
Pekankatu
Ounaspuistikko
長距離バスターミナル
郵便局
Kansankatu
Rovakatu
Maakuntakatu
Korkalonkatu
Valtakatu
Koskenranta
ロヴァニエミ駅 Rautatieasema
Hallituskatu
Kemintie

のんびり歩くワン！

 「コロンディ」内のショップには、おしゃれなグッズが揃っていました。（埼玉県・きょん）

4 サンポ・センター
ショッピングならココ　13:15
Sampokeskus

Map 別冊P.3-C2
🏠 Maakuntakatu 29-31 A
☎ 店舗により異なる
🕐 8:00〜20:00(土9:00〜19:00、日12:00〜16:00)(店舗により異なる) 休 無休 Card 店舗により異なる
URL www.sampokeskus.fi

カフェやショップが入るショッピングセンター。日曜オープンの店も多いので、何かと便利。1階に観光案内所がある。

1. 町の中心地にある
2. ファッションやレストランなどの店が入る

3 カフェ&バー21
ボリューム満点のワッフルを召し上がれ　12:00
Cafe & Bar 21

肉や野菜たっぷりのソルティ系やクリームたっぷりのスイーツ系€7.50〜などこだわりワッフルが食べられるカフェでランチ♪

Map 別冊P.3-C2
🏠 Rovakatu 21
☎ 040-811-7037
🕐 11:00〜21:00(水・木〜22:00、金〜翌2:00、土12:00〜翌2:00、日12:00〜21:00) 休 無休
💰 €6.50〜 Card A.D.M.V. 英 Wi-Fi URL www.cafebar21.fi

1. スタイリッシュな店内
2. ソルティワッフルは€9.90〜 3. ロヴァカツ通りに面している

5 ろうそく橋
幻想的な明かりが印象的　14:15
Jätkänkynttilä-silta

オウナスヴァーラの丘に向かって架かる橋。先端の光はボウッと暗闇に浮かび上がってとってもキレイ！

Map 別冊P.3-D2

1. 市民にとっても重要な橋　2. 冬は遠くからでもよく目立つ

モフモフだぁ〜

きれいなんだよ〜
ろうそくみたい！

ロヴァニエミの歴史
1944年、町はナチス・ドイツ軍により破壊された。建築家アルヴァ・アアルト発案の「トナカイの枝角都市計画」に基づき、全体をトナカイの顔の形にしたり、優れた建物を配したりと美しいデザインの町へと生まれ変わった。

6 アルクティクム
北極圏に関するガラス張りの博物館　14:45
Arktikum

北極圏センターとラップランド郷土博物館が入った博物館。ラップランド地方の自然や歴史、北極圏の少数民族について模型やデジタル資料を使って楽しく学べる。

Map 別冊P.3-C2
🏠 Pohjoisranta 4 ☎ (016)322-3260
🕐 10:00〜18:00 休 1/14〜5/31と9〜11月の月 💰 €13 URL www.arktikum.fi

1. ガラス張りのモダンな回廊 2. 川に面して立つ 3. サーメの衣装 4. カフェのランチビュッフェは€9.50〜

カフェもおすすめ
楽しんじゃえ

7 コロンディ
れんが造りの文化複合施設　16:00
Korundi

フィンランドのモダンアートの企画展を常時開催するロヴァニエミ美術館やカフェなどが入る。建物もモダンですてき！

Map 別冊P.3-C2
🏠 Lapinkävijäntie 4
☎ (016)322-2822 🕐 11:00〜18:00(木〜20:00) 休 月 💰 €9 (ロヴァニエミ美術館、木の18:00〜は無料) URL www.korundi.fi

1. コンサートホールも入っている
2. 絵画や彫刻など充実の展示

夏は白夜を体験できるが、体調を崩さないよう早めの就寝を心がけて。 161

ロヴァニエミ　Restaurant　ラップランドの玄関口

ワイルドな食材をいただきます！
おすすめラップランド料理レストラン☆

ロヴァニエミに来たらラップランド料理は外せない！トナカイ、サーモン、ベリーなどどれも滋味深い。おしゃれに？ それともワイルドに？ あなたはどっち派？

ラップランド料理を豪快に味わいたいなら
ラヴィントラ・ニッリ
Ravintola Nili

Map 別冊P.3-D2

豪快なラップランド料理を味わえると人気の店。トナカイの角やサーメの衣装が飾られた店内は雰囲気バツグン！ トナカイのソテー€27.80も人気メニューのひとつ。

- Valtakatu 20
- 040-036-9669
- 1〜4月：17:00〜23:00(土14:00〜)、5〜9月：18:00〜23:00、10・11月：17:00〜23:00、12月：12:00〜24:00
- 休5〜7月の日・月、8〜11月の日
- €20〜 Card A.D.M.V. 望ましい
- www.nili.fi

1. トナカイの角を使った照明など、ラップランドのムードがたっぷりの店内　2. 木を使った入口が目印

アークティックサーモンのグリル€27.50。ザリガニを使った濃厚ソースがよくからむ

レインディア・トゥーウェイズ・フロム・イナリ
Reindeer 2 ways from Inari
トナカイの柔らかなヒレ肉のローストと、低温で12時間焼いた肉をロール状にしたジューシーな首肉が味わえる。赤ワインベースのソースと一緒に召し上がれ
€34.50

酸味のあるライ麦パン粉をまぶして焼いた、北極圏産白身魚のグリル€26.80

肉の回りにマッシュポテトを盛ったラップランド伝統のトナカイのソテー

甘いホワイトチョコレートと甘酸っぱいベリーがマッチするモンテ・ローザ・クラシック・ホワイトチョコレート・プディング€11.50

マイヤさん　キンモさん

苦みと甘さのバランスがばっちりなクラウドベリー・クレーム・ブリュレ€10.90

洗練されたモダンな盛りつけが美しい
モンテ・ローザ Monte Rosa

Map 別冊P.3-C2

シティ・ホテルの1階にあるレストラン。ラップランド地方の厳選された食材を使用したおしゃれな創作ラップランド料理が食べられる。

- Pekankatu 9
- (016)330-0111
- 11:00〜22:30LO (土・日17:00〜23:00LO)
- 無休
- €40〜 Card A.D.M.V.
- Wi-Fi
- www.monterosa.fi

1. 店内は落ち着いた雰囲気　2. ホテルのメインダイニング

ロヴァニエミ・マーケット
Rovaniemi Market

サラミ、ロースト、カルパッチョのトナカイ肉（調理法は日替わり）、ムイックや焼きチーズ、白身魚のムースなどラップランドの恵みが存分に味わえる。

€24.80 (1人分)
(2人から注文可)

甘酸っぱいクランベリー・カクテル€8.50

初めてトナカイ肉を食べましたが、まったく臭くなく食べやすくてびっくりしました！（北海道・ポン太）

Shop

ラップランドのカルチャーが形になった！
ロヴァニエミの**キュート**なアイテムを発見

自然モチーフの優しいデザイン
ピルケ・ショップ
Pilke Shop

ピルケ・サイエンス・センター内にあるショップ。フィンランドの豊かな森をイメージしたアイテムや、ナチュラル素材のハンドクラフト製品を多く扱う。

Map 別冊P.3-C2

🏠 Ounasjoentie 6 ☎ 020-639-7820
🕐 9:00～18:00（土・日10:00～16:00）（時期により変動あり） 休 無休
Card A.M.V. URL www.tiedekeskus-pilke.fi

1. loviの木の立体動物キット€10.90。動物のほかムーミンのシリーズもある 2. キーホルダー€4.50、マグネット€3.50 3. 手触りのいいフクロウのクッション€30 4. 木の手触りが優しいノート€14～ 5. 愛らしいクマのウッドオブジェ€48

1. サーメの象形文字が彫られた指輪各€15
2. 魚やトナカイの皮を使ったポシェット各€43 3. ハンドメイドの手袋€32 4. 白樺のコブから作られたマグカップのククサ大€59、小€54 5. オーナーが手作りしたレザーブレス各€35～

ハンドクラフト製品ならココ
ラウリ・トゥオッティート
Lauri Tuotteet

サーメに伝わるククサやトナカイの角で作った指輪を扱うハンドクラフトショップ。民族工芸ながら普段使いができるかわいいグッズがいっぱい！

Map 別冊P.3-C2

🏠 Pohjolankatu 25 ☎(044)706-0060
🕐 10:00～17:00 休 土・日、5月
Card A.M.V. URL www.lauri-tuotteet.fi

Hotel

高級ホテルから、うれしい手頃な価格帯のホテルまで
ロヴァニエミのおすすめホテル

高級

好立地の高級ホテル
スカンディック・ロヴァニエミ
Scandic Rovaniemi

町の中心部に位置するホテル。サウナ、ジムのほか、レストラン、バーも完備。客室は広々として清潔。目の前にショッピングモールがある。

Map 別冊P.3-C2

🏠 Koskikatu 23
☎(016)460-6000
💰 シングル€139(88)～、ダブル€141(102)～ 朝食付き Card A.D.J.M.V.
🛏 178 Wi-Fi
URL www.scandichotels.com

中級

オウナスヴァーラの丘の頂上に立つ
ラップランド・ホテル・スカイ・オウナスヴァーラ
Lapland Hotel Sky Ounasvaara

屋上のテラスからオーロラが眺められると人気のホテル。中心部からタクシーで約5分、€7程度。サウナ付きのツインルームも好評。

Map 別冊P.3-D1

🏠 Juhannuskalliontie
☎(016)32-3400
URL www.laplandhotels.com
※2019年8月現在、改修のためクローズ中。2019年冬以降に再開予定。

© LAPLAND HOTELS & SAFARIS

エコノミー

清潔で快適な滞在を約束
ゲストハウス・ボレアリス
Guesthouse Borealis

駅に近くアクセス至便なゲストハウス。静かな環境で快適に過ごせる。全室シャワー、トイレ付きで便利。朝食付きがとれるのもうれしい。

Map 別冊P.3-C2

🏠 Asemieskatu 1
☎(044)313-1771
💰 シングル€64(53)～、ダブル€86(63)～ 朝食付き アパートメント€200(126)～ Card M.V.
🛏 14、アパートメント2 Wi-Fi
URL www.guesthouseborealis.com

夏の「ラウリ・トゥオッティート」は緑豊かでとってもフォトジェニック。この美しさは必見です。 163

道路はもちろん、家や木などすべてが凍りつく冬の風景

冬は、1日のわずかな時間しか太陽が昇らない

フィンランドでは珍しく、ダウンヒルのスキーが楽しめます！

村の外れにあるスキー場

オーロラが見られるスキーリゾート
サーリセルカ Saariselkä

ウルホ・ケッコネン国立公園の麓にあるサーリセルカは、自然豊かな高原リゾート。オーロラオーバルの真下にあり晴天率の高いこの地は、フィンランドNo.1のオーロラリゾート！

オーロラ情報 → P.154

サーリセルカへの行き方
ヘルシンキからイヴァロIvaloまで行く。1日1～4便運航、所要1時間30分～2時間30分。イヴァロ空港からは空港バスを利用できる。所要約30分。
ロヴァニエミから1日2本運行、所要約4時間15分。

Map 別冊P.2-B1

スキー場へのアクセス
11月下旬～4月下旬、循環バスが運行。時刻表はホテルか観光案内所で。

主要ホテルとスキー場をつなぐスキーバス

アクティビティに関する情報が充実！

観光案内所
Tourist Information

小さなショッピングセンター内。地形や動物など周囲の自然に関する簡単な展示がある。カラフルなサーメの伝統衣装は必見。

⌂ Lutontie 16
☎ 040-168-7838
⊙ 1/1～2/10、4/22～6/9、9/23～12/1：9:00～17:00、2/11～4/21、8/26～9/22：9:00～17:00(土・日～16:00)、6/10～8/25：9:00～17:00(土～16:00)、12/2～31：9:00～17:00(土・日10:00～)
休 1/1～2/10と4/22～6/9と9/23～12/1の土・日、6/10～8/25、メーデー、昇天祭、独立記念日、12/25

サーメの衣装も展示している

特に紅葉シーズンはきれいだよ

ウルホ・ケッコネン国立公園
Urho Kekkonen National Park

村の東に広がる国立公園で、夏～秋にはハイキングが楽しめる。冬はクロスカントリースキーの舞台となる。

夜遅くまでオープン♪

村の入口にある大型スーパー。1階は食料品や生活雑貨売り場。地下は洋服などがある。防寒具を買い足すならここで。

町唯一のスーパー

サーリセルカ *Saariselkä*

オーロラが見られるスキーリゾート

Sightseeing

ここでもサンタに出会えます！
サンタズ・ホーム Santa's Home

きれいにライトアップされている

サンタクロースのテーマパーク。見学はガイドツアー（所要約1時間30分）で行われ、サンタの家のほかエルフの家、トナカイ小屋などを見学する。電飾に包まれたパーク内は、まるで夢の世界。

Map 本誌P.164外
- Kiilopääntie 9
- (016)667-100
- 12/3～1/7：火・水・金・土16:30、1/8～4/21：火・金16:30；要事前予約、事前に相談すればほかの日程でも参加可
- 上記以外
- €97 町からタクシーで約15分

サンタと触れ合うことができる

Restaurant

ラップランド料理ならここへ
テーレンペサ Teerenpesä

1. ムイックのフライ、マッシュポテト添え 2. ウッディな内装がかわいい

村屈指の人気店。さまざまなメニューがあるが、湖で取れた白身魚やトナカイ肉などラップランドならではの料理がいち押し！

Map 本誌P.164
- Saariseläntie 5 (016)668-001
- 12:00～翌4:00（キッチン～23:00、季節により変動あり）
- 5月～6月下旬、9月下旬～10月下旬
- €20～ Card D.V.

Shop

北欧デザインの傑作が手に入る
デザイン・センター・ショップ Design Center Shop

イッタラやマリメッコが置いてある

サーリセルカで唯一、北欧デザインのアイテムを扱う。イッタラやマリメッコなどヘルシンキで売り切れたレアアイテムが見つかることもあり、意外な穴場。

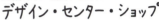

Map 本誌P.164
- Saariseläntie 5
- (040)761-5089
- 5～8月：10:00～17:00、9～4月：10:00～18:00
- 無休
- Card A.D.M.V.

Hotel

村を代表する高級リゾート
サンタズ・ホテル・トゥントゥリ Santa's Hotel Tunturi

パステルカラーのファブリックがかわいい

国立公園の入口そばにある、村を代表する老舗ホテル。キッチンが付いたアパートメントタイプの客室もある。

Map 本誌P.164
- Lutontie 3
- (016)681-501
- シングル€65～、ダブル€79～ 朝食付き Card A.D.M.V. 260 Wi-Fi
- www.santashotels.fi

日本からツアーでもよく利用する
ラップランド・ホテル・リエコンリンナ Lapland Hotel Riekonlinna

木のぬくもりが感じられる客室

アクティビティ会社も入る、大型ホテル。ショップやレストランなど設備の充実はサーリセルカでもピカイ

Map 本誌P.164
- Saariseläntie 13
- (016)559-4455
- シングル€84～、ダブル€86～ 朝食付き Card A.D.M.V. 232 Wi-Fi
- www.laplandhotels.com

スパでリラックスできる
ホリデイ・クラブ・サーリセルカ Holiday Club Saariselkä

インテリアもモダンでおしゃれ

近代的なリゾートホテル。屋内プールやスパ、レストランなどを併設しているので、ホテルライフも楽しみたい人向け。

Map 本誌P.164
- Saariseläntie 7
- 030-087-0966
- シングル€78～、ダブル€88～ Card D.J.M.V. 139 Wi-Fi
- www.holidayclubresorts.com

カジュアルなログハウス
サーリセルカ・イン Saariselkä Inn

ロビーにはパブが併設されている

ログハウスの宿で、比較的安価で泊まれることから常に人気。サウナ付きのコテージ（8人向け）€160～もある。

Map 本誌P.164
- Saariseläntie 10（5月～11月下旬） Raitopolku 1（11月下旬～4月）
- 044-729-0006
- シングル、ダブル€66～ 朝食付き Card D.J.M.V. 87 Wi-Fi
- www.saariselkainn.com

街灯が少ないので、村のなかでもオーロラが見られる。ウルホ・ケッコネン国立公園の入口そばがベストスポット！

人気急上昇中のオーロラリゾート
レヴィ *Levi*

フィンランドを代表するスキーリゾートであり、オーロラ観賞の人気スポット。2019年公開の映画『雪の華』のロケ地でもあり、日本での知名度も急上昇中！

オーロラ情報 →P.154

山の上までゴンドラで登ることもできる

映画『雪の華』の舞台に

『雪の華』(→P.32)のクライマックスの舞台。ひとりでオーロラを探しに飛び立った美雪のあとを悠輔が必死に追いかける。オーロラを待つシーンは凍りついた川の上で行われた。ホテル タイヴァーン ヴァルケアトやラヴィントラ・サーメン・カンミ(→P.167)もロケ地となった。

映画のクライマックスシーン

©2019映画「雪の華」製作委員会

ロケ地であるホテル タイヴァーン ヴァルケアト

ホテル タイヴァーン ヴァルケアト
Hotel Taivaanvalkeat　Map 本誌P.166外
● Palosaarentie 30　URL www.huiluporo.fi

レヴィへの行き方

✈ ヘルシンキからキッティラKittiläまで行く。1日4～5便直航(夏季は減便)、所要約1時間30分。キッティラ空港からは空港バスを利用できる。所要約20分。

🚌 ロヴァニエミから1日4～5便運行、所要2時間30分～3時間。

Map 別冊P.2-B1

観光案内所
Tourist Information

町やアクティビティに関する情報が豊富。すべてのアクティビティやツアーの申し込みができるほか、スキーバスのチケットも購入可能。

● Myllyjoentie 2　☎ (016)639-3300　◯ 夏季:9:00～17:00(土・日10:00～16:00)、冬季:9:00～18:00(土・日10:00～16:00)
休 無休　URL www.levi.fi

メインストリート
Keskuskuja

レストランやみやげ物店が集まる。バーやカラオケなどナイトスポットもたくさん。

スーパー

町には2軒の大型スーパーがある。食料品のほか、雑貨も扱っている。

レヴィのスキー場

スキー場は山全体に広がっており、タウンサイト以外にもたくさんのゲレンデがある。各ゲレンデを結んでスキーバスが運行。リフト券は共通。

リフト料金 ◯1回券€6.5、3時間券€34、1日券€40.5　スキーバス ◯€4　乗り場はZero Pointのすぐ横。チケットはZero Pointまたは観光案内所で。

リフトのチケットやレンタルスキーも扱っているZero Point

レヴィの郊外には壁もベッドも氷でできたアイスホテルがあります。宿泊はもちろん、内部見学もできます。(東京都・華)

Hotel

ガラスイグルーからオーロラウオッチ！
レヴィン・イグルー・ゴールデン・クラウン
Levin Iglut Golden Crown

森とオーロラのコラボ☆

山の中腹にあり、オーロラがばっちり見られる

レヴィ山の中腹に位置する。部屋はすべて全面ガラス張りのガラスイグルーで、寝ながらオーロラが観賞できる。北欧デザインのインテリアもすてき。モダン北欧料理を扱うレストランも評判だ。

Map 本誌P.166外

- Harjatie 2　☎050-162-5606　ⓢシングル、ダブル€625～　Card A.M.V.　㊲27　Wi-Fi　URL leviniglut.net

特殊なガラスが使われており、曇らない

オーロラの出る北側を向いている

スパを併設した大型リゾート
レヴィ・ホテル・スパ
Levi Hotel Spa

レヴィ随一の大型ホテル。部屋はいくつかの建物に分かれている。屋内プールやジェットバスを備えたスパを併設。

Map 本誌P.166

- Levintie 1590　☎(016)646-301　ⓢシングル€90～、ダブル€110～　Card A.D.M.V.　㊲200　Wi-Fi　URL www.levihotelspa.fi

ファミリーにもぴったりの広々した客室

サウナ付きアパートホテル
レヴィン・シリウス
Levin Sirius

おしゃれなアパートメントタイプの宿泊施設。全室キッチン付きで、暮らすように滞在することができる。

Map 本誌P.166

- Tähtitie 2　☎(016)639-3300　ⓢシングル、ダブル€255～（3泊以上から）　Card A.D.M.V.　㊲11　Wi-Fi　URL www.levi.fi

近代的な建物で、快適に過ごせる

Restaurant

カニなどシーフードが味わえる
キング・クラブ・ハウス
King Crab House

シーフードを楽しみたいならここ。名物のキングクラブは、150g €19から味わえる。サーモンやムール貝などメニューは豊富。

1. チリココナッツやワイン蒸しなど3つの味から選べる
2. モダンな内装

Map 本誌P.166

- Mariankuja 6　☎(040)013-8333　◐12:00～22:00LO　㊡無休　€25～　Card M.V.　URL www.kingcrabhouse.fi

---

サーメがテーマのレストラン
ラヴィントラ・サーメン・カンミ
Ravintola Saamen Kammi

ラップランドに住む先住民族サーメの住居であるコタを利用したレストラン。1日2回の入れ替え制で、トナカイをはじめとしたラップランド料理を提供している。

Map 本誌P.166

- Kätkänrannantie 2　☎(016)639-1100　◐18:00～、21:00～　㊡無休　€59～　Card M.V.　URL www.saamenkammi.fi

1. ラップランド料理をビュッフェで味わえる
2. トナカイの心臓などユニークな料理も

レヴィとは、このリゾートエリア一帯の呼称で、町の正式名称はシルッカSirkkaという。

aruco調査隊が行く③!!
冬の人気アクティビティ「実際どうなの？」体験談

オーロラが出るのは太陽が落ちて暗くなってから。昼間は現地ならではのウインターアクティビティで遊んじゃおう♪
3大人気アクティビティをarucoスタッフが実体験調査！

少〜しも寒くないわ！
もう少しゆっくり……
あっち！
こっち！
どっちだワン！
自分でそりを操縦することもできる
さーてと、行きますか！
早く早くっ！
さあ、いくぞっ！
舞台となるのは、自然のなかにあるハスキー牧場

Activity 01 犬ぞり Dog Sleds

人気ナンバーワンのアクティビティはこれ！ 4〜10頭ほどのハスキー犬が引っ張るそりで、雪原や森の中を突っ走る！ かわいい犬たちとの触れ合いは、思わず胸キュンの愛らしさ♡

	ロヴァニエミ	サーリセルカ	レヴィ
所要時間	約2時間30分	約3時間	約2時間30分
料金	€175	€179	€119〜
スリル度	★★★	★★★	★☆☆
癒やし度	★★★	★★★	★★★
体験談	編集K.T.		

思った以上にスピードが出るので、最初は驚くかも。慣れてくると余裕も出てきて、写真撮影もできちゃいました。

アクティビティはここ
ラップランド最大のアクティビティ会社
ラップランドサファリ
Lapland Safaris

ラップランド最大のツアー会社で、1年を通してさまざまなアクティビティを取り扱う。アイスフィッシングなども人気。予約は各町のオフィスや観光案内所、ホテル、インターネットでもOK。

ロヴァニエミ
Map 別冊P.3-D2
🏠Koskikatu 1 ☎(016)331-1200 ⏰6〜8月：10:00〜14:00、12〜3月：8:00〜18:00（電話受付は〜22:00）休6〜8月の土・日、4・5月、9〜11月 Card A.D.M.V. URL www.laplandsafaris.com

サーリセルカ
Map 本誌P.164
🏠Saariseläntie 13 ☎(016)331-1280 ⏰4/1〜17、6/1〜11/24:9:00〜16:00、11/25〜3/31:8:00〜19:00 休9/30〜11/10の土・日、4/18〜5/31 Card A.D.M.V.

レヴィ
Map 本誌P.166
🏠Keskuskuja 2 ☎(016)654-222 ⏰9:00〜17:00（昼12:00〜）休3/30〜11/24 Card A.D.M.V.

アクティビティの流れ in ロヴァニエミ

① まずは町のなかにあるラップランドサファリのオフィスへ向かう
② オフィスのカウンターで受付を済ませる。防寒具を借りる人はここで着替える
準備万端！
③ 専用車でアクティビティが行われる郊外へ移動
④ 今回は犬ぞりのツアー。現地に到着するとスタッフが簡単な説明をしてくれる
⑤ 体験後は小屋で暖を取る。コーヒーや紅茶など温かいドリンクが出る

ケミのルミリンナは、外観も内装も氷でできています。ライトアップされた姿はとても幻想的◎（埼玉県・あつこ）

Reindeer Sleds

Activity 02 トナカイぞり Reindeer Sleds

トナカイの餌やり
なども体験できる

ラップランドならではの動物・トナカイのそりにもチャレンジ!『アナと雪の女王』を観て憧れたそりに乗って、サンタクロース&クリストフの気分に浸っちゃお♪

	ロヴァニエミ	サーリセルカ	レヴィ
所要時間	約2時間30分	約2時間	約2時間15分
料金	€142	€129	€118〜
スリル度	★★	☆	☆
癒やし度	★★★★★	★★★★★	★★★★★

体験談 編集Y.S.
アナ雪とは裏腹の、のんびりモードのアクティビティです。途中、疲れて休憩しちゃうトナカイを励まして!

レッゴー
レッゴー♪

トナカイそりは
ふたり乗りが基本

アナー
待ってろよー

そりにはトナカイの毛皮が敷いてある。あったかくて、見た目もGOOD!

Activity 03 スノーモービル Snowmobile

ツアー中にはコタと呼ばれるテントでコーヒー&ティーブレイク

	ロヴァニエミ	サーリセルカ	レヴィ
所要時間	約2時間	約2時間30分	約2時間
料金	€99	€122	€99
スリル度	★★★★★	★★★★★	★★★★★
癒やし度	★	☆	☆

体験談 カメラマンT.T.
丘の上から風景を見るのは、スノーモービルだけの楽しみ。ただし、スピードの出し過ぎにはくれぐれも注意して。

スリルを追求する冒険者は、このアクティビティに挑戦しなくちゃ!高速で山を登り、雪原を突っ走る爽快感は、ほかでは味わえない。女性ひとりの運転は厳しいので、彼氏の背中が特等席。

トナカイに
遭遇☆

Snow mobile

ツアーは複数で行われるので、前の人にしっかりと付いていこう

ケミ Kemi
Map 別冊P.2-B2

ケミへの行き方
🚌 ロヴァニエミの長距離バスターミナルから1日4〜6本運行。所要1時間30分〜2時間30分。モイモイ号と北欧トラベル(→P.155)がロヴァニエミからのオプショナルツアーを販売。

ロヴァニエミの南西約100kmにあるケミは、人気の日帰りツアー先。お当ては、凍った海の氷を砕いて進む砕氷船サンポ号と、氷の城・ルミリンナ。ツアー参加が手軽でおすすめ。

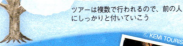

ロヴァニエミから
ひと足延ばして
ケミで砕氷船ツアー
&氷の城ツアー

氷を割って進む遊覧船 砕氷船サンポ号 Sampo Icebreaker

📞 (016)258-878 デイクルーズ 🕒 12月下旬〜4月中旬、所要約3時間 🕒 4月中旬〜12月中旬 💰 €240〜 ※乗り場まではケミの町なかから約11km。中心部から送迎あり(€39) URL www.experience365.fi/icebreakersampo

20年以上続く氷と雪のお城 ルミリンナ Lumi Linna

📍 Lumilinnankatu 15 📞 (016)258-878 🕒 1月中旬〜4月中旬 🕒 左記以外 💰 €430 URL www.experience365.fi/snowhotel

各アクティビティに出かけるときは、オーロラウオッチングと同じ格好(→P.154)で。

© fazer

見た目はいたって
ふつうのパン！

Q コオロギの食べ物がブーム？

フィンランドでは最近、禁止されていた昆虫食が解禁されブームに！ 特に人気なのがファッツェル社の粉末状にしたコオロギを混ぜたパンで、栄養価が高くおいしいと話題になった。まだ流通が不安定なため、お目にかかれるのはレア！

Q 日本でも有名な珍・選手権がある？

イベントカレンダー→P.173

エアギターや奥さん運び世界大会など思わず笑ってしまう大会がたくさん！ くだらないことを本気でやる、フィンランド人のおちゃめな一面がわかる。

©Wife Carrying World Championships

©Air Guitar World Championships

トイレだって
ジェンダーレスだ！

甘いもの食べても
虫歯はゼロ☆

Q 虫歯が少ない国民？

フィンランドといえば、キシリトール。白樺の樹液から採れるキシリトールは、虫歯予防に効果的。キシリトール摂取の習慣を広め、虫歯減少に成功！

知れば も〜っと好きになる！

フィンランド おもしろ Q&A

これを知っておけば、旅もも〜っと楽しくなる！ デザインやムーミン、サンタクロース以外のフィンランドにまつわる小ネタをピックアップ！この国の魅力は計り知れない！

Q トイレが男女共同？

近頃、フィンランドのトイレ事情に変化が！ オーディ（→P.58）などの新しい施設では、男女共同のトイレが増えてきている。洋式の個室がいくつもあり、性別関係なくどこを利用してもOK。

はずかしい！

Q フィンランド人は照れ屋さんが多い？

シャイな部分は日本人にもよく似ている。一般的なイメージとしてはにかみ屋さんが多い。ただし、義理や人情に厚く、親しくなると「一生の友達」になるそう。

ウルホ・ケッコネンは
元大統領の名前

Q 名前に「〜ネンnen」とつく人が多い？

国民の3分の1が名字に「ネンnen」が付くそう。「ネン」とは「一族が住んでいた場所」という意味で、名字を見ればどこの出身かわかるのだとか。何人に会えるかな？

Q 海でマットを洗うのが夏の風物詩？

カイヴォプイスト公園（→P.32、61）の海沿いにある一角に、竿に干された大きなマットがずらり！ 夏になると自宅のマットを持ってきてここで洗うのが習わしなんだとか。

海沿いでマットを
ごしごし……

物干し竿も
あるよ！

安全・快適
旅の基本情報

治安もよく、人々も親切なフィンランド。
でも、旅立つ前には疑問や不安もいろいろあるはず。
これさえ読めば、旅の準備からトラブル対策までバッチリ！
期待度120％でフィンランドへGo！

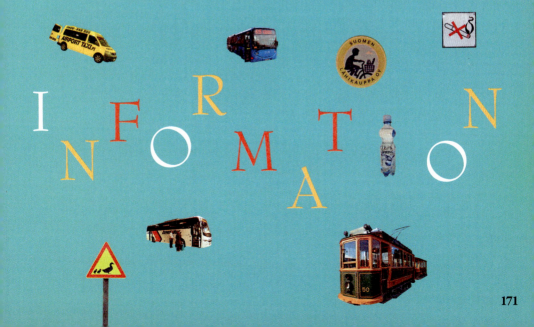

aruco的 おすすめ旅グッズ

「何をもっていこうかな♪」……そう考えるだけでワクワク！すでに旅はスタートしています。快適で楽しい女子旅にするためのおすすめグッズを、フィンランド通のスタッフが厳選してご紹介。参考にして、旅をパワーアップさせてね！

忘れ物はないかな？

旅のお役立ちアイテム

☐ **はおりもの／ストール**
夏でも朝晩は冷えこむのであると便利。薄手のものなら日焼け対策にも◎。

☐ **折りたたみ傘／折りたたみバッグ**
突然の雨に備えて折りたたみ傘は旅のマストアイテム。スーパーやマーケットでの買い物の際に便利な折りたたみバッグとともにかばんに入れておこう。

☐ **ワンピース／スカート**
オシャレなレストランに行くときに、手軽にドレスアップできる優秀アイテム。

☐ **プラスチック製の密閉容器とジッパー付きビニール袋**
お菓子類を少量購入したときや、割れ物・濡れ物を入れるのに便利なアイテム。

☐ **スリッパ／歯磨きセット**
機内やホテルでは靴を脱いでリラックスしたい。スリッパはホテルによっては常備しているところも。歯磨きセットは基本アメニティとして置いていないホテルがほとんどないので、必ず持参したい。

☐ **保湿クリームとリップクリーム**
フィンランドは乾燥しているので、保湿効果のあるクリームやリップクリームは必需品。

機内手荷物のアドバイス

飛行機内はとても乾燥しているので、保湿クリームとリップクリームは必需品。夏でも席によっては寒いのでショールや靴下を使って体温調節するといい。むくみ防止のために履き替えるスリッパ、アイマスクなどのリラックスグッズ、歯磨きセットなどのリフレッシュグッズ、携帯品・別送品申告書を記入するためのボールペンも忘れずに持参しよう。
※スプレーやまゆばさみはスーツケースに入れよう

機内持ち込み制限についての詳細はP.174をチェック！

基本の持ち物チェックリスト

貴重品
☐ パスポート
☐ 現金（ユーロ、円）
☐ クレジットカード
☐ eチケット控え
☐ 海外旅行保険証書

衣類
☐ 普段着、オシャレ着
☐ 靴下、タイツ
☐ 下着、パジャマ

洗面用具
☐ シャンプー、リンス
☐ 歯磨きセット
☐ 洗顔ソープ
☐ 化粧水、乳液
☐ タオル

その他
☐ 常備薬
☐ 生理用品
☐ 筆記用具
☐ 電卓
☐ 目覚まし時計
☐ 雨具
☐ カメラ
☐ 電池、充電器
☐ 変圧器、変換プラグ
☐ スリッパ
☐ サングラス
☐ 裁縫道具
☐ プラスチックのスプーン、フォーク

※冬はマイナス20℃になることも。携帯カイロやニット帽、マフラー、手袋は必須。ロングのダウンコートやムートンブーツ、パンツの下にはくタイツなどもあるといい。

部屋履き用のビーサンなら、共同バスルームで、履いたままシャワーが浴びられて一石二鳥！（鹿児島県・ゆかの）

知って楽しい！フィンランドの雑学

ちょっぴりカタく思うかもしれないけど、これから旅するフィンランドの歴史や文化、習慣など、出発前にほんの少～し勉強しておこう！ 観光はもちろん、買い物や食事をするときなど、現地の人とのコミュニケーションもぐんと楽しくなること間違いなし！

フィンランドってこんな国

正式名称	フィンランド共和国（スオミ共和国）Suomen Tasavalta／Republic of Finland（英）
国旗	雪をイメージした白地に、空と水を象徴する青の十字が入っている。
人口	約552万人（2019年6月時点）
国歌	わが祖国　Maamme
面積	33万8435km²（日本とほぼ同じ）
首都	ヘルシンキ　Helsinki
元首	サウリ・ニーニスト大統領　Sauli Niinistö
政体	共和制
民族	フィンランド人、スウェーデン人、サーメ人
宗教	プロテスタント（福音ルーテル派）
言語	公用語はフィンランド語、スウェーデン語。また多くの国民が英語を話す。

フィンランドの世界遺産 （ ）内は登録年

フィンランド

1. スオメンリンナの要塞群（文化遺産 1991）（→P.72）
2. ラウマ旧市街（文化遺産 1991）（→P.144）
3. ペタヤヴェシの古い教会（文化遺産 1994）
4. ヴェルラ砕木・板紙工場（文化遺産 1996）
5. サンマルラハデンマキの青銅器時代の石塚墳（文化遺産 1999）

スウェーデンおよびフィンランド

1. ハイ・コースト／クヴァルケン群島（自然遺産 2000、2006）

※このほか、ノルウェーやスウェーデン、フィンランドなど10ヵ国にまたがるシュトルーヴェの三角点アーチ観測地点群も2005年に文化遺産に登録されている。

フィンランドの歴史年表

原始部族時代 紀元前1世紀～8世紀頃
スオミ族がフィンランド湾南岸から上陸。農耕をしながら移動し、独自の社会制度や生活様式を学び取る。そこから先住民のサーメの人々を追い出しながら北と東へ広がり、ハメ人、カレリア人、サボ人による3大部族が形成された。

スウェーデン統治下時代 12～18世紀
西に国境を接するスウェーデンを中心とする北方十字軍の侵攻を受ける。3大部族が次々と支配下に置かれ、同時にキリスト教が広められる。支配後はスウェーデンの属州として、東の大国ロシアとの対外戦争に従事する。

ロシア統治下時代 1809年～20世紀前半
スウェーデンの大敗により、フィンランドはロシア帝国へ割譲。ロシア皇帝を君主とする自治公国として併合される。19世紀末、フィンランドの自治権を奪おうとするロシアの圧政に対するナショナリズムが勃興、しだいに独立の気運が高まる。

独立時代 1917年～20世紀半ば
ロシア革命による帝政ロシアの崩壊に乗じて、念願の独立を達成。共和国として国の安全保障を求めるが、ソ連による侵略戦争やドイツの対ソ戦争に巻き込まれるなど、対外的に苦難の道が続く。

欧州を代表する福祉国家へ 第2次世界大戦～現在
敗戦国として課せられた巨額の賠償金を払い終え、国家として政治的、外交的な安定に努める。1952年には首都ヘルシンキでオリンピックが開催された。1955年の国連加盟を皮切りに、経済、社会面でも急速な発展を遂げ、現在では世界で最も生活水準の高い先進民主主義国、福祉国家のひとつとなる。

フィンランドのおもなイベントカレンダー

日程	イベント	内容
1/16-18	北極圏ラップランド・ラリー（ロヴァニエミ）	雪と氷で覆われた道路を走破しタイムを競う自動車ラリー。
3/4-8	タンペレ映画祭（タンペレ）	短編映画のフェスティバル。町のあちこちで映画を上映。
4月上旬予定	雪合戦ヨーロッパ選手権（ケミヤルヴィ）	雪玉を当てるか、相手陣地のフラッグを奪うスポーツ雪合戦。
6/4-15	ナーンタリ音楽祭（ナーンタリ）	ナーンタリ近郊の教会や会場で行われるコンサート。
7/5-6	奥さん運び世界大会（ソンカヤルヴィ）	夫役の男性が奥さん役の女性を担ぎ、ゴールを競う。
7/5-7	ルイス・ロック（トゥルク）	ヨーロッパで2番目に古いロックフェス。世界中からミュージシャンが集結。
7/19-20	泥んこサッカー世界大会（ハイリンサルミ）	バランス感覚が求められる、泥の中のサッカー大会。
8/8-22	トゥルク音楽祭	オーケストラやオペラ、ジャズなどさまざまなコンサートを開催。
8/21-23	エアギター世界大会（オウル）	ミュージックフェス内で行われ、ギターの弾きマネを競う。
10/6-12	ヘルシンキ・バルティック・ヘリンン（ヘルシンキ）	マーケット広場で開かれる。自家製のニシン漬けを漁師たちが販売。

※日程は2019～20年の予定日

クレジットカードの通用性が非常に高いので、現金よりカード払いがおすすめ。万一のために2枚以上あるといい。

フィンランド入出国かんたんナビ

フィンランドに到着したら、まずは入国審査へ向かおう。
出国の前日には、重量オーバーにならないよう、荷物の整理も忘れずに。
空港へは最低でも2時間前など早めに到着することが大切！

(シェンゲン協定加盟国外から入国する場合)

1 ヘルシンキ到着
到着したら案内板に従い、入国審査カウンターへ向かおう。

↓

2 フィンランド入国審査
「EU加盟国の国民」と「それ以外」に分かれているので、EU以外の列に並び、パスポートを提示する。渡航目的や滞在日数を聞かれることもよくある。

↓

3 荷物の受け取り
到着便名の表示されたターンテーブルから機内預け荷物を受け取る。紛失や破損の場合は、バゲージクレーム（Baggage Claim）のカウンターでクレームタグを見せて交渉を。

↓

4 税関審査
免税範囲であれば審査はなく、「税関申告書」の記入も必要ない。フィンランドに免税で持ち込めるものは右記の表でチェック。

↓

5 到着ロビー
観光案内所や両替所などがある。市内への交通手段についてはP.177を参照。

荷物について

★ 機内預け荷物 重量制限
フィンエアーなどのエコノミークラスを利用する場合、1個23kg以内、3辺の合計が158cm以内の荷物2個を無料で預けることができる。細かい超過規定については、利用する航空会社や座席クラスによって異なるので、航空会社に直接問い合わせを。

★ 機内持ち込み制限
フィンエアーのエコノミークラスの場合、身の回り品のほかに収納棚または座席下に収納できるもので、各辺の長さが56cm×45cm×25cm以内、身の回り品と合わせて8kg以下のもの1個に限り持ち込みが可能。また、どの航空会社も100mℓ以上の液体物は持ち込みが制限されている。100mℓ以下の容器に入った液体を最大容量1ℓ以内のプラスチック製の透明な袋（ジッパー付き、ひとり1枚）に入れれば問題ない。詳細は利用航空会社に確認を。

フィンランド入国時の免税範囲

品名	内容
たばこ	紙巻200本、葉巻50本、細葉巻100本、刻みたばこ250gのいずれか（18歳以上）
酒	22％以上の酒類1ℓ または22％未満の酒類やワイン4ℓ またはビール16ℓ（20歳以上。18、19歳は22％以下のみ可）
現金	€1万相当額
贈答品	€430以下

※€1万相当額以上の現金を持っている場合は、税関に申告が必要

シェンゲン協定
ヨーロッパ内の出入国を簡素化するために発足した協定。加盟国で飛行機を乗り継いでフィンランドに入国する場合は、経由地の空港で入国審査が行われ、フィンランドでの入国手続きは不要になる。シェンゲン協定加盟国：アイスランド、イタリア、エストニア、オーストリア、オランダ、ギリシア、スイス、スウェーデン、スペイン、スロヴァキア、スロヴェニア、チェコ、デンマーク、ドイツ、ノルウェー、ハンガリー、フィンランド、フランス、ベルギーなど26ヵ国。（2019年8月現在）

フィンランドへのフライト
2019年8月現在、フィンランドへの直行便はフィンエアー Finnairが成田国際空港、関西国際空港、中部国際空港（セントレア）、福岡空港（夏季のみ週3便）、新千歳空港（2019年12月16日より就航）から毎日1〜2便、日本航空JALが成田から毎日1便運航。所要時間は9時間30分〜。

フィンエアー
URL www.finnair.co.jp
日本航空
URL www.jal.co.jp/inter/

欧州旅行にも電子渡航認証が必要に！
2021年1月より、ビザを免除されている日本やアメリカなどの国民がシェンゲン協定加盟国（スペイン、フランスなど26ヵ国）にビザなしで入国する際、ETIAS（エティアス、欧州渡航情報認証制度）電子認証システムへの申請が必須となる予定。各種条件や導入時期などは変更される可能性もあり、ウェブサイトなどで最新情報の確認を。

URL etias-euvisa.com

174　入国審査ではひとつずつゆっくりと質問されて、とても時間がかかりました。（茨城県・えみ）

携帯品・別送品申告書記入例

ヘルシンキから日本へ

1 免税手続き
免税の手続きをする人は、出国審査の前に必要な書類を出発階にある税関のTax Refundカウンターへ持って行き手続きを行う。

2 チェックイン
利用航空会社のチェックインカウンターへ。eチケット控えとパスポートを提示し、搭乗券を受け取る。機内預け荷物を預けて、引換証(クレームタグ)を受け取る。

3 セキュリティチェック
機内持ち込み手荷物のX線検査とボディチェックがある。ブーツやベルトも検査の対象となる。

4 出国審査
パスポートと搭乗券を提出し、出国審査を受ける。

5 搭乗
搭乗ゲートに着いたら、スタッフに搭乗券を提示して機内に乗り込む。搭乗口には出発時刻の30〜45分前までには着いていること。

6 日本帰国
日本の税関検査では、機内で配られた「携帯品・別送品申告書」を提出。別送品がある場合は2枚必要。提出したら到着ロビーへ。長旅お疲れさま!

肉製品は日本に持ち込み不可
動物(ハムやソーセージなどの肉製品を含む)や植物(生の果物、野菜、種)などは、税関検査の前に、所定の証明書類の提出や検査が必要。実際、許可取得済みの肉製品はほとんどないので、持ち込めないと思ったほうがいい。

フィンランド入出国かんたんナビ

免税手続き(付加価値税の払い戻し)

フィンランドでは、24%(食料品は14%、薬や書籍は10%)の付加価値税(VAT)が課せられており、EU加盟国以外の国に居住している旅行者は最大16%の税金が払い戻される。「TAX FREE」と表示のある店で1日1店舗につき各税率€40以上の買い物をした場合は、購入した店でパスポートを提示し免税手続きのための書類を作成してもらう。出国の際、書類に領収書と未開封の商品、航空券を添えて税関に申告し、スタンプをもらう。ヘルシンキまたはEU最終出国地の空港のTax Refundカウンターで払い戻しの申請をする。スタンプをもらった免税書類を日本へ持ち帰った場合、成田国際空港、羽田空港、関西空港、中部国際空港にある専用ポストに書類を投函。クレジットカードまたは小切手でのリファンドとなる。
グローバルブルー
☎(03)4530-3623
URL www.globalblue.com/business/japan

日本帰国時の免税範囲と輸入禁止品目

税関 URL www.customs.go.jp

品名	内容
酒類	3本(1本760mℓのもの)
たばこ	「紙巻きたばこ」のみの場合400本。または葉巻のみの場合100本、加熱式たばこのみの場合1個装等20個、またはその他のたばこ500g
香水	2オンス (1オンスは約28mℓ。オーデコロン、オードトワレは含まれない)
その他	20万円以内のもの(海外市価の合計額)
おもな輸入禁止品目	・麻薬、向精神薬、大麻、あへん、覚せい剤、MDMAなどの指定薬物 ・けん銃等の銃器、銃砲弾、その部品など、爆発物、火薬類、病原体など ・貨幣、有価証券、クレジットカード等の偽造品など ・偽ブランド品、海賊版などの知的財産侵害物品 ・わいせつ雑誌、わいせつDVD、児童ポルノ

※免税範囲を超える品物は課税される。海外から自分宛に送った荷物は別送品扱いになるので税関に申告する。海外からの荷物の送り方は別冊P.18を参照。

ヘルシンキ・ヴァンター国際空港では、セルフで免税手続きができる機械がある。窓口が混雑している際に利用してみよう。

空港からヘルシンキ市内へ

いよいよ到着だね

ヘルシンキ・ヴァンター国際空港は、フィンランドで唯一の国際空港。市内への交通手段は大きく4つ。予算や所要時間など、プランに合わせて選ぼう。

空港案内

ヘルシンキ・ヴァンター国際空港
Helsinki Vantaa International Airport

ヘルシンキから北へ約20km離れた場所に位置する。空港にはターミナル1と2があり、日本からの直行便はターミナル2に到着する。到着ロビーには銀行（両替カウンター）や観光案内所などがある。
URL www.finavia.fi/fi/helsinkivantaa

空港でショッピング！

空港2階の出発＆到着ターミナルには、マリメッコやイッタラ、ムーミン・ショップなどフィンランドの人気店がずらり。ほとんどのショップが早朝から夜まで営業していて便利。ショッピングエリアはセキュリティチェックの先。

地方に行く場合は小型の飛行機で

空港Ｍａｐ

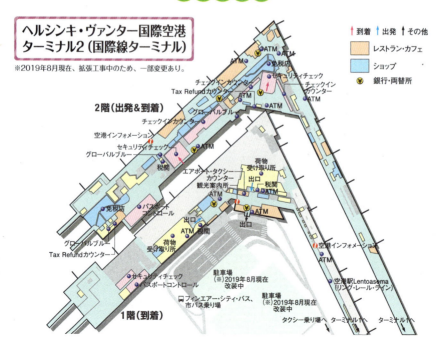

ヘルシンキ・ヴァンター国際空港 ターミナル2（国際線ターミナル）
※2019年8月現在、拡張工事中のため、一部変更あり。

旅行中に購入できなかったムーミンのアイテムを空港でゲット！買えてよかった～。（新潟県・フレア）

空港からのアクセス

空港からヘルシンキ市内へ向かう交通手段としては、それぞれ2つのタイプのバス、タクシーがある。時間、料金、人数、荷物の量などを考えて選択しよう。

メーター制のタクシーは空港到着ロビーの出口付近に停車している。初乗り€5.90〜（空港発着の場合は€2の割増）、空港から市内まで€50〜。所要30〜40分。荷物が多いときなどに便利。

速くて快適！ヘルシンキ中央駅まで直行
フィンエアー・シティ・バス
Finnair City Bus

- **料金** 片道€6.90（ヘルシンキ・カードで€4.40に割引）
- **所要時間** 約30分

空港からヘルシンキ中央駅西横にあるフィンエアー・シティ・ターミナルFinnair City Terminal（Map 別冊P.11-C1）までを結ぶ直通バス。空港から市内までは5:30〜翌24:45、市内から空港までは5:00〜24:05の約20分間隔で運行。チケットは乗車時に車内で購入でき、現金のほかクレジットカードも利用可能。
URL www.finnair.com

安くて深夜まで使える！目的地に合わせて利用するなら
市バス City Bus

- **料金** ヘルシンキ中央駅まで€4.60（車内で購入の場合は€6.50）
- **所要時間** 40〜50分

いちばん安く市内へ行けるのが市バス。615番が空港とヘルシンキ中央駅東横の駅前広場Rautatientori、415番が中央駅西の市バスターミナルを結んでいる。チケットは券売機または運転手から直接購入できる（ゾーンはABC）。車内アナウンスがないので、地図や路線図を入手して降りたい停留所を確認しておこう。
URL www.hsl.fi

人数や荷物が多いときにおすすめ
エアポート・タクシー Airport Taxi

定額制

- **料金** 1〜2人€32／3〜4人€42／5〜6人€52（1台あたり）
- **所要時間** 目的地により異なる

YELLOW LINE社が運行するミニバンの乗り合いタクシー。料金は定額制で、利用人数により異なる。空港到着ロビーにYELLOW LINE社のカウンターがあるので、スタッフに行き先（ホテル名など）を告げてタクシーまで誘導してもらおう。市内から空港に行く場合は事前に予約してピックアップしてもらう。
URL www.airporttaxi.fi

運行本数が多くて便利！
リング・レール・ライン Ring Rail Line

- **料金** 片道€4.60（車内で購入の場合は€6.50）
- **所要時間** 29〜34分

空港からヘルシンキ中央駅を結ぶ環状線の列車、リング・レール・ライン。空港駅はターミナル2から1へ行く途中にあるエレベーターを降りたところ。I線とP線があり、空港からヘルシンキ中央駅までは I線5:15〜24:45（土・日曜は5:45〜）、P線4:40〜翌1:10（金曜は〜翌1:40、土曜は5:40〜翌1:40、日曜は6:10〜）、ヘルシンキ中央駅から空港は I線4:36〜24:06（土・日曜は5:06〜）、P線4:18〜24:48（金曜は〜翌1:18、土曜は5:18〜翌1:18、日曜は5:48〜）。チケットは券売機（クレジットカードのみ）か車内で購入可。
URL www.hsl.fi

市バスの場合、ドライバーに降りたい場所を事前に知らせておくのが安心。

ヘルシンキの市内交通

ヘルシンキの見どころはほとんど歩いて回れるが、トラムや地下鉄、市バス、タクシーを利用すれば、行動範囲がぐっと広がる。乗車券は共通なので、気軽にあちこち足を延ばそう。

市内の交通機関

この5つを使えば、ヘルシンキの町は自由自在！

トラム Raitiovaunu
手軽で便利！

地下鉄 Metro
郊外へおでかけ♪

市バス Linjaauto
のんびり行くよ！

タクシー Taksi
アクティブに移動！

フェリー Moottorivene
優雅に船旅♪

切符の種類

シングルチケット

デイチケット

※紙タイプもある

その他のチケット

ヘルシンキ・カード

ヘルシンキ市内のトラム、地下鉄、市バスに有効のチケット。2019年4月よりチケットがA〜Dまでのゾーン制になった。ヘルシンキ中心部はゾーンAに該当するが、ゾーン単体でのチケットはない。ゾーンA内の移動でもその周辺のゾーンB=AB、またはゾーンC=ABCのチケットを購入する。自動券売機でAB（ヘルシンキ全域とエスポー、ヴァンターの一部）€2.80。バスのみ運転手からも購入可、€4。公共フェリーは別料金となる。

トラム、地下鉄、市バス、フェリーに使える。1〜7日券の7種類があり、自動券売機で購入可能。購入時刻から24時間ずつ有効となる。観光案内所やキオスクなどで販売しているICカードタイプの場合は、トラムやバスの車内、地下鉄駅にあるカードリーダーにかざしてチケットのランプが点灯した時点から有効。ゾーンABの1日券は€8。2日以降は1日につき€4ずつ料金が増える。公共フェリーにも有効。

有効期間中はトラム、市バス、地下鉄、公共フェリーが乗り放題、観光船や観光バス、空港バスのフィンエアー・シティ・バスの割引、30ヵ所以上の博物館や美術館の入館料が無料となるお得なカード。有効期間は3種類あり、24時間€49、48時間€61、72時間€71。購入は観光案内所やキオスク、一部のホテル、オリンピアとカタヤノッカのフェリーターミナルなどで。

無賃乗車は絶対ダメ！
トラムにもバスにもときどき検札係が乗ってきて、1人1人チェックする。そのときに有効な切符を持っていないと、「罰金€80+運賃」を支払わねばいけない。旅行者でも許されないので注意しよう。

チケットのゾーン
P.74掲載のエスポーはゾーンABで行けるが、同じエスポー市内にあるヌークシオ国立公園はゾーンABC（€4.60）となる。また、ヘルシンキ・ヴァンター国際空港もゾーンABCとなる。

乗車券の買い方

1 自動券売機を見つける →

自動券売機はトラムやバスの一部停留所、すべての地下鉄駅のホームへの入口などに設置されている。

2 言語を選ぶ →

パネルをタッチして、英語、フィンランド語、スウェーデン語のいずれかを選択。

3 チケットを選ぶ →

画面に切符の種類が表示されるので、購入したい切符を選択する。

意外とトラムに乗る回数が多いので、お得なデイチケット利用がおすすめです。（福岡県・ちゅんすけ）

トラム
Raitiovaunu

トラムは全部で11路線あり、市内各地に停留所がある。車体はグリーンと黄色のツートンカラーで、前面上部に車体番号が記されている。同じ番号が上り下り同じ線を折り返し運転しているので、反対方向に乗らないように注意しよう。また、夏季限定の観光トラムもある。地下鉄ラウタティエントリ駅（ヘルシンキ中央駅の地下）の構内にヘルシンキ交通局があり、トラムや市バスの路線図がもらえる。
● ヘルシンキ交通局ホームページ[URL]www.hsl.fi

> 抜き打ちの
> 検札が行われる
> こともあるので
> 切符は捨てずに！

ヘルシンキの市内交通

トラムの乗り方

1 停留所を探す／チケットを買う

トラムが描かれた黄色い看板が目印。チケットは停留所にある自動券売機（停留所によってはない場合も）で購入する。

2 乗車する

ドア付近にあるボタンを押して乗車する。前後どちらのドアからも乗車できる。

3 カードリーダーにかざす

デイチケットは使い始めのみカードリーダーにかざす（バスは乗るたびにかざす必要がある）。

4 降りる駅は車内でチェック！

車内前方や車両連結部の上部に次の停留所名がフィンランド語とスウェーデン語で表示される。乗り過ごさないようにチェックしよう。

5 降車する

降りたい停留所に着く前に、車内の柱に付いた赤い"STOP"ボタンを押す。トラムが停車したら、降車ドアに付いたボタンを押せばドアが開く。

> 停留所では、次のトラムが
> あとどのくらいで来るか
> チェックできる！

---

4 お金を入れる

画面に表示された切符の金額を投入しよう。新型の自動券売機はコインと紙幣のほか、ICチップ入りのクレジットカードも使える。

5 切符を受け取る

取り出し口から、購入した切符を受け取る。おつりの取り忘れに注意しよう。

> **公共フェリーの切符について**
> スオメンリンナ島行きのフェリーの場合、マーケット広場の隅にあるターミナル横の券売機で購入できる。買い方は左記と同じ。

ヘルシンキ交通局HSLのアプリをダウンロードすれば、チケットの購入やルートプランナーが利用できる。ただし、常にWi-Fiに接続している状態でないと使用できない。

179

地下鉄 Metro

ヘルシンキの地下鉄は、おもに近郊のベッドタウンに住む人々に利用されている。中心部には中央駅に直結しているラウタティエントリRautatientori、カンピKamppi、ヘルシンキ大学Helsingin yliopisto、ハカニエミHakaniemiの4駅があり、その先は郊外へ向かう。ハカニエミ・マーケットホール（→P.39）やマリメッコ本社（→P.20）、エスポー（→P.74）などに行く際に利用しよう。

地下鉄のデザインはヌルメスニエミ

地下鉄の車両のデザインは、フィンランドの有名デザイナー、アンティ・ヌルメスニエミによるもの。外観、内装ともにオレンジ色に統一されたデザインに目を奪われる。

注目です！

地下鉄の乗り方

① 駅を探す／乗車券を買う
駅の入口にはオレンジに白文字の「M」マークが出ている。切符は自動券売機で購入。

② 改札は素通り
自動券売機で買った切符があれば、改札は素通りできる。

③ ホームへ
地下鉄は1路線のみなので、進行方向さえ間違えなければ迷うことはない。路線図などで行き先を確認しよう。

④ 乗車・降車
電車の前面または側面に表示された終点駅名を確認してから乗車。車内ではフィンランド語、スウェーデン語で次の停車駅を告げるアナウンスが流れる。

⑤ 出口へ
地下鉄のドアは自動開閉。目的の駅で降りたら、エスカレーターに乗って地上へ向かおう。

市バス Linjaauto

市バスは、青一色か白と青のツートンカラー。ヘルシンキ市内全域を網の目のように走っているが、観光客が乗りこなすのは少し難しい。市内の周辺部や郊外へ行く場合、方面によって乗り場が違うので、観光案内所やヘルシンキ交通局のウェブサイト、交通局発行の路線図で乗り場の情報を仕入れておこう。ヘルシンキ中央駅の東横やエスプラナーディ公園の西端にターミナルがあり、ほとんどのバスはそこから発着する。

フェリー Moottorivene

公共フェリーがマーケット広場〜スオメンリンナ島間を通年運航。所要約15分。JTライン社など私営のフェリーは5〜9月の夏季のみ、マーケット広場〜スオメンリンナ島間とマーケット広場〜コルケアサーリ・ヘルシンキ動物園があるコルケアサーリ島間などを結ぶ。乗り場は Map 別冊P.11-D2

公共フェリー

●マーケット広場〜スオメンリンナ島
（北端メインポート）
◯6:20〜翌2:20の間、1時間に1〜4便運航
◯往復€5　※ヘルシンキ・カード利用可
※切符の買い方はP.178参照

JTライン社

●マーケット広場〜スオメンリンナ島
（中央ビジターセンター・キー／南端キングス・ゲート・キー）
◯夏季の月〜金8:00〜23:00、土9:00〜23:00、日9:00〜20:00（時期によって変動あり）
◯往復€7

他フェリー会社

●マーケット広場〜コルケアサーリ島
◯5〜9月の10:00〜18:40の間、1時間に1〜3本運航。所要約20分　◯往復€7（時期によって短縮あり）

市バスの乗り方

※基本的にトラムと同じ。デイチケットは乗るたびにカードリーダーにかざす。

① バス停を探す

② 乗車する

③ 降車する

タクシー Taksi

ヘルシンキには流しのタクシーはなく、市内各所にあるタクシー乗り場でひろうか電話で呼び出して利用する。なお電話で呼び出した場合、予約料が別途かかる。料金はメーター制で、初乗り€5.90〜。

おもなタクシー会社　Taksi Helsinki ☎0100-0700

普通のタクシーなのに、どれも高級車でびっくり！　テンション上がりました。（神奈川県・なつみ）

フィンランド国内交通ガイド

ヘルシンキからひと足延ばして地方都市へ行く場合は、鉄道やバスを利用しよう。風景を楽しみながら移動できる。

鉄道 Train

フィンランド鉄道によって運営されており、国内の南部と北部に広く路線がある。チケットは駅のチケット売り場や自動券売機、ウェブサイトで購入できる。チケット売り場の場合は、カウンターで係員に行きたい場所や時刻、列車番号などを伝えれば、希望に沿った列車を探してくれる。

●フィンランド鉄道
URL www.vr.fi

列車の種類

国内を運行するフィンランド鉄道のおもな列車には次のような種類がある。S、IC、Pのチケットは、座席指定券も含まれる。

- ●S……Pendolino（ペンドリーノ）
  振子式の高速列車。ヘルシンキ〜ヨエンスー間など4路線に導入されている。予約が必要。
- ●IC……Inter City（インターシティ）
  ヘルシンキ〜トゥルクなど主要都市間を結ぶ特急列車。
- ●P……Express（エクスプレス）
  急行列車。金曜の夕方発の列車などは混むことがある。
- ●H……Regional（レジオナル）
  各駅停車の普通列車。予約は必要ない。

ヘルシンキ中央駅　Map 別冊P.11-C1

フィンランド人デザイナー、エリエル・サーリネンの設計による重厚な建物。1階と地下1階、地下2階の3フロアからなり、1階にはフィンランド鉄道の鉄道駅やチケット売り場、両替所、カフェ、キオスクなどがある。地下1階にはコインロッカーや商店街がある。ロッカーは€4〜。地下2階は地下鉄ラウタティエントリ駅に直結。地下街を通ってアレクサンテリン通りに出ることもできる。

ここに注目！

チケットの見方

自分の希望と違っている場合もあるので、チケットを購入したら必ずその場で内容を確認しよう。クレジットカードで購入する場合は、乗車券の希望内容を伝える前に提示する必要があるので覚えておこう。自動券売機の場合、英語で購入できる。

① 出発駅・到着駅
② 出発日
③ 出発時刻
④ 到着時刻
⑤ 列車の種類、番号
⑥ 車両番号
⑦ 座席番号
⑧ トータルの料金
⑨ 税金

構内Map

ヘルシンキ中央駅

ヘルシンキからおもな都市への料金と所要時間

都市名	交通機関	料金（2等）	本数	所要時間
タンペレ	鉄道	€18〜	1時間に1〜3本	1時間30分〜
ハメーンリンナ	鉄道	€13〜	1〜2時間に1〜3本	1時間〜
トゥルク	鉄道	€17〜	1時間に1本	約2時間
ナーンタリ	鉄道（トゥルクまで）	€17〜	1時間に1本	約2時間
ナーンタリ	バス（トゥルクから）	€7	5:00〜翌1:45頃の10〜20分ごとに運行	約40分
ユヴァスキュラ	鉄道	€32〜	1日5〜11本	3時間15分〜
ロヴァニエミ	鉄道	€80〜	1日7〜9本	8時間〜

市バスの停留所はいくつかの路線を兼ねているため、自分のバスが来たら手を挙げて止めること。

列車の乗り方

※①と②は前日までにしておくことが望ましい

① 駅構内で時刻表をチェック

構内の掲示板のほか、大きな駅では無料の時刻表が置いてあるがフィンランド語、スウェーデン語のみ。窓口では英語が通じるので、チケットの予約や購入時に直接尋ねるといい。

② 窓口でチケットを購入

カウンターのそばにある専用の機械から、順番待ちの番号札を取る。電光掲示板に自分の番号が表示されるか番号を呼ばれたら、指定のカウンターで目的地や時刻、列車番号などを伝える。

③ ホームで列車を待つ

改札はないので、チケットを購入したらそのままホームへ向かおう。ヘルシンキ中央駅の場合、ホームは1階にある。電光掲示板に到着する列車の種類や番号が表示されるが、出発直前にホームが変更になることもあるので注意。

④ 空いている席を探そう

座席の予約がある人は、自分の番号を探す。座席はふたり掛けの日本の新幹線などと同じオープンサロンタイプがほとんど。一部個室に区切られたコンパートメントタイプの座席もあるが、日本からの事前予約はできない。

⑤ 検札は車内で

乗車してしばらくすると車掌さんがやってきて、チケットに乗車日の入った検札印を押してくれる。チケットは下車するまでなくさずに保管しておこう。

車内はとっても快適!

⑥ 目的地に到着

車内アナウンスはフィンランド語、スウェーデン語、英語で流れる。ただし、列車の種類によってはない場合も。乗り換えや、降車駅が終点でない場合は停車駅の駅名の表示をこまめに確認して乗り過ごさないよう気をつけよう。

中・長距離バス Bus

バスターミナル

安く快適な旅をするならバスがおすすめ。国内を網の目のようにカバーしているので、列車より速く、目的地まで直通で行けることが多い。
●最大手のバス会社
マトカフオルト URL www.matkahuolto.fi　オンニバス URL www.onnibus.com

おもなバスターミナル

●中央バスターミナル Map 別冊 P.10-B1
ヘルシンキの中・長距離バスは、すべて地下鉄カンピ駅に連結した中央バスターミナル、カンピから発着する。チケットはバスターミナルにあるチケット売り場で直接購入できる。係員に行きたい場所と時間を伝えれば、希望のチケットを取ってくれる。チケット売り場には時刻表も置いてある。

フィンランド鉄道の中でもWi-Fiが使えました。とっても便利!　(静岡県・あつみ)

フェリーで行く♪ ストックホルム & タリン

入国審査はないけどパスポートは忘れずにね！

ヘルシンキからフェリーに乗って、スウェーデンのストックホルムや、エストニアのタリンへプチトリップはいかが？船上から眺める景色は美しく、クルーズ気分も堪能できる。ヘルシンキ～ストックホルム間、ヘルシンキ～タリン間を繋ぐ国際定期船が運航しており、使用するフェリー会社によってターミナルが異なるので、事前に場所を確認しておくこと。フェリーの時間が変更になることもあるので、ターミナルには早めに着くようにしよう。

ストックホルムへのフェリー

ヘルシンキからストックホルムへは、タリンク・シリヤラインとバイキングラインの2社が通年毎日運航している。どちらも夕方に出発し、船内で1泊、翌日の午前中に到着する。所要16時間30分～。また、トゥルクからストックホルムへの便も就航しており、タリンク・シリヤラインとバイキングラインがそれぞれ1日2便運航。昼便と夜便があり、所要9時間30分～10時間。

おもなフェリー会社

●**タリンク・シリヤライン** Tallink Silja Line
オリンピア・ターミナル発
Map 別冊P.11-D3　☎(040)547-541-222
URL www.tallinksilja.com　片道€131～
※北欧トラベル(→P.155)を通して予約した場合の料金で、すべて片道1キャビン当たりのもの。また、表記料金のほかに追加料金が必要となる場合や、曜日や時期によって料金の変動があるため、事前に確認しておくこと。

●**バイキングライン** Viking Line
カタヤノッカ・ターミナル発
Map 別冊P.7-C3　☎(09)123-5300
URL www.sales.vikingline.com　片道€88～

タリンへのフェリー

ヘルシンキからタリンへは高速フェリー、観光フェリーが運航。所要時間は高速フェリーで約2時間、観光フェリーで約3時間30分。フェリーはランシ・ターミナルやカタヤノッカ・ターミナルを発着する。タリンにはターミナルがふたつあり、ほとんどの船はタリン港に到着する。

タリンへの便は各フェリー会社1日2～7便ほど

カタヤノッカ・ターミナル

チケットの買い方

チケットの購入、予約は各船の発着するターミナルの窓口やウェブサイト、電話でできる。シーズン中のストックホルム～ヘルシンキ間の人気航路は売り切れてしまうこともあるので、日本で予約しておいたほうが安心。

豪華客船タリンク・シリヤライン

船内にはカフェやバーが並ぶ142mの大型プロムナードがあり、ナイトクラブやカジノといった施設も完備している。まるでバルト海に浮かぶリゾートホテルにいるような気分でクルーズを楽しめる。人数や予算に応じて8種類の客室があり、往復割引やユーレイルパス割引などもある。北欧トラベルのウェブサイトなら日本語で事前予約も可能。メールや電話での問い合わせにも対応してくれるので安心だ。

群島のそばを通り抜けるシリヤ・シンフォニー号

優雅な雰囲気が漂うプロムナード

©Tallink Silja Line

おもなフェリー会社

●**タリンク・シリヤライン** Tallink Silja Line
（高速フェリー、観光フェリー通年運航）
ランシ・ターミナル発
Map 別冊P.6-B3　☎(040)547-541-222
URL www.tallinksilja.com　片道€35～

●**バイキングライン** Viking Line（高速フェリー、通年運航）
カタヤノッカ・ターミナル発
Map 別冊P.7-C3　☎(09)123-5300
URL www.sales.vikingline.com　片道€25～

ターミナルの窓口で国外へのフェリーチケットを直接購入する場合、パスポートの提示を求められることもある。

旅の便利帳

フィンランドの旅に必要なノウハウを、ぎゅぎゅっとまとめました。
旅の基本をおさえていれば、
イザというときに慌てないですむよね。

困ったときは
すぐ確認！

お金・クレジットカード・ATM

お金

フィンランドの通貨はEU統一通貨のユーロ（€）とセント（Cent）。€1＝100セント＝約118円（2019年8月現在）。日本円からユーロ現金への両替は、日本のほうがレートがいいので、滞在中に必要なユーロ現金は、できれば出発前に日本の銀行で両替しておこう。ユーロは、フィンランドだけでなく、ユーロ導入国ならどの国でも使える。

クレジットカード

フィンランドのクレジットカード普及率は、世界でもトップクラス。大きなホテルやレストラン、ショップなどさまざまな場所で使用可能だし、大金を持ち歩かずにすむので便利。ただし地方の小さな店では使えないところもある。盗難や紛失のほか、カードが読み取れないトラブルに備えて、2〜3枚のクレジットカードがあると安心。ICチップ付きのカードは、カードを使うとき暗証番号を入力する。ICチップ付きでなければ、サイン式で対応するところがほとんどだが、暗証番号の確認は事前にしておこう。

ATM

ATM機では、クレジットカードや海外専用プリペイドカードのキャッシングサービスができる（金利には留意を）。ATMは銀行やショッピングセンター、スーパーはもちろん、さまざまなところにあり、地方の町にも必ずある。

5ユーロ　10ユーロ　20ユーロ　50ユーロ　100ユーロ　200ユーロ　500ユーロ

1セント　2セント　5セント　10セント　20セント　50セント　1ユーロ　2ユーロ

電話

国際電話会社の番号

- 001（KDDI）※1
- 0033（NTTコミュニケーションズ）※1
- 0061（ソフトバンク）※1
- 005345（au携帯）※2
- 009130（NTTドコモ携帯）※3
- 0046（ソフトバンク携帯）※4

※1 「マイライン」「マイラインプラス」の国際区分に登録している場合は不要　※2 005345をダイヤルしなくてもかけられる　※3 NTTドコモは事前にWORLD WINGに登録が必要。009130をダイヤルしなくてもかけられる　※4 0046をダイヤルしなくてもかけられる

電話は、日本で使用している携帯電話やレンタル携帯、一般の加入電話からかけられる。ホテルの客室の電話機からかけると手数料がかかり割高になることも。フィンランドは携帯電話の普及率が非常に高く、町なかの公衆電話はかなり少ない。空港などで見られる程度なので、ホテルの電話か携帯電話を使用しよう。

日本からフィンランドへ

国際電話識別番号 **010** ＋ フィンランドの国番号 **358** ＋ 市外局番（最初の0は除く）＋ 相手の電話番号

※ヘルシンキの市外局番は（09）

フィンランドから日本へ

国際電話識別番号（4つのうちどれかひとつ） **00/990/994/999** ＋ 日本の国番号 **81** ＋ 市外局番と携帯電話の最初の0を除いた番号

現地での電話のかけ方

市内・市外、携帯電話にかける場合も、市外局番を含むすべての番号をダイヤルする

ちょっとした支払いにもクレジットカードが使えて便利でした。（福島県・めるり）

電圧・プラグ

フィンランドの電圧は220/230V、周波数は50Hz。日本国内用の電化製品をフィンランドで使う場合は変圧器が必要。持っていくパソコンや携帯電話、デジタルカメラの充電器などが、海外両用か変圧器が必要か、必ず確認すること。プラグの形も日本とは異なり、Cタイプの変換プラグが必要。

トイレ

公共交通機関や観光施設の公衆トイレはほとんどが有料。個室のドアや入口に置いてある皿にコインを入れるタイプなどがあり、料金の目安は1回50¢〜€2程度。ヘルシンキのデパートや博物館などには無料で使えるトイレもあるが、行列ができることが多いので注意しよう。

郵便

フィンランドの郵便局は「ポスティPosti」と呼ばれる。ポストは黄色でよく目立つ。クラス番号が描かれている場合は該当する方へ投函する。郵便局の一般的な営業時間は、月〜金曜9:00〜18:00。ヘルシンキ中央郵便局（→P.133）などの大きな郵便局は土・日曜もオープン。日本へのエアメールは、はがきおよび20gまでの封書は€1.50〜、50gまでの封書は€2.60〜。郵便局ではムーミンのキャラクター切手やはがきなどもある。

水

フィンランドの水道水は飲んでも大丈夫。味が気になるならペットボトルに入ったミネラルウオーターを買おう。水はスーパーやキオスクなどで€1.50（500㎖）程度で購入できる。市販のミネラルウオーターは炭酸入り（Hiilihapollinen）、炭酸なし（Hiilihapoton）と書いてある。

インターネット

フィンランドでは無線LAN（Wi-Fi ワイファイ）の普及率が高く、ほとんどの宿泊施設で使用可能。また、空港やレストラン、鉄道駅など公共の場でも使用できる場所が多く、Wi-Fi対応のノートパソコンやスマートフォンを持っていれば自由にインターネット接続が可能（一部有料）。

喫煙

フィンランドでは駅や空港などの交通機関やオフィスなどの公共施設は終日禁煙になっている。レストランやバーも室内は全面禁煙、テラス席は喫煙可。バーは喫煙ボックスがある場合も。ホテルは喫煙室と禁煙室の両方が用意されているところもある。

マナー

フィンランドを観光するときに、気をつけたいマナーがいくつかある。教会は観光客も訪れるが、信仰の場所であることを心得て。夏でも肌の露出を控え、帽子は脱ぎ、静かに見学すること。なお、ミサの時間は見学を控えること。また、写真撮影可能な美術館でも、作品保護のためにフラッシュ撮影や三脚使用は禁止。そしていちばん基本的なことは、あいさつをすること。店に入るときも出るときもあいさつだけは忘れずに。ドアを次の人のために押さえるのは、マナーというより習慣にしよう。

チップ

ホテルやレストランなどの料金には基本的にサービス料が含まれているので、チップは不要。ホテルのポーターやクロークなどを利用する際は€2程度を目安として渡すといい。

ホテルで充電する際、海外の電圧対応のタコ足配線があると、同時にできてさらに便利。 **185**

旅の安全情報

女の子同士、グループでワイワイ楽しく旅していると、気も緩みがち。
でも、日本にいるとき以上に、警戒アンテナをピンと立てることを忘れないで！
トラブルのパターンを知っておけば、予防対策がより万全に。

治安
生活水準が高いフィンランドの治安はかなりよい。しかし、ここ数年多くなっているのがヘルシンキなど都市部において旧東欧を中心とした国々から来たプロの窃盗団による犯罪だ。ホテルでの朝食時など、ちょっとした隙を狙い、荷物を奪って逃げたり、買い物客が目を離したところを置き引きしたりなど、単純だが実に巧妙だ。荷物は決して体から離さず、貴重品は人の目にさらさないように。

病気・健康管理
普段は元気な人でも、旅行中は気候や環境の変化、食事の変化などで急に体調を崩すこともある。思わず食べ過ぎたり、買い物に熱中し歩き通しだったり……。疲れをためないよう十分睡眠を取って、絶対に無理をしないこと。風邪薬や胃腸薬などは使い慣れたものを日本から持っていこう。湿布類もあるといい。インフルエンザなど事前の海外感染症情報のチェックも欠かさないでおこう。

海外旅行保険
体調不良や盗難など、慣れない土地では何が起こるかわからないので、必ず加入しよう。海外旅行保険を扱う保険会社はたくさんあるが、「日本語緊急医療サービス」や「キャッシュレス医療サービス」「疾病治療費用」「携帯品保険」などがあれば心強い。また、海外旅行傷害保険がクレジットカードに付帯している場合もあるが、保険内容が不十分である可能性があるので、よく確認をすること。

こんなことにも気をつけて！

1 ホテルの朝食会場で

ホテルの朝食で、かばんを席に置いたままビュッフェを取りに行き、戻ったら盗まれてしまっていた……。フィンランドでは、ホテルのロビーや朝食会場へは特にチェックもなく入ることができる。そのため、ホテル内での盗難事件が多い。ビュッフェを取る際もかばんを持参するか、友達に席にいてもらうように。

2 サマータイムの切り替え

4月の週末、飛行機で地方都市へ行こうとして1時間30分前に空港に到着したところ、飛行機はもう飛び立つ直前！3月の最終日曜から10月の最終日曜までは、サマータイムが導入され1時間早くなる。特にサマータイムに切り替わるときは注意。電車や飛行機の時間も1時間早くなるので、乗り遅れたりしないように。

3 ATMで現金を引き出すときに
ATMでお金をおろそうとしていたところ、背後から何やら視線を感じました。振り返ると、見知らぬ人が手元をのぞき込んでいた。都市では、町のいたるところにATMがあり気軽にキャッシングできるが、後ろに人がいる場合は暗証番号を読み取られないように注意しよう。番号入力のときは、手で隠すなど対策を。

4 マーケットでのスリ

ヘルシンキのマーケット広場やヒエタラハティのフリーマーケットは、夏はとにかくすごい人！トートバッグを持ち歩いていたら、いつの間にか財布がなくなっていた……。なんてことのないよう、スリにはくれぐれも気をつけて。ジップの閉まらないトートバッグなどの使用は避けるなどして、警戒を。

5 ヘルシンキ～タリンの国際航路について

ヘルシンキからタリンへ向かう船に乗船するとき、出航時間10分前に港に行き、乗り込んだら予定時間よりも数分早く船が出発。鉄道やバスなど、ほぼ時刻どおりに動くフィンランドだが、このようなケースもあるみたい。乗り遅れたりしないよう、30分前にはフェリーターミナルに着くように心がけたい。

6 クレジットカードの暗証番号を忘れずに

レストランで食事をして支払いという際、カードを渡すと店員さんがカードリーダーを持ってきて、暗証番号を入力するようお願いされる。フィンランドではほとんどの店でカードが使えるが、圧倒的に多いのがサインよりもPINコードでの暗証番号入力。サインだと使用を断られてしまうこともある。

中央駅でスリの現場を目撃。明らかにあやしい顔つきの男でした。盗られる前に被害者が気がついてよかったです！（奈良県・メリー）

困ったときのイエローページ

トラブル1 パスポートを紛失したら

まずは警察に届け出て、現地日本大使館で新規発給の手続きを

パスポートの盗難に遭ったり、紛失してしまったら、すぐに最寄りの警察に届け出て「紛失・盗難届受理証明書」を発行してもらうこと。それを持って日本大使館へ行き、パスポートの紛失届と新規発給の申請を行う。あらかじめ顔写真のページのコピーやパスポート規格の写真を用意しておくと手続きがスムーズ。

パスポート新規発給の申請に必要なもの

- ☐ 現地警察署が発行する紛失・盗難届受理証明書
- ☐ 写真2葉（縦45mm×横35mm、6ヵ月以内に撮影したもの）
- ☐ 身元が確認できる書類（運転免許証、学生証など）
- ☐ 戸籍謄本または抄本（6ヵ月以内発行のもの）
- ☐ 紛失一般旅券等届出書1通
- ☐ 一般旅券発給申請書（10年用または5年用）1通

トラブル2 事件・事故にあったら

すぐに警察や日本大使館で対応してもらう

事件に巻き込まれたり、事故に遭ってしまったら、すぐに最寄りの警察に届けて対応してもらう。事故の内容によっては日本大使館に連絡して状況を説明し、対処策を相談しよう。

緊急連絡先

警察、消防、救急車
112

在フィンランド日本国大使館
(09) 686-0200
Map 別冊 P.11-D2
URL www.fi.emb-japan.go.jp/jp/index-j.htm

トラブル3 クレジットカードを紛失したら

カード会社に連絡して無効処置を依頼し、警察へ届け出る

クレジットカードを紛失したら、すぐにカード会社に連絡して無効手続きを行う。現地警察では「紛失・盗難届受理証明書」を発行してもらおう。

緊急連絡先

カード会社	
アメリカン・エキスプレス	44-20-8840-6461（コレクトコール）
ダイナース	81-3-6770-2796（日本のコレクトコール先）
JCB	0800-1-181-30
マスター	08001-156234
VISA	0800-11-0057

トラブル4 病気になったら

緊急の場合は迷わず救急車を呼び、保険会社への連絡も忘れずに

病気になってしまったら、緊急の場合はすぐに救急車を呼ぶこと。海外旅行保険に加入している場合は、保険会社のサービスセンターにも連絡を。

緊急連絡先

緊急/病院

救急車 **112**

緊急医療サービス
116117（24時間）

ハールトゥマンニン病院
Haartman Hospital
(09) 4711

トラブル5 荷物を忘れたら

紛失物サービスに問い合わせて情報を得る

ヘルシンキ周辺の施設や交通機関での紛失物は、フィンランド紛失物サービスが一括して取り扱っている。財布、鍵などは警察へ。航空機内で紛失した荷物は利用した航空会社へ問い合わせをすること。

緊急連絡先

紛失物取扱所

フィンランド紛失物サービス
Suomen Löytötavarapalvelu
0600-41-006

ヘルシンキ警察署
0295-470011

その他連絡先

保険会社（日本のカスタマーセンター）	
損保ジャパン日本興亜	(0120) 238-381
AIG損保	(0120) 016-693
東京海上日動	(0120) 868-100

航空会社	
フィンエアー	(09) 818-0800
日本航空JAL	020-374-777
スカンジナビア航空	(09) 8171-0062
ルフトハンザドイツ航空	020-358-358

観光案内	
ヘルシンキの観光案内所	(09) 3101-3300
タリンの観光案内所	(372) 645-7777

スリやクレジットカードのスキミングなど、予想外な展開になっても慌てないため、カード番号は必ず控えておくこと。

▶：プチぼうけんプランで紹介した物件

見る・遊ぶ

名称	エリア	ページ	別冊MAP
▶ アアルト自邸	郊外	44・111	P.6-A1
アアルト大学	エスポー	74・111	本誌P.75
アアルトのアトリエ	郊外	111	P.6-A1
▶ アカデミア書店	元老院広場、エスプラナーディ公園周辺	30・110	P.12-A1
▶ アッラス・シー・プール	元老院広場、エスプラナーディ公園周辺	41	P.11-D2
アテネウム美術館	ヘルシンキ中央駅周辺	66・69	P.11-C1
アモス・レックス	ヘルシンキ中央駅周辺	66	P.11-C1
アレクサンドル2世像	元老院広場、エスプラナーディ公園周辺	55	P.12-B1
▶ イッタラ＆アラビア・デザイン・センター	郊外	28	P.7-C1
イッタラ・ガラス・キャビネ（イッタラ・ラーシマキ）	イッタラ	29	P.2-B3
ウスペンスキー寺院	元老院広場、エスプラナーディ公園周辺	54・64	P.11-D2
▶ ウルヨンカツの公共プール	元老院広場、エスプラナーディ公園周辺	31・62	P.11-C2
エーレンスヴァルド博物館	スオメンリンナ島	73	本誌P.72
エスプラナーディ公園	元老院広場、エスプラナーディ公園周辺	61	P.11-C・D2,12-A・B1
エスポー	エスポー	74	P.2-B3
エスポー近代美術館	エスポー	75	本誌P.75
オーディ ヘルシンキ中央図書館	ヘルシンキ中央駅周辺	58	P.11-C1
カイヴォプイスト公園	中心街南部	32・61	P.7-C3
ガッレン・カッレラ美術館	郊外	69	P.6-A1外
観光案内所	元老院広場、エスプラナーディ公園周辺	64	P.11-D1
カンピ礼拝堂	中心街西部	57	P.11-C1
▶ クーシヤルヴィ	郊外	41	P.2-B3
クマ公園	カッリオ地区	71	P.9-D2
クリスマスマーケット	元老院広場、エスプラナーディ公園周辺	63	P.12-B1
国立劇場	ヘルシンキ中央駅周辺	66	P.11-C1
国立現代美術館キアズマ	ヘルシンキ中央駅周辺	55・67	P.11-C1
国立博物館	ヘルシンキ中央駅周辺	67	P.8-B3
三人の鍛冶屋像	元老院広場、エスプラナーディ公園周辺	55	P.11-C1
シベリウス公園	中心街北部	60	P.8-A2
スオメンリンナおもちゃ博物館	スオメンリンナ島	73	本誌P.72
スオメンリンナ教会	スオメンリンナ島	72	本誌P.72
スオメンリンナ島	スオメンリンナ島	72	P.7-C3
スオメンリンナ博物館	スオメンリンナ島	72	本誌P.72
スカイウィール・ヘルシンキ（サウナ観覧車）	元老院広場、エスプラナーディ公園周辺	41・65	P.11-D2
セウラサーリ野外博物館	郊外	60	P.6-A2
潜水艦ヴェシッコ号	スオメンリンナ島	73	本誌P.72
▶ ソフィア通り	元老院広場、エスプラナーディ公園周辺	33	P.12-B1
タピオラ駅	エスポー	74	本誌P.75
タピオラ教会	エスポー	74	本誌P.75
デザイン博物館	中心街南部	55	P.11-C2
テルヴァサーリ島	中心街東部	33	P.7-C2
テンペリアウキオ教会	中心街西部	56	P.10-B1
トーベ・ヤンソン公園	元老院広場、エスプラナーディ公園周辺	64	P.11-D2
▶ トコインランタ	カッリオ地区	33	P.9-C2
▶ ヌークシオ国立公園	郊外	31・34	P.2-B3
バルト海の乙女像	元老院広場、エスプラナーディ公園周辺	55	P.12-B1
バンハ教会	中心街南部	54	P.11-C2
フィンランディアホール	ヘルシンキ中央駅周辺	67・110	P.8-B3
フィンランド国立図書館	元老院広場、エスプラナーディ公園周辺	59	P.11-D1
フィンランド・ネイチャー・センター・ハルティア	郊外	35	本誌P.34外
ヘルシンキ市立博物館	元老院広場、エスプラナーディ公園周辺	65	P.11-D1
ヘルシンキ大学中央図書館	ヘルシンキ中央駅周辺	59	P.11-C1
ヘルシンキ大聖堂	元老院広場、エスプラナーディ公園周辺	54・64	P.11-D1
ヘルシンキ中央駅	ヘルシンキ中央駅	66	P.11-C1
ヘルシンキ・ミュージックセンター	ヘルシンキ中央駅周辺	67	P.10-B・C1
マリメッコ本社	郊外	20	P.7-D1
マンネルヘイム元帥像	ヘルシンキ中央駅周辺	55	P.11-C1
ミュールマキ教会	郊外	57	P.6-B1外
ヤープイスト（アイス・パーク）	元老院広場、エスプラナーディ公園周辺	62	P.11-C1
ルーネベリの像	元老院広場、エスプラナーディ公園周辺	55	P.12-A1
▶ ルットプイスト	中心街南部	33	P.11-C2
ロウリュ		40	P.6-B3
▶ アレクサンドル・ネフスキー聖堂	タリン（エストニア）	49	P.13-C3
▶ 旧市庁舎＆ラエコヤ広場	タリン（エストニア）	49	P.13-C2
▶ コフトゥ通り展望台	タリン（エストニア）	49	P.13-C3
▶ 城壁入口（ヘレマン塔）	タリン（エストニア）	48	P.13-D2
▶ 聖オレフ教会	タリン（エストニア）	48	P.13-D1
タリン	タリン（エストニア）	46	P.2-B3
▶ トームペア城	タリン（エストニア）	49	P.13-C3
▶ パットクリ展望台	タリン（エストニア）	49	P.13-C2
▶ ふとっちょマルガレータ	タリン（エストニア）	49	P.13-D1
ナーンタリ	ナーンタリ	138	P.2-A3
ナーンタリ教会	ナーンタリ	138	本誌P.139
ナーンタリ博物館	ナーンタリ	139	本誌P.139
▶ ムーミンワールド	ナーンタリ	24	本誌P.139
トゥルク	トゥルク	142	P.2-A3
トゥルク城	トゥルク	142	本誌P.143
トゥルク大聖堂	トゥルク	143	本誌P.143
トゥルク美術館	トゥルク	143	本誌P.143
ルオスタリンマキ野外手工芸博物館	トゥルク	143	本誌P.143
旧市庁舎	ラウマ旧市街	144	本誌P.145
キルスティ	ラウマ旧市街	144	本誌P.145
聖十字架教会	ラウマ旧市街	144	本誌P.145
マレラ	ラウマ旧市街	144	本誌P.145
ラウマ旧市街	ラウマ旧市街	144	P.2-A3
アムリ労働者住宅博物館	タンペレ	147	本誌P.147
旧フィンレイソン工場	タンペレ	146	本誌P.147
タンペレ	タンペレ	146	P.2-B3
タンペレ大聖堂	タンペレ	146	本誌P.147
ムーミン美術館	タンペレ	147・148	本誌P.147
レーニン博物館	タンペレ	147	本誌P.147
J.L.ルーネベリの家	ポルヴォー	150	本誌P.151
ポルヴォー	ポルヴォー	150	P.2-B3
ポルヴォー大聖堂	ポルヴォー	151	本誌P.151
ポルヴォー博物館	ポルヴォー	151	本誌P.151
ホルム・ハウス	ポルヴォー	151	本誌P.151
アルクティクム	ロヴァニエミ	161	P.3-C2
コロンディ	ロヴァニエミ	161	P.3-C2
サンタクロース・オフィス	ロヴァニエミ	157	本誌P.156
サンタクロース村	ロヴァニエミ	156	P.3-D1
サンタクロース・メイン・ポストオフィス	ロヴァニエミ	157	本誌P.156
サンタパーク	ロヴァニエミ	159	P.3-D1

	エリア	ページ	別冊MAP
モイモイ号	ロヴァニエミ	155	—
ラッピアハウス	ロヴァニエミ	160	P.3-C2
ラップランドサファリ	ロヴァニエミ	168	P.3-D2
ロヴァニエミ	ロヴァニエミ	160	P.2-B2
ロヴァニエミ教会	ロヴァニエミ	160	P.3-C2
ロヴァニエミ市立図書館	ロヴァニエミ	160	P.3-C2
ろうそく橋	ロヴァニエミ	161	P.3-D2
ウルホ・ケッコネン国立公園	サーリセルカ	164	本誌P.164
サーリセルカ	サーリセルカ	164	P.2-B1
サンタズ・ホーム	サーリセルカ	165	本誌P.164外
ラップランドサファリ	サーリセルカ	168	本誌P.164
ラップランドサファリ	レヴィ	168	本誌P.166
レヴィ	レヴィ	166	P.2-B1
ケミ	ケミ	169	P.2-B2
砕氷船サンポ号	ケミ	169	—
ルミリンナ	ケミ	169	—

✕ 食べる ✕

名称	エリア	ページ	別冊MAP
アテネウム・ビストロ	ヘルシンキ中央駅周辺	83・93	P.11-C1
アンダンテ	中心街南部	87	P.11-C2・3
ヴィアポリン・デリ&カフェ	スオメンリンナ島	73	本誌P.72
ウェイ・ベーカリー・アンド・ワイン・バー	カッリオ地区	89	P.9-D2
エクベリ・カフェ	中心街南部	82・86	P.11-C2
エロマンガ	元老院広場、エスプラナーディ公園周辺	83	P.11-D2
カールナ・バーリ&ケイツィオ	ヘルシンキ中央駅周辺	78	P.11-C1
カッペリ	元老院広場、エスプラナーディ公園周辺	83・91	P.12-B1
▶ カフェ・アアルト	元老院広場、エスプラナーディ公園周辺	30・82・88・93	P.12-A1
▶ カフェ・ウルスラ	中心街南部	31・82・91・93	P.7-C3
カフェ・エスプラナード	元老院広場、エスプラナーディ公園周辺	83・93	P.12-A1
カフェ・エンゲル	元老院広場、エスプラナーディ公園周辺	89・93	P.12-B1
カフェ・スッケス	中心街南部	83・93	P.11-C3
カフェ・バイパー	スオメンリンナ島	73	本誌P.72
カフェ・レガッタ	中心街北部	83・90	P.8-A2
クーマ	元老院広場、エスプラナーディ公園周辺	88	P.12-A1
グッド・ライフ・コーヒー	カッリオ地区	71	P.9-C2
グリーン・ヒッポー・カフェ	中心街南部	85	P.11-C3
クルマ	元老院広場、エスプラナーディ公園周辺	81	P.11-D1
コティピザ	中心街西部	96	P.11-C2
コンスタン・モルヤ	中心街西部	79・80	P.10-B2
サンドロ	カッリオ地区	85	P.9-C2
シス・デリ・プラス・カフェ	元老院広場、エスプラナーディ公園周辺	96	P.11-C2
スカイ・ルーム	中心街南部	63	P.10-A3
▶ ストーリー	元老院広場、エスプラナーディ公園周辺	37	P.11-D2
セント・ジョージ・ベーカリー&バー	中心街南部	87	P.11-C2
ソッパケイッティオ	元老院広場、エスプラナーディ公園周辺	80	P.11-D2
トゥアス	エスポー	74	本誌P.75
パウリグ・クルマ	元老院広場、エスプラナーディ公園周辺	88	P.12-A1
ファッツェル・カフェ・クルーヴィカツ3	元老院広場、エスプラナーディ公園周辺	86	P.12-A1
ファファズ・カッリオ	カッリオ地区	70	P.7-C2
ブリュッゲリ・ヘルシンキ	元老院広場、エスプラナーディ公園周辺	65	P.12-B1
ヘスバーガー	中心街西部	96	P.10-B1
▶ マリトリ	郊外	21	P.7-D1
▶ マルヤ・ナッティ	カッリオ地区	39	P.9-D2
ムーミン・カフェ	元老院広場、エスプラナーディ公園周辺	105	P.12-B1
ムーミン・コーヒー	郊外	105	P.6-B1外
ヨード	—	84	—
ヨハン&ニュストレム	元老院広場、エスプラナーディ公園周辺	64・93	P.11-D1
ラヴィントかもめ（かもめ食堂）	中心街南部	82	P.11-C3
ラヴィントラ・コスモス	元老院広場、エスプラナーディ公園周辺	79・80	P.11-C2
ラヴィントラ・コルメ・クルーヌア	元老院広場、エスプラナーディ公園周辺	79・80・93	P.11-D1
ラヴィントラ・サヴォイ	元老院広場、エスプラナーディ公園周辺	111	P.12-A1
ラヴィントラ・サヴォッタ	元老院広場、エスプラナーディ公園周辺	78・93	P.12-B1
ラヴィントラ・シーホース	中心街南部	78・93	P.11-C3
ラヴィントラ・スキファー	中心街南部	85	P.11-C2
ラヴィントラ・スン	元老院広場、エスプラナーディ公園周辺	81	P.12-B1
ラヴィントラ・ツェトル	ヘルシンキ中央駅周辺	80	P.11-C1
ラヴィントラ・ノッカ	元老院広場、エスプラナーディ公園周辺	84	P.11-D1
ラヴィントラ・ラシパラツィ	ヘルシンキ中央駅周辺	67	P.11-C1
ルミエル・ウィージー	エスポー	75	本誌P.75
ロバーツ・コーヒー（カンピ店）	中心街西部	82・95	P.10-B2
▶ オルデ・ハンザ	タリン（エストニア）	50	P.13-D2・3
▶ コルマス・ドラーコン	タリン（エストニア）	50	P.13-C2
▶ ネイツィトルン・コーヒー	タリン（エストニア）	49	P.13-C3
▶ ピエール・ショコラテリエ	タリン（エストニア）	51	P.13-D2
▶ マイアスモック	タリン（エストニア）	51	P.13-C2
▶ ラタスカエヴ・クーステイスト	タリン（エストニア）	50	P.13-C2
カフェ・アマンディス	ナーンタリ	139	本誌P.139
メリサリ	ナーンタリ	139	本誌P.139
カフェ・アート	トゥルク	143	本誌P.143
スヴァルテ・ルドルフ	トゥルク	142	本誌P.143
カフェ・サリ	ラウマ旧市街	145	本誌P.145
コンション・カハヴィラ	ラウマ旧市街	145	本誌P.145
タンペレーン・ヴォフヴェリリホカハヴィラ	タンペレ	147	本誌P.147
トゥフト	タンペレ	149	本誌P.147
ネリヤ・ヴォーデンアイカー	タンペレ	146	本誌P.147
ローナス・カハヴィラ・ヴェスタ	タンペレ	146	本誌P.147
カフェ・ファニー	ポルヴォー	151	本誌P.151
ズム・バイスビール	ポルヴォー	150	本誌P.151
カフェ&バー21	ロヴァニエミ	161	P.3-C2
サンタズ・サーモン・プレイス	ロヴァニエミ	156	本誌P.156
モンテ・ローザ	ロヴァニエミ	162	P.3-C2
ラヴィントラ・ニッリ	ロヴァニエミ	162	P.3-D2
テーレンペサ	サーリセルカ	165	本誌P.164
キング・クラブ・ハウス	レヴィ	167	本誌P.166
ラヴィントラ・サーメン・カンミ	レヴィ	167	本誌P.166

買う

名称	エリア	ページ	別冊MAP
アーリッカ	元老院広場、エスプラナーディ公園周辺	115	P.12-B1
Rキオスキ	ヘルシンキ中央駅周辺	126	P.11-C1
▶ アウトレット	イッタラ	28	P.2-B3
アスティアリーサ	中心街北部	120	P.8-B2
アルコ アルカディア店	中心街西部	127	P.10-B1
アルテック	元老院広場、エスプラナーディ公園周辺	109	P.12-A1
アレパ	中心街南部、カッリオ地区	126	P.9-D1・P.11-C2
アンサ・セカンド・ハンド	カッリオ地区	71	P.9-D2
▶ アンナン・ヴィッリリハ	元老院広場、エスプラナーディ公園周辺	37	P.11-D2

名称	エリア	ページ	別冊MAP
▶ イー・エーリクソン	元老院広場、エスプラナーディ公園周辺	37	P.11-D2
イッタラ・アラビア・ストア・エスプラナーディ	元老院広場、エスプラナーディ公園周辺	99・103・106	P.12-B1
エクベリ・ブレッド・ショップ	中心街南部	95	P.11-C2
エコロ	カッリオ地区	70	P.9-D2
Sマーケット	ヘルシンキ中央駅周辺/カッリオ地区	126	P.9-C2・P.11-C1
エマ・ショップ	エスポー	75	本誌P.75
▶ エロカウノッキ	カッリオ地区	39	P.9-D2
▶ オールド・マーケット・ホール	元老院広場、エスプラナーディ公園周辺	36・64	P.11-D2
カウニステ	元老院広場、エスプラナーディ公園周辺	113	P.12-B1
カルフ・コンセプト・ストア	ヘルシンキ中央駅周辺	115	P.11-C1
▶ クルタスクラー	元老院広場、エスプラナーディ公園周辺	37	P.11-D2
Kマーケット	元老院広場、エスプラナーディ公園周辺・中心街南部	126	P.11-C2・3・P.12-A1
▶ サウナ・マーケット	元老院広場、エスプラナーディ公園周辺	43	P.12-B1
サムイ	元老院広場、エスプラナーディ公園周辺	118	P.12-A1
ストックマン	元老院広場、エスプラナーディ公園周辺	128・131	P.12-A1
タイト・ショップ・ヘルスキー	元老院広場、エスプラナーディ公園周辺	117	P.12-B1
中央郵便局	ヘルシンキ中央駅周辺	133	P.11-C1
トレ	元老院広場、エスプラナーディ公園周辺	116	P.12-A1
ナッジ	中心街南部	131	P.11-C2
ナンソ	元老院広場、エスプラナーディ公園周辺	119	P.12-A1
ハカニエミ・マーケットホール	カッリオ地区	31・39	P.9-D2
ビー・34	スオメンリンナ島	73	本誌P.72
ヒエタラハティのフリーマーケット	中心街西部	122	P.10-B3
▶ ヒエタラハティ・マーケットホール	中心街西部	39	P.10-B3
ピサッリ	中心街南部	121	P.11-C3
フードゥ	カッリオ地区	71	P.9-C2
ブーティンキ	カッリオ地区	117	P.9-D2
フサーニ＆ヘルシンキ・セカンドハンド	中心街南部	121	P.11-C3
フィンレイソン	元老院広場、エスプラナーディ公園周辺	113	P.12-A1
フリーダ・マリーナ	カッリオ地区	118	P.9-D1
ヘイロー	元老院広場、エスプラナーディ公園周辺	115・119	P.12-A1
▶ マーケット広場	元老院広場、エスプラナーディ公園周辺	31・38・64	P.11-D2
▶ マリズ・スムージー	元老院広場、エスプラナーディ公園周辺	37	P.11-D2
▶ マリメッコ アウトレット	郊外	21	P.7-D1
マリメッコ ヘルットニエミ フライム店	郊外	21	P.7-D1
マリメッコ ミコンカツ本店	元老院広場、エスプラナーディ公園周辺	98・100・119	P.12-A1
ムーミン・ショップ	ヘルシンキ中央駅周辺	104	P.11-C1
メイドバイ・ヘルシンキ	元老院広場、エスプラナーディ公園周辺	65	P.12-B1
▶ モカ・メイト	カッリオ地区	39	P.9-D2
ヨハンナ・グリクセン	中心街南部	112	P.11-C2
ラプアン・カンクリ	元老院広場、エスプラナーディ公園周辺	114	P.12-B1
ルオホンユーリ・カンピ	中心街西部	127・131	P.10-B1
ルミ	元老院広場、エスプラナーディ公園周辺	114	P.12-B1
▶ レイニン・リーハ	カッリオ地区	39	P.9-D2
ロカル	中心街南部		P.11-C2
▶ エスティ・カシトゥー・コドゥ	タリン（エストニア）	46	P.13-D2
▶ オマ・アシ	タリン（エストニア）	46	P.13-D2
▶ ジジ	タリン（エストニア）	47	P.13-D2
▶ テリスキヴィ・クリエイティブシティ	タリン（エストニア）	52	P.12-A2
バルト駅市場	タリン（エストニア）	52	P.13-C2
ヘリナ・ティルク	タリン（エストニア）	47	P.13-D2
▶ ラウドランマス	タリン（エストニア）	47	P.13-D2
ムーミン・ショップ	ナーンタリ	139	本誌P.139
クイ・デザイン	トゥルク	142	本誌P.143
キストゥプアド	ラウマ旧市街	145	本誌P.145
ピッツ・プリラ	ラウマ旧市街	144	本誌P.145
タンペレ・マーケット・ホール	タンペレ	146	本誌P.147
タンペレホール・ショップ	タンペレ	149	本誌P.147
バッハディン・タロ	タンペレ	147	本誌P.147
ブルンベーグ	ポルヴォー	150	本誌P.151
サーガ・ギフト	ロヴァニエミ	158	本誌P.156
サンタ・オフィス・ショップ	ロヴァニエミ	158	本誌P.156
サンポ・センター	ロヴァニエミ	161	P.3-C2
ピルケ・ショップ	ロヴァニエミ	163	P.3-C2
ラウリ・トゥオッティート	ロヴァニエミ	163	P.3-C2
ラッピアウオーテ・ワークショップ	ロヴァニエミ	158	本誌P.156
デザイン・センター・ショップ	サーリセルカ	165	本誌P.164

泊まる

名称	エリア	ページ	別冊MAP
カタヤノッカ	中心街東部	134	P.7-C2
カンプ	中心街南部	134	P.12-A1
クラリオン・ホテル・ヘルシンキ	中心街南部	63	P.10-A3
▶ グロ・ホテル・アート	中心街西部	33・134	P.10-B2
コングレシコティ	元老院広場、エスプラナーディ公園周辺	136	P.11-D1
ソロ・ソコス・ホテル・トルニ	中心街南部	135	P.11-C2
フィン	元老院広場、エスプラナーディ公園周辺	136	P.11-C2
ヘルカ	中心街西部	135	P.10-B1
ユーロホステル	中心街東部	136	P.7-C2
ラディソン・ブル・プラザ・ホテル・ヘルシンキ	ヘルシンキ中央駅周辺	134	P.11-C1
ラディソン・ブル・ロイヤル・ホテル・ヘルシンキ	中心街西部	135	P.10-B2
リヴォリ・ジャルダン	中心街南部	135	P.11-C2
▶ スリー・シスターズ	タリン（エストニア）	51	P.13-D1
▶ セント・オラフ	タリン（エストニア）	51	P.13-C2
ナーンタリ・スパ・ホテル	ナーンタリ	140	本誌P.139
ゲストハウス・ボレアリス	ロヴァニエミ	163	P.3-C2
スカンディック・ロヴァニエミ	ロヴァニエミ	163	P.3-C2
ラップランド・ホテル・スカイ・オウナスヴァーラ	ロヴァニエミ	163	P.3-D1
サーリセルカ・イン	サーリセルカ	165	本誌P.164
サンタス・ホテル・トゥントゥリ	サーリセルカ	165	本誌P.164
ホリデイ・クラブ・サーリセルカ	サーリセルカ	165	本誌P.164
ラップランド・ホテル・リエコンリンナ	サーリセルカ	165	本誌P.164
ホテル タイヴァーン ヴァルケアト	レヴィ	166	本誌P.166外
レヴィ・ホテル・スパ	レヴィ	167	本誌P.166
レヴィン・イグルー・ゴールデン・クラウン	レヴィ	167	本誌P.166外
レヴィン・シリウス	レヴィ	167	本誌P.166